SERVIÇO SOCIAL E ÉTICA PROFISSIONAL: FUNDAMENTOS E INTERVENÇÕES CRÍTICAS

EDITORA AFILIADA

Coordenadora do Conselho Editorial de Serviço Social
Maria Liduína de Oliveira e Silva

Conselho Editorial de Serviço Social
Ademir Alves da Silva
Dilséa Adeodata Bonetti (*in memoriam*)
Elaine Rossetti Behring
Ivete Simionatto
Maria Lúcia Carvalho da Silva (*in memoriam*)
Maria Lucia Silva Barroco

Dados Internacionais de Catalogação na Publicação (CIP)
(Câmara Brasileira do Livro, SP, Brasil)

Brites, Cristina Maria
    Serviço Social e ética profissional : fundamentos e intervenções críticas /
Cristina Maria Brites, Maria Lucia Silva Barroco. – São Paulo : Cortez, 2022.
– (Biblioteca básica de serviço social ; v. 9)

    Bibliografia.
    ISBN 978-65-5555-344-4

    1. Assistentes sociais - Ética profissional 2. Serviço social I. Barroco, Maria
Lucia Silva. II. Título. III. Série.

22-129338   CDD-361.3

Índices para catálogo sistemático:
1. Assistência social : Serviço social   361.3

Cibele Maria Dias - Bibliotecária - CRB-8/9427

Cristina Maria Brites
Maria Lucia Silva Barroco

SERVIÇO SOCIAL E ÉTICA PROFISSIONAL: FUNDAMENTOS E INTERVENÇÕES CRÍTICAS

BIBLIOTECA BÁSICA DE SERVIÇO SOCIAL

VOLUME 9

SERVIÇO SOCIAL E ÉTICA PROFISSIONAL: FUNDAMENTOS E INTERVENÇÕES CRÍTICAS
Cristina Maria Brites • Maria Lucia Silva Barroco

Capa: aeroestúdio
Preparação de originais: Ana Paula Luccisano
Revisão: Márcia Nunes
Diagramação: Linea Editora
Assessoria editorial: Maria Liduína de Oliveira e Silva
Editora-assistente: Priscila Flório Augusto
Coordenação editorial: Danilo A. Q. Morales
Direção editorial: Miriam Cortez

Nenhuma parte desta obra pode ser reproduzida ou duplicada
sem autorização expressa das autoras e do editor.

© 2022 by Autoras

Direitos para esta edição
CORTEZ EDITORA
Rua Monte Alegre, 1074 – Perdizes
05014-001 – São Paulo – SP
Tel.: +55 11 3864 0111 / 3803 4800
E-mail: cortez@cortezeditora.com.br
www.cortezeditora.com.br

Impresso no Brasil – dezembro de 2022

À amizade, que conforta e protege.
Para Fabiana Brites, por tudo.
Cristina Brites

Para Gisele, José e Adriana.
Lucia Barroco

Sumário

Introdução 11

CAPÍTULO 1 ■ Ética, ser social e trabalho 15
   1. Trabalho e capacidades humanas 15
   2. Trabalho e alienação 20
Atividades complementares 25
Dicas culturais 27

CAPÍTULO 2 ■ Ética, ontologia e práxis 29
   1. Particularidades da ética 29
   2. Ética e política 35
   3. Ética e reflexão teórica 37
Atividades complementares 40
Dicas culturais 42

CAPÍTULO 3 ■ Ética e humanismo 43
   1. A origem do humanismo moderno 43
   2. O humanismo marxista 46
   3. O humanismo cristão 51
Atividades complementares 56
Dicas culturais 57

CAPÍTULO 4 ■ Ética e ideologia.. 59

   1. Polissemia do termo... 59

   2. Contribuições da ontologia do ser social....................... 63

   3. Ideologia como complexo social....................................... 67

   4. Função social da ideologia e do cotidiano..................... 69

Atividades complementares.. 72

Dicas culturais.. 74

CAPÍTULO 5 ■ Moral e vida cotidiana.. 75

   1. Moral e cotidiano.. 75

   2. Alienação moral.. 81

Atividades complementares.. 86

Dicas culturais.. 88

CAPÍTULO 6 ■ Moral e (neo)conservadorismo... 89

   1. O conservadorismo moderno... 89

   2. O neoconservadorismo.. 92

   3. O irracionalismo e o fascismo... 95

Atividades complementares.. 100

Dicas culturais.. 101

CAPÍTULO 7 ■ Ética e subjetividade.. 103

   1. O trabalho e a subjetividade humana.............................. 103

   2. Lukács e a individualidade... 106

Atividades complementares.. 111

Dicas culturais.. 112

SERVIÇO SOCIAL E ÉTICA PROFISSIONAL: FUNDAMENTOS E INTERVENÇÕES CRÍTICAS

CAPÍTULO 8 ■ Ética profissional: fundamentos e desafios.................... 113

1. Introdução 113

2. A natureza da ética profissional 114

Atividades complementares 121

Dicas culturais 122

CAPÍTULO 9 ■ Ética profissional e questão social.............................. 123

Atividades complementares 134

Dicas culturais 136

CAPÍTULO 10 ■ Ética profissional, cotidiano e ideologia 137

1. Observações preliminares 137

2. Ideologia e ética profissional 139

Atividades complementares 148

Dicas culturais 150

CAPÍTULO 11 ■ Ética profissional, relações sociais de sexo e étnico-raciais 151

1. Unidade de diversos 151

2. Rupturas e continuidades 152

3. O patriarcado como sistema de opressão 154

4. Racismo 159

5. Ética profissional, feminismo e antirracismo 165

Atividades complementares 169

Dicas culturais 171

CAPÍTULO 12 ■ Ética profissional e o abortamento seguro.................. 173

1. Em defesa da vida... 173
2. Moral e ética... 175
3. Dilemas morais e as exigências da ética profissional................. 177
4. Breve retrato do abortamento no Brasil................................ 184
5. Universalização do acesso ao abortamento seguro e as exigências da ética profissional...................................... 187

Atividades complementares... 191

Dicas culturais.. 193

CAPÍTULO 13 ■ Ética profissional, Estado laico e direitos.................... 195

1. O Estado burguês.. 195
2. O Estado Social... 200
3. Ética profissional da(o) assistente social e a defesa do Estado laico e de direitos... 205

Atividades complementares... 213

Dicas culturais.. 215

CAPÍTULO 14 ■ Ética profissional e demandas institucionais............. 217

1. Breve visada histórica.. 217
2. Ética profissional e a barbárie contemporânea...................... 220
3. Ética profissional e demandas institucionais........................ 226

Atividades complementares... 233

Dicas culturais.. 234

Referências.. 235

Introdução

A polêmica a respeito da possibilidade de elaboração de uma ética orientada por Marx percorre a história da tradição marxista desde a transição do século XIX ao século XX. Entre os marxistas que perseguiram esse projeto, destaca-se o filósofo György Lukács que, infelizmente, veio a falecer antes de concluir seu intento. A perspectiva ética trabalhada neste livro é baseada nos pressupostos ontológicos da teoria social de Marx e da ontologia do ser social.[1] Nesse sentido, trata-se de uma interpretação entre outras possíveis.

Ao mesmo tempo, o comparecimento de uma visão ética pautada no marxismo tem sua razão de ser na trajetória da profissão de assistente social no Brasil, em sua vinculação com a tradição marxista,[2] que se apresenta nos pressupostos dos Códigos de Ética de 1986 e de 1993, e na produção ética que se desenvolve a partir dos anos 1990.[3]

O esforço empreendido neste livro se vincula de modo especial com uma das exigências éticas da formação e do trabalho profissional de assistentes sociais: a competência teórica e ético-política para a formulação de respostas às expressões da questão social nos espaços sócio-ocupacionais que demandam esta especialização do trabalho coletivo. Respostas que,

---

1. Lukács escreveu sua *Ontologia do ser social* (2013) com o objetivo de elaborar uma introdução à Ética.

2. Sobre a influência de Lukács no Serviço Social, consultar Souza (2016). Acerca da trajetória do marxismo e do projeto ético-político, ver Netto (1991), Barroco (2018) e Abramides (2019).

3. Sobre a trajetória ética do Serviço Social brasileiro, ver Bonetti *et al.* (2008); Barroco (2018); Bonfim (2015); Paiva e Sales (2008); Toniolo (2022).

por mediações diversas e particulares, sejam capazes de provocar mudanças nas dinâmicas sociais e institucionais que operam na reprodução dos antagonismos de classe, e na legitimação dos mecanismos de opressão e dominação nas relações sociais de classe, de sexo e étnico-raciais. Mudanças cujo alcance é sempre relativo em face da totalidade social, mas que expressem os interesses autênticos da classe trabalhadora e dos segmentos sociais subalternizados.

A competência teórica e ético-política requer, portanto, investimentos sistemáticos para que as respostas profissionais traduzam a unidade entre teoria e prática, e os valores e os princípios defendidos pela categoria profissional. Ou seja, respostas profissionais que expressem a perspectiva teórica e a direção social do projeto ético-político profissional.

Espera-se que este livro adense os investimentos na busca pela competência profissional. Por isso, pretendeu-se conferir às análises teóricas sobre os fundamentos ontológicos do ser social, da ética como parte da práxis e da ética profissional como uma forma particular de realização da ética, a maior concretude possível diante das particularidades históricas da sociabilidade burguesa. Particularidades que desafiam teórica, ética e politicamente estudantes e profissionais de Serviço Social para atuações competentes e comprometidas com valores e realizações históricas que contribuam para o fortalecimento das lutas pela emancipação humana.

Com esse intuito e considerando a proposta editorial da Biblioteca Básica, concebida para atender a exigências da formação graduada em Serviço Social, optou-se por uma estrutura de organização dos conteúdos que conferisse autonomia à apropriação das análises desenvolvidas em cada capítulo e, ao mesmo tempo, articulação entre os momentos nos quais a análise exigia níveis mais universais de abstração e aqueles que pediam concretizações mais particularizadas.

Foi neste exato sentido a escolha pelo desenvolvimento de análises sobre aspectos da totalidade sócio-histórica que estabelecem mediações importantes com os fundamentos da ética e com as exigências éticas do trabalho profissional. O esforço foi o de traduzir a base de fundamentação teórica da ética profissional em face de mediações e complexos sociais que, no solo cotidiano da vida social, exigem posicionamentos de valor e estratégias profissionais para o enfrentamento de conflitos e dilemas de natureza ética e política.

Desse modo, o empenho foi o de assegurar a articulação, a mais próxima possível, entre os conteúdos de cada capítulo e os fundamentos da ética profissional, sem romper com a perspectiva de totalidade nas análises que se detiveram sobre os aspectos mais particulares da realidade.

A processualidade histórica, da totalidade social e da ética profissional, comparece de forma não linear e articulada às exigências de apreensão teórica dos conteúdos abordados em cada capítulo. Considerou-se que a análise da processualidade histórica da ética profissional está suficientemente sedimentada na produção teórica do Serviço Social brasileiro, por isso espera-se não frustrar qualquer expectativa nesse sentido.

Os fundamentos da ética e as particularidades da ética profissional foram abordados em face dos modos de ser da realidade histórica do gênero humano, com destaque para suas determinações mais essenciais e para as tendências dominantes que expressam o significado histórico da vida em sociedade. A escolha teórica e ético-político foi pela abordagem da ontologia social de bases materialistas e históricas.

Pela impossibilidade de se esgotar as reflexões éticas sobre o ser social e o trabalho profissional, priorizou-se a abordagem de *complexos de ser* do *ser social* de natureza econômica, ética, política e ideológica que favorecessem o debate sobre as consequências éticas e políticas das escolhas de valor que se efetivam no solo cotidiano da vida social e incidem sobre a reprodução da totalidade burguesa, seja no sentido de sua afirmação, seja de sua negação.

Pretendeu-se que o método de exposição das análises desenvolvidas em cada capítulo fosse capaz de expressar rigor teórico e fluidez didática. Mas é preciso observar que a complexidade de alguns conteúdos desafiou de modo particular a exposição das ideias conferindo, algumas vezes, ritmos diferenciados à escrita que, esperamos, não tenham desafinado a melodia no seu conjunto.

Na perspectiva de estimular uma apropriação crítica e autônoma dos conteúdos, ao final de cada capítulo, há um conjunto de atividades complementares que oferecem textos de apoio, exercícios de reflexão e dicas culturais.

O eixo articulador dos conteúdos abordados em cada capítulo é a afirmação ética e política da luta pela emancipação humana. Nesse sentido, a aposta é de que as análises "temáticas" desenvolvidas ao longo do livro possam contribuir para o desenvolvimento de uma competência teórica e ético-política que, nos limites do trabalho profissional, contribua para o enfrentamento da barbárie capitalista.

A avaliação sobre a pertinência dos complexos de ser que foram priorizados nas análises está agora nas mãos das(os) leitoras(es), restando apenas nossa torcida para que os acertos superem os equívocos.

Rildas/Sampa, primavera de 2021.

Cristina Brites e Lucia Barroco

Capítulo 1
Ética, ser social e trabalho

1. Trabalho e capacidades humanas

A compreensão ontológica da ética supõe a consideração do trabalho — como forma privilegiada de práxis — e a origem das capacidades humanas que fundam o ser social como um ser ético-moral.

Tanto os animais como os humanos estabelecem relações com a natureza para sobreviver, mas, enquanto a atividade dos animais é imediata, a atividade de trabalho humano se caracteriza por ser uma relação mediada:

> À diferença das atividades naturais, o trabalho se especifica por uma relação mediada entre o seu sujeito (aqueles que o executam, homens em sociedade) e o seu objeto (as várias formas da natureza, orgânica e inorgânica). Seja um machado de pedra lascada ou uma perfuradora de poços de petróleo com comando eletrônico, entre o sujeito e a matéria natural há sempre um meio de trabalho, um instrumento (ou um conjunto instrumentos) que torna mediada a relação entre ambos (NETTO; BRAZ, 2006, p. 32).

Através do trabalho (práxis), põem-se em movimento certas mediações humanas essenciais: a consciência; a capacidade teleológica de projetar idealmente o resultado da práxis segundo finalidades postas pelo sujeito;[1] as

---

1. Importa salientar que se não se objetivar na transformação prática da matéria, a teleologia permanecerá como um ideal, como afirmam Netto e Braz (2006, p. 32): "Se essa prefiguração (no

formas de sociabilidade necessárias à sua objetivação, como a cooperação, a comunicação, a linguagem, o conhecimento prévio da natureza; a liberdade, como a capacidade de criar alternativas e escolhas; a universalidade como categoria da práxis.

A consciência tem um papel ativo na objetivação do trabalho e no processo de reprodução do ser social, na medida em que cada resposta às necessidades sociais envolve novas perguntas, gerando novas formas de atendimento e novas alternativas.

> [...] o homem torna-se um ser que dá respostas precisamente na medida em que — paralelamente ao desenvolvimento social e em proporção crescente — ele generaliza, transformando em perguntas seus próprios carecimentos e suas possibilidades de satisfazê-los; e quando em sua resposta ao carecimento que a provoca, funda e enriquece a própria atividade com tais mediações bastante articuladas. De modo que não apenas a resposta, mas também a pergunta é um produto imediato da consciência que guia a atividade (LUKÁCS, 1979, p. 5).

Para transformar a natureza, o ser social deve desenvolver certo nível de conhecimento que lhe permita saber quais são os elementos que melhor atendem às suas necessidades e os meios apropriados para essa intervenção. Esse processo envolve escolhas:

> Quando o homem primitivo escolhe, de um conjunto de pedras, uma que lhe parece mais apropriada aos seus fins e deixa outras de lado, é obvio que se trata de uma escolha, de uma alternativa (LUKÁCS, 2013, p. 71).

As escolhas entre alternativas são orientações de valor baseadas em certas propriedades da pedra que a tornam adequada às finalidades postas pelo trabalho e que são precedidas de perguntas de natureza valorativa: é certo ou é errado escolher essa pedra (LUKÁCS, 2013)? Assim, a orientação de valor é objetiva, também gerada a partir do trabalho.

O produto do trabalho torna-se um valor que não existe no objeto em si, mas que é produto da atividade humana, pois a valoração de um objeto

---

dizer de Lukács, essa prévia ideação) é indispensável à efetivação do trabalho, ela em absoluto o realiza; a realização do trabalho só se dá quando essa prefiguração ideal se objetiva, isto é, quando a matéria natural, pela ação material do sujeito, é transformada".

supõe sua existência material concreta. Assim, seu valor corresponde à práxis que o transformou em algo novo, que responde às necessidades sociais, sendo valorado como bom, útil, belo etc. Por isso, o valor não é uma decorrência apenas da subjetividade humana; ele é produto da práxis.

Portanto, o sujeito que trabalha deve fazer escolhas entre alternativas concretas; tais escolhas não se devem a pulsões naturais, mas a avaliações que envolvem elementos (útil, inútil, bom, mau etc.) pertinentes à obtenção dos resultados do trabalho. Assim, o valor é uma categoria ontológica social; existe independentemente da avaliação dos indivíduos, mas não da práxis humana.

A capacidade de escolha só se torna objetiva pela prática que transforma a intenção num produto concreto; é a atividade, pois, a base ontológica de criação do valor e do caráter alternativo das escolhas das ações humanas:

> A necessidade social que põe os valores é, com igual necessidade ontológica, ao mesmo tempo, pressuposto e resultado do caráter alternativo dos atos sociais dos homens. No ato da alternativa contém-se necessariamente também a escolha entre o que tem valor e o que é contrário ao valor; temos assim, por necessidade ontológica, tanto a possibilidade de escolher o que é contrário ao valor, como quanto a possibilidade de errar, mesmo tendo escolhido subjetivamente o que é valioso (LUKÁCS, 1979, p. 156).

Ao mesmo tempo, o caráter de alternativa das ações humanas supõe a presença do acaso. O trabalho exige que as propriedades dos objetos da natureza que serão modificadas sejam conhecidas adequadamente; mas *"isso não elimina a casualidade na relação entre a pedra e a estátua, entre a madeira e a mesa"* (LUKÁCS, 1979, p. 101, grifos nossos).

Segundo Lukács, podemos falar no *germe ontológico da liberdade* posto, pela primeira vez na realidade, *na "alternativa dentro do processo de trabalho"* (LUKÁCS, 2013, p. 77, grifos nossos), pois a *"possibilidade e a necessidade ontológicas das alternativas fornecem a base para toda a liberdade"* (LUKÁCS, 2013, p. 367, grifos nossos). Portanto, a alternativa é a categoria que "faz a passagem da possibilidade à realidade" (LUKÁCS, 2013, p. 78).

A liberdade é, ao mesmo tempo, capacidade de escolha consciente dirigida a uma finalidade, bem como capacidade prática de criar condições para a realização objetiva das escolhas e para que novas alternativas sejam criadas:

Por isso, o fenômeno 'originário' não consiste na simples escolha entre duas possibilidades — algo assim também pode suceder na vida dos animais de organização mais elevada —, mas na escolha entre o valioso e adverso ao valor, eventualmente (em estágios mais elevados) entre duas espécies de valor, entre complexos de valores, precisamente porque a escolha entre objetos não se dá de modo, em última análise, estático, apenas biologicamente determinado, mas, tomam-se decisões de modo ativo e prático, sobre se e como determinadas objetivações podem ser realizadas (LUKÁCS, 2013, p. 374-375).

Como possibilitador da liberdade, o trabalho é uma atividade potencialmente livre, isto é, ele põe as condições para a liberdade na medida em que permite o domínio do homem sobre a natureza, o desenvolvimento multilateral de suas forças produtivas, capacidades e necessidades — pressupostos para o reconhecimento de si mesmo e dos outros como sujeitos capazes de criar alternativas e imprimir uma direção a seus projetos sócio-históricos.

Portanto, a liberdade é uma capacidade ontológico-social, um atributo humano essencial que se objetiva prioritariamente pelo trabalho e através de outras formas de práxis, que visam à superação dos obstáculos à sua realização.[2] Nesse sentido, a liberdade é ação prática de negação de impedimentos e entraves à sua objetivação e, ao mesmo tempo, valor fundante da práxis emancipatória dirigida à realização objetiva de forças, capacidades e potencialidades humanas.

Como atributo humano essencial, a liberdade é produto sócio-histórico; sua objetivação depende, pois, das condições históricas de desenvolvimento do trabalho e da práxis, de modo geral. A consideração de que os homens escolhem circunstâncias históricas determinadas implica o entendimento de que — em determinadas condições históricas —, por exemplo, nas condições do trabalho alienado e da reificação, a práxis se realiza de forma a tornar a liberdade e as demais capacidades essenciais do ser social externas e estranhas a ele, possibilitando, inclusive, a negação de sua própria capacidade de escolha.

---

2. Isto, no entanto, não significa afirmar que a liberdade é um estado de perfeição absoluta. Sendo histórica, a liberdade relaciona-se com as necessidades; por isso, não pode ser absoluta, na medida em que as necessidades são historicamente mutáveis. Também não supõe a eliminação das necessidades, pois liberdade e necessidade formam uma unidade indissolúvel e contraditória. A necessidade corresponde às tendências objetivas de reprodução econômico-sociais e a liberdade à capacidade humana de posicionar-se, escolher, criar novas alternativas e superar obstáculos à sua objetivação.

Liberdade e universalidade se referem à totalidade e à diversidade de capacidades e necessidades; o ser social é mais livre e mais universal à medida que tem condições concretas de objetivar suas potencialidades de forma multilateral e de criar novas alternativas. O trabalho é a mediação primária, pela qual o ser social objetiva prática e teoricamente sua universalidade; na medida em que produz de modo universal, relaciona-se universalmente com a natureza e o faz de forma consciente.

A objetivação da universalidade é parte essencial do processo de reprodução do ser social, pressupondo a ampliação da sociabilidade e da consciência, pois, para se constituir como um ser cada vez mais universal, é necessário que as limitações ao desenvolvimento livre sejam, também, superadas. Nesse sentido, o desenvolvimento de forças produtivas, capacidades e necessidades sociais é condição fundamental para a explicitação da universalidade e da liberdade.

Considerar a universalidade atributo essencial do ser social é ter como referência o gênero humano, e seu desenvolvimento multilateral e ilimitado. Mas a relação entre o indivíduo e sua dimensão genérica desenvolve-se de forma contraditória:

> [...] em todo ato de sua vida, reflita-se ou não em sua consciência, o homem sempre e sem exceções realiza ao mesmo tempo, e de modo contraditório, a si mesmo e ao respectivo estágio de desenvolvimento do gênero humano (LUKÁCS, 1979, p. 142).

A incorporação das objetivações humano-genéricas pelos indivíduos é proporcionada socialmente por diversas formas de práxis que permitem a compreensão crítica da realidade, a ampliação da consciência e do conhecimento mediado por valores, projetos e ideias. Desse modo, toda forma de práxis é universalizante, referindo-se ao gênero humano.

À medida que o processo histórico se complexifica, surgem outras formas de práxis que expressam o desenvolvimento das capacidades humanas, por exemplo, a práxis política, a práxis revolucionária[3] ou a artística.

---

3. É importante assinalar que, embora a transformação seja um elemento ontológico da práxis, isso não significa afirmar que a direção da transformação seja sempre a da liberdade; o trabalho alienado também transforma. No caso da práxis revolucionária, a transformação direciona-se a uma finalidade precisa: trata-se de subverter a totalidade da estrutura social.

Algumas formas de práxis são privilegiadas nesse sentido; são aquelas que não têm a matéria como objeto, mas a relação entre os homens, ampliando e diversificando as capacidades humanas, revelando a criatividade humana, estabelecendo novas mediações a partir daquelas já desenvolvidas. Se a origem do valor é posta pelo trabalho como práxis econômica, o desenvolvimento da sociabilidade impõe o espraiamento da capacidade de escolha entre alternativas de valor para outras esferas da totalidade social e modalidades de práxis:

> A categoria da práxis permite apreender a riqueza do ser social desenvolvido: verifica-se na e pela práxis, como, para além de suas objetivações primárias, constituídas pelo trabalho, o ser social se projeta e se realiza nas objetivações materiais e ideais da ciência, da filosofia, da arte, construindo um mundo de produtos, obras e valores — um mundo social, humano, enfim, em que a espécie humana se converte inteiramente em gênero humano (NETTO; BRAZ, 2006, p. 44).

Entretanto, sendo históricas as condições de objetivação da práxis, conforme as estruturas sociais em que se objetivam as atividades humanas, a práxis pode produzir a sua própria negação. Marx tratou desse fenômeno, referindo-se ao trabalho alienado.

2. Trabalho e alienação

Segundo Marx, na alienação, o trabalho não se apresenta ao trabalhador como algo que lhe pertence, que é produto de sua ação, mas como algo que lhe é alheio e estranho.[4]

> [...] a alienação, complexo simultaneamente de causalidades e resultantes histórico-sociais, desenvolve-se quando os agentes sociais particulares não

---

4. "Marx utiliza dois termos em alemão para referir-se à situação do trabalho no mundo capitalista: *eutäusserung* (alienação) e *entfremdung* (estranhamento) [...] Marx ora empregava as duas expressões indistintamente, ora acenava para uma sutil diferença. A referência ao trabalho estranhado, visando ressaltar a oposição entre o operário e sua criação, que lhe aparece como um poder irreconhecível e hostil, parece propor um distanciamento em relação à teoria *feurbachiana* da alienação religiosa, ao mesmo tempo que realça a dominação social inscrita no processo de produção, diferenciando-a, portanto, daquela alienação que é um produto abstrato, espiritual, da consciência mistificada" (FREDERICO, 1995, p. 131).

conseguem discernir e reconhecer nas formas sociais o conteúdo e efeito de sua ação e intervenção; assim, aquelas formas e, no limite, a sua própria motivação à ação lhes aparecem como alheias e estranhas (NETTO, 1981, p. 74).

A alienação não é, como aparentemente se mostra, um fenômeno puramente subjetivo, mas a expressão de condições reais de separação entre o trabalho e seu produtor, de fragmentação do processo de trabalho e das dimensões do ser social. No modo de produção capitalista, a alienação adquire contornos específicos, tendo em vista a instituição do trabalho assalariado, e a total separação entre o trabalhador e os meios de produção, que pertencem ao capitalista.

Nesse contexto, o trabalhador é alienado da totalidade do processo de trabalho, ou seja, da propriedade dos meios de trabalho, do controle sobre o processo de trabalho e de seu produto final. Como trabalhador assalariado, ele só dispõe de sua força de trabalho, entrando no processo em condições desiguais; durante o processo, sua participação é fragmentada, pois ele não tem controle sobre a totalidade desse processo; utiliza suas capacidades de forma limitada e não se apropria do produto do trabalho. Sai do processo tendo criado um valor a mais — a mais-valia —, que excede o valor de seu salário e é apropriado pelo capital, tendo criado um produto que não lhe pertence e com o qual ele não se identifica; seu salário lhe permite apenas sobreviver fisicamente para reiniciar o processo.

Essa forma de produzir estabelece mediações que alienam o homem de suas objetivações ontológicas fundantes; ao alienar-se da totalidade do processo de trabalho, o homem está alienado: da atividade (de si mesmo), da natureza (de seu objeto), de sua genericidade e sociabilidade. Nesse sentido, a alienação da atividade não se manifesta somente em seu resultado, pois, como indaga Marx (1993, p. 161): "como poderia o trabalhador estar numa relação alienada com o produto da sua actividade, se não se alienasse a si mesmo no próprio acto da produção?".

Da alienação da atividade decorre uma relação de exterioridade do sujeito frente a seu trabalho e a si mesmo, na medida em que ele não se reconhece como ser ativo. Como afirma Marx (1993, p. 162): "a actividade do trabalhador não é a sua actividade espontânea. Pertence a outro e é a perda de si mesmo". Nesse sentido, o trabalhador aliena-se de si mesmo como sujeito da atividade e, consequentemente, dos outros homens, pois "na relação do trabalho alienado, cada homem olha os outros homens segundo o padrão e a relação em que ele próprio, enquanto trabalhador, se encontra" (MARX, 1993, p. 166).

> O caráter social da atividade, assim como a forma social do produto e a participação do indivíduo na produção, aparece aqui diante dos indivíduos como algo estranho, como coisa; não como sua conduta recíproca, mas como sua subordinação a relações que existem independentemente deles e que nascem do entrechoque de indivíduos indiferentes entre si. A troca universal de atividades e produtos, que deveio condição vital para todo indivíduo singular, sua conexão recíproca, aparece para eles mesmos como algo estranho, autônomo, como uma coisa (MARX, 2011, p. 105).

O produto da atividade não pertence ao trabalhador. Com isso, deixa de ser a objetivação de um sujeito que se reconhece em seu objeto como algo que lhe pertence, que ele transformou através da atividade, para se tornar um objeto alheio; um objeto que não lhe pertence e no qual ele não se reconhece. Como diz Marx (1993, p. 159-160):

> [...] o trabalhador se relaciona ao produto do seu trabalho como a um objeto estranho [...] quanto mais o trabalhador se esgota a si mesmo, tanto mais poderoso se torna o mundo dos objectos, que ele cria perante si, tanto mais pobre ele fica na sua vida interior, tanto menos pertence a si próprio [...] O trabalhador põe a sua vida no objeto; porém, agora ela já não lhe pertence a ele, mas ao objeto [...] A alienação do trabalhador no seu produto significa não só que o trabalho se transforma em objeto, assume uma existência externa, mas que existe independentemente, fora dele e a ele estranho, e se torna um poder autónomo em oposição com ele; que a vida que deu ao objeto se torna uma força hostil e antagónica.

Na medida em que não se efetiva um reconhecimento do trabalhador frente a si mesmo, à atividade e ao produto do seu trabalho, ele se aliena de sua capacidade de se relacionar com a natureza como um ser das práxis; ele não se percebe como um ser ativo e consciente em oposição aos objetos da natureza e do mundo sensível. A atividade e os objetos produzidos deixam de refletir suas capacidades, diminuem sua possibilidade de valorar a si mesmo e aos outros homens como indivíduos em cooperação. Com isso, ele se aliena de sua sociabilidade e genericidade, se objetivando a *"alienação do homem no homem"*, como diz Marx (1993, p. 166):

Quando o homem se contrapõe a si mesmo, entra igualmente em oposição com os outros homens. O que se verifica com a relação do homem ao seu trabalho, ao produto do seu trabalho e a si mesmo, verifica-se também com a relação do homem aos outros homens, bem como ao trabalho e ao objecto do trabalho dos outros homens.

O trabalhador não é alienado somente do controle da atividade e de seu produto, mas também de sua força de trabalho. Sua venda torna-se uma necessidade objetiva, tendo em vista a reprodução do trabalhador como força de trabalho e sua subsistência, o que explicita a lógica inerente às relações sociais capitalistas: a riqueza socialmente produzida não implica sua apropriação por parte dos que a produzem. Com a propriedade privada dos meios de produção e a divisão social do trabalho, portanto, são geradas as condições objetivas de exploração do trabalho nos moldes capitalistas, pois é mediante essa forma específica de produção que se efetiva a criação da mais-valia que torna possível a acumulação do capital. Alienação e expropriação do trabalho são, assim, faces de uma mesma relação social historicamente determinada.

Nessas condições, o trabalho inverte sua finalidade criadora: em vez de liberar as capacidades essenciais do trabalhador, as aliena; em vez de se objetivar como um fim em si mesmo, torna-se um meio para a garantia da sobrevivência física; em vez de ampliar a criatividade e diversificar as possibilidades de escolha, reproduz a unilateralidade, a fragmentação, ou seja, reproduz condições que desumanizam o ser social. Dessa forma, o trabalho assume um caráter de negatividade, o que significa que ele nega o próprio homem, que se torna estranho à sua vida genérica, isto é, o homem torna-se estranho ao homem. Nas palavras de Marx (1993, p. 165-166):

> É precisamente na acção sobre o mundo objectivo que o homem se manifesta como verdadeiro ser genérico. Tal produção é a sua vida genérica activa. Através dela, a natureza surge como a sua obra e a sua realidade. Por conseguinte, o objecto do trabalho é a objectivação da vida genérica do homem: ao não reproduzir-se apenas intelectualmente, como na consciência, mas activamente, ele duplica-se de modo real e intui o seu próprio reflexo num mundo por ele criado. Pelo que, na medida em que o trabalho alienado subtrai ao homem o objecto da sua produção, furta-lhe igualmente a sua vida genérica [...].

Portanto, a práxis afirma a humanização do ser social, a riqueza de sua construção histórica; por isso é uma objetivação emancipadora, de afirmação da vida. Mas as formas históricas de organização das sociedades limitam ou ampliam tais potencialidades. A alienação, nascida com a divisão social do trabalho, da propriedade privada e da exploração do trabalho, instaura uma defasagem entre o desenvolvimento universal das objetivações humanizantes do ser social e sua apropriação pela totalidade dos indivíduos sociais.

No capitalismo, essa defasagem se transforma num abismo: onde o maior desenvolvimento das formas produtivas coexiste com o maior grau de alienação já produzido historicamente. Assim, as conquistas emancipatórias do gênero humano ou, nos termos de Marx — a riqueza humana produzida socialmente —, não são apropriadas pelo conjunto dos indivíduos sociais.

O fetichismo é uma forma de alienação que se expressa na sociedade capitalista desenvolvida, nas condições da produção mercantil:

> Sem uma teoria da alienação, é impossível pensar a problemática do fetichismo: com efeito, em Marx, o fetichismo é uma modalidade de alienação. Todavia, quando a concretização histórico-sistemática alcançada pela sua reflexão a partir de 1857-1858 permite-lhe colocar adequadamente o problema do fetichismo, a teoria da alienação torna-se um complexo teórico critico que passa a abarcar um conjunto categorial onde desempenhará papel-chave o conceito de reificação (NETTO, 2015, p. 99).

Na sociedade capitalista madura, a reificação invade todas as dimensões da vida social:

> Na idade avançada do monopólio, a organização capitalista da vida social preenche todos os espaços e permeia todos os interstícios da existência individual: a manipulação desborda a esfera da produção, domina a circulação e o consumo e articula uma indução comportamental que penetra a totalidade dos agentes sociais particulares — é o interior cotidiano dos indivíduos que se encontra administrado (NETTO, 2015, p.110).

Atividades complementares

TEXTOS DE APOIO

Texto 1

Valor e história

"O decurso da história é o processo de construção dos valores ou da degenerescência e ocaso desse ou daquele valor [...] Que entendemos por valor? Tudo aquilo que faz parte do ser genérico do homem e contribui, direta ou mediatamente, para a explicitação deste ser genérico. Aceitamos a concepção do jovem Marx — que se mantém também no período de maturidade — tal como foi expressa pela rica análise de György Márkus. Segundo esta análise, as componentes da essência humana são, para Marx, o trabalho (a objetivação), a socialidade, a universalidade, a consciência e a liberdade. A essência humana não é, portanto, o que 'sempre esteve presente' na humanidade (para não falar mesmo de cada indivíduo), mas a realização gradual e contínua das possibilidades imanentes à humanidade, ao gênero humano [...] Pode-se considerar valor tudo aquilo que, em qualquer das esferas e em relação com a situação de cada momento, contribua para o enriquecimento daquelas componentes essenciais; e pode-se considerar desvalor tudo o que direta ou indiretamente rebaixe ou inverta o nível alcançado no desenvolvimento de uma determinada componente essencial. O valor, portanto, é uma categoria ontológico-social; como tal, é algo objetivo; mas não tem objetividade natural (apenas pressupostos ou condições naturais) e sim objetividade social. É independente das avaliações dos indivíduos, mas não da atividade dos homens, pois é expressão e resultante de relações e situações sociais" (HELLER, 2000, p. 4-5).

Texto 2

Práxis, ser social e subjetividade

"O trabalho é constitutivo do ser social, mas o ser social não se esgota no trabalho. Quanto mais se desenvolve o ser social, mais as suas objetivações transcendem o espaço ligado diretamente ao trabalho. No ser social desenvolvido, verificamos a existência de esferas de objetivação que se autonomizaram das exigências imediatas do trabalho — a ciência, a filosofia, a arte etc. O desenvolvimento do ser social implica o surgimento de uma racionalidade, de uma sensibilidade e de uma atividade que, sob a base necessária do trabalho, criam objetivações próprias. Para denotar que o ser social é mais do que trabalho, para assinalar que ele cria objetivações que transcendem o universo do trabalho, existe uma categoria teórica mais abrangente; a categoria da práxis [...] deve-se distinguir entre formas de práxis voltadas para o controle e a exploração da natureza e formas voltadas para influir no comportamento e na ação dos homens. No primeiro caso, que é o do trabalho, o homem é o sujeito e a natureza é o objeto; no segundo caso, trata-se de relações de sujeito a sujeito, daquelas formas de práxis em que o homem atua sobre si mesmo (como na práxis educativa e na práxis política) [...] Os produtos e as obras resultantes da práxis podem objetivar-se materialmente ou idealmente; no caso do trabalho, sua objetivação é necessariamente algo material; mas há objetivações (por exemplo, os valores éticos) que se realizam sem operar transformações numa estrutura material qualquer [...] Na sua amplitude, a categoria da práxis revela o homem como um ser criativo e autoprodutivo: o ser da práxis, o homem é produto e criação de sua autoatividade, ele é o que (se) fez e o que (se) faz" (NETTO; BRAZ, 2006, p. 43-44).

Texto 3
O trabalho alienado

"O operário torna-se tanto mais pobre quanto mais riqueza produz, quanto mais a sua produção cresce em poder e volume. O operário torna-se uma mercadoria tanto mais barata quanto mais mercadoria cria. Com a valorização do mundo das coisas cresce a desvalorização do mundo dos homens em proporção direta. O trabalho não produz apenas mercadorias; produz-se a si próprio e ao operário como uma mercadoria, e com efeito na mesma proporção em que produz mercadorias em geral. Este fato não exprime senão: o objeto que o trabalho produz, o seu produto, enfrenta-o como um ser estranho, como um poder independente do produtor. O produto do trabalho é o trabalho que se fixou num objeto, se coisificou, ele é a objetivação do trabalho. A realização do trabalho é a sua objetivação. Esta realização do trabalho aparece na situação nacional-econômica como desrealização do operário, a objetivação como perda do objeto e servidão ao objeto, a apropriação como alienação [*entfremdung*], como desapossamento [*entäusserung*]" (MARX, 1993, p. 62).

PARA REFLETIR EM GRUPO

Exercício 1

Identifique os valores éticos e os desvalores que orientam a prática de cada membro do grupo em sua intervenção profissional/estágio.

SERVIÇO SOCIAL E ÉTICA PROFISSIONAL: FUNDAMENTOS E INTERVENÇÕES CRÍTICAS

Exercício 2

Identifique os fundamentos da gênese da ética no trabalho e traga a reflexão para a vida cotidiana.

Exercício 3

Refleta sobre o trabalho alienado e identifique suas expressões no trabalho profissional do(a) assistente social.

Dicas culturais

FILMES

A classe operária vai ao paraíso (Itália, 1971). Direção: Elio Petri.

Dois dias, uma noite (França/Itália/Bélgica, 2014). Direção: Jean-Pierre Dardenne, Luc Dardenne.

Eu, Daniel Blake (Inglaterra, 2016). Direção: Ken Loach.

O corte (França, 2005). Direção: Costa-Gavras.

Pai patrão (Itália, 1977). Direção: Paolo Taviani, Vittorio Taviani.

Pão e rosas (França/Reino Unido/Suíça/Espanha/Alemanha, 2000). Direção Ken Loach.

MÚSICAS

"Construção". Compositor e intérprete: Chico Buarque.

"Fábrica". Compositor: Renato Russo. Intérprete: Legião Urbana.

"Trabalhador". Compositor e intérprete: Seu Jorge.

"Working class hero". Compositor e intérprete: John Lennon.

Capítulo 2
Ética, ontologia e práxis

1. Particularidades da ética

Embora não tenha consumado seu projeto de sistematização de uma ética marxista, Lukács nos deixou várias indicações a respeito desse tema.[1] Segundo Tertulian (1999, p. 133): "a reflexão ética do último Lukács gira sem cessar em torno dos problemas do direito, da moralidade e da vida ética, com uma ênfase particular nesta última (*Sittlichkeit*) como solução de contradições surgidas em outras esferas".

Afirma Tertulian que, em *Estética*, Lukács procura estabelecer o campo de mediações entre as normas abstratas do direito e as exigências da consciência moral individual, circunscrevendo-as no plano categorial da generalidade do direito, da singularidade da moral e da particularidade da ética. A ação ética seria, assim, a mediação entre o singular (moral) e o genérico (direito), constituindo-se como particularidade (síntese entre o genérico e o singular).

> A ação ética ultrapassa, ao mesmo tempo, a norma abstrata do direito e a irredutibilidade das aspirações individuais à norma, pois ela implica, por definição, levar em conta o outro e a sociedade [...] A ação ética é um processo de 'generalização', de mediação progressiva entre o primeiro impulso e as determinações externas; a moralidade torna-se ação ética no momento em que nasce uma

---

1. Consultar Lukács (2014) e a Apresentação de Sergio Lessa.

convergência entre o eu e a alteridade, entre a singularidade individual e a totalidade social [...] o campo da particularidade exprime justamente esta zona de mediações onde se inscreve a ação ética (TERTULIAN, 1999, p. 134).

A conceituação da ética como ação e sua configuração como particularidade nos autorizam a fundamentá-la como práxis. Nesse sentido, também nos apoiamos em Lukács (2007, p. 72, grifos nossos), que afirma: *"a ética é uma parte, um momento da práxis humana em seu conjunto"*.

Com o apoio dessa concepção, consideramos que a ética é um modo de objetivação humana que não pertence a uma esfera específica da totalidade social, mas sim ao conjunto das formas de práxis, em que realiza uma mediação de valor ou, como diz Lukács, onde se objetiva como um momento da práxis.

Nessa perspectiva, toda práxis[2] tem um momento ético, ou seja, um momento em que os homens assumem posicionamentos, fazem escolhas, projetam finalidades, influenciam-se mutuamente, orientados por valores que afirmam a humanização e a emancipação do ser social.

A objetivação do ser social como um ser ético guarda particularidades postas pela natureza dessa intervenção, pela especificidade de suas categorias, por seus objetivos e valores, que não se confundem com outras formas de valor, como os econômicos, científicos, filosóficos, estéticos etc.

Vimos que o trabalho exige o desenvolvimento de certas capacidades humanas essenciais à sua execução: o sujeito que trabalha projeta idealmente o resultado de sua atividade, o que demanda uma escolha entre as alternativas existentes, gerando avaliações de valor.

No trabalho, a referência valorativa é dada pelo valor de uso do seu produto. Portanto, quando o sujeito põe em dúvida se suas escolhas foram as melhores, se foram certas ou erradas, está estabelecendo um julgamento de valor sobre as suas decisões em função da utilidade do seu produto final.

Assim, mesmo que na origem do trabalho ainda não tenham se desenvolvido as atividades sociais, cujas alternativas e escolhas estejam conectadas a outros tipos de valor, é possível observar que o trabalho mobiliza forças humanas que ultrapassam as requeridas pelo trabalho, entre elas, as que serão valoradas no âmbito das relações ético-morais:

---

2. Não estamos nos referindo à práxis negativa, ou seja, alienada.

[...] as mais antigas realizações do trabalho, as consequências mais primitivas da incipiente divisão do trabalho já propõem tarefas aos homens, cuja execução exige e mobiliza forças psíquicas de feitio novo, diferentes das mobilizadas pelo processo propriamente dito do trabalho (pense-se no papel da coragem pessoal, da sagacidade inventiva, da cooperação desprendida no caso de alguns trabalhos executados coletivamente) (LUKÁCS, 2013, p. 484).

Quando o sujeito do trabalho põe em dúvida suas escolhas, evidencia-se uma situação primária motivada pela intenção de que sua atividade dê certo, ou seja, que atinja a finalidade projetada idealmente. Ninguém deseja que seu trabalho dê errado, ninguém escolhe a pior opção, daí o seu questionamento: "será que as escolhas foram as melhores? As mais acertadas?".

Essa dúvida contém uma preocupação que, por um lado, decorre do fato de que o sujeito não pode ter controle absoluto do processo de trabalho, mas, por outro, pode indicar a origem de uma relação de comprometimento do sujeito com a sua práxis. Com o desenvolvimento de práticas sociais não econômicas mais complexas, no campo de mediações entre o sujeito e a práxis, surgem exigências de valor conflituosas, como a responsabilidade e o compromisso em sua relação com a intencionalidade do sujeito e com os resultados de suas práxis.

O trabalho põe certas exigências que incidem sobre o comportamento do sujeito, ou seja, no trabalho, homem e natureza se transformam. Um dos efeitos produzidos no homem pelo trabalho é a necessidade de seu domínio sobre si mesmo, numa luta constante com seus instintos, que devem ser dominados pela consciência. Nesse sentido, a consciência torna-se dominante sobre o instinto, e o conhecimento sobre a emoção (LUKÁCS, 2013, p. 484).

Para Lukács, o *autodomínio* passa a ser "o problema fundamental de qualquer disposição moral, desde os costumes e a tradição, até as formas mais elevadas de ética: [...] *o trabalho também obriga o trabalhador a dominar seus afetos. Ele pode sentir medo, cansaço, mas deve dominá-los para atingir suas finalidades*" (LUKÁCS, 2013, p. 81, grifos nossos).

A ética se desenvolve conservando esta exigência originária do trabalho: o domínio da consciência sobre as paixões, em outras palavras, a ética requer o autodomínio, ou o distanciamento necessário dos comportamentos imediatos, pragmáticos, instintivos, e sua substituição por atos conscientes.

Assim, o trabalho põe diversas possibilidades para o desenvolvimento do comportamento ético. Mas este só poderá se objetivar como um modo de ser específico no processo de reprodução social quando as alternativas e as escolhas de valor forem objeto da relação dos homens entre si, deles com a sociedade, com suas representações, com seu conhecimento e suas formas de vida.

De acordo com nossa referência ontológico-social, buscada em Marx e Lukács, os critérios de valor que orientam as escolhas éticas e os julgamentos de valor são históricos, objetivos e ontológicos, pois se referem ao ser humano e à afirmação da totalidade de suas forças e capacidades emancipatórias. Para Marx, trata-se da riqueza humana: a riqueza material e espiritual construída pelo ser social historicamente.

> [...] se despojada da estreita forma burguesa, o que é a riqueza senão a universalidade das necessidades, capacidades, fruições, forças produtivas etc., dos indivíduos, gerada pela troca universal? [O que é senão o] pleno desenvolvimento do domínio humano sobre as forças naturais, sobre as forças da assim chamada natureza, bem como sobre as forças de sua própria natureza? [O que é senão a] elaboração absoluta de seus talentos criativos, sem qualquer outro pressuposto além do desenvolvimento histórico precedente, que faz dessa totalidade do desenvolvimento um fim em si mesmo, i. é., do desenvolvimento de todas as forças humanas enquanto tais, sem que sejam medidas por um padrão predeterminado? [O que é senão um desenvolvimento] em que o ser não se reproduz em uma determinabilidade, mas produz sua totalidade? Em que não procura permanecer como alguma coisa que deveio, mas é no movimento absoluto do devir? (MARX, 2011, p. 399-400).

A riqueza humana corresponde, portanto, ao domínio do homem sobre a natureza e sobre si mesmo, ao desenvolvimento universal, livre e consciente da totalidade de suas forças e capacidades desenvolvidas historicamente como a base fundante de sua reprodução em múltiplas e ilimitadas formas e direções, e da criação de novas possibilidades, necessidades e formas de satisfação. Essa referência fornece uma medida de valor para as avaliações éticas:

> São de valor positivo as relações, os produtos, as ações, as ideias sociais que fornecem aos homens maiores possibilidades de objetivação, que integram sua sociabilidade, que configuram mais universalmente sua consciência e que au-

SERVIÇO SOCIAL E ÉTICA PROFISSIONAL: FUNDAMENTOS E INTERVENÇÕES CRÍTICAS

mentam sua liberdade social. Consideramos tudo aquilo que impede ou obstaculiza esses processos como negativo, ainda que a maior parte da sociedade lhe empreste um valor positivo (HELLER, 2000, p. 78).[3]

Como práxis, a ética se dirige à dimensão humano-genérica do ser social, objetivando-se teórica e praticamente de formas particulares, como conexão entre o indivíduo singular e as exigências sociais e humano-genéricas (BARROCO, 2016b, p. 29). As objetivações éticas reproduzem as exigências universalizantes da práxis, motivando a relação consciente dos indivíduos com os valores e as conquistas humano-genéricas, visando à humanização e à emancipação do ser social. Enquanto a arte e a filosofia atingem a humanização, respectivamente, pela criatividade, pela emoção, e pela busca das raízes da existência humana, a ética desperta o pertencimento dos indivíduos ao gênero humano pela radicalidade de suas indagações de valor e pelas respostas capazes de orientar valorativamente a conduta humana na direção de suas possibilidades emancipatórias.

Como dissemos, a ética tem sua gênese no processo de constituição ontológica do ser social pelo trabalho, mas seu desenvolvimento ocorre com a ampliação das capacidades humanas que a sustentam, quando a relação entre os homens passa a demandar posicionamentos e finalidades de valor dirigidos a influenciar a subjetividade e o comportamento ético dos indivíduos, e a objetivar projetos cujos valores afirmem a riqueza humana.

A ação ética é universalizante e dirigida à totalidade social, pondo em movimento categorias éticas específicas, como: a alteridade (o respeito ao outro), a responsabilidade em face das decisões de valor, a capacidade de discernimento entre valores, o autodomínio (o domínio da consciência sobre as paixões), a constância (firmeza de caráter), entre outras (HELLER, 1998).

Ser capaz de discernir entre valores, ou seja, deter a capacidade de reconhecer a existência de pares de valor positivos e negativos (bom ou mau,

---

3. Utilizamos as seguintes obras de Heller: *O cotidiano e a história* (lançada em 1970), *Sociologia da vida cotidiana* (lançada em 1970) e *O homem do Renascimento* (cuja edição portuguesa data de 1982, não constando a data de sua edição inicial). Tais obras pertencem à fase marxista da autora que, após os anos 1980, afastou-se do marxismo mudando radicalmente de perspectiva teórica e política, assumindo posições direitistas. Segundo Lessa, "já nos anos imediatamente anteriores ao falecimento de Lukács, os antigos membros da Escola de Budapeste, Agnes Heller à frente, iniciaram um movimento de afastamento de Lukács que culminou, na década de 1980, com o abandono completo e explícito da filiação à obra marxiana, e, consequentemente, à de Lukács" (LESSA, 2002, p. 20).

justo, injusto etc.), é suposto para se constituir como um ser ético, pois a ética implica julgamentos de valor (independentemente da concordância ou não com os valores).

O autodomínio das paixões (raiva, ódio etc.) é também uma exigência da sociabilidade; princípio para uma convivência ética democrática, donde a relação com uma categoria ética fundamental: a alteridade, ou o respeito ao(s) outro(s). Refere-se, também, à categoria ética responsabilidade, uma vez que as escolhas dos indivíduos são éticas, na medida em que eles assumem que suas ações têm consequências sociais.

Dessa forma, a ação ética exige que o indivíduo ultrapasse a dimensão de sua singularidade voltada exclusivamente ao atendimento das necessidades do "eu" para se relacionar com o "nós", a exemplo de atitudes como o altruísmo, a solidariedade, o companheirismo etc. (BARROCO, 2016b, p. 58).

Na práxis ética, a sociabilidade é mediada pela liberdade. No entanto, com isso não estamos afirmando o princípio liberal segundo o qual "a minha liberdade termina onde começa a do outro",[4] pois esse princípio supõe uma liberdade individualista, ou seja, uma liberdade que não pode ser compartilhada com ninguém. Isso significa que o egoísmo presente no individualismo nega a própria ética, pois ela supõe a sociabilidade, ou seja, a coexistência social e a alteridade.

A ética supõe que — nas escolhas entre alternativas de valor — o indivíduo não seja coagido, isto é, deve ter um mínimo de participação consciente nas escolhas, pois, no caso de o indivíduo ser obrigado a decidir pelo uso da força, psicológica ou física, ele não executaria uma escolha consciente e livre. Essa questão é complexa no contexto da alienação, em que as escolhas são perpassadas por influências ideológicas, determinações socioeconômicas e pela luta de classes. Ao mesmo tempo, sendo histórica, a liberdade não é absoluta e, nesse caso, ela se realiza em graus de menor ou maior objetividade.

Os atributos humanos essenciais construídos a partir do trabalho — a socialidade, a consciência, a teleologia, a universalidade e a liberdade —, alicerçados no caráter alternativo das ações humanas, nas escolhas de valor e na capacidade humana de objetivar valores que visam interferir na totali-

---

4. Sobre a liberdade liberal, ver Marx (2010).

dade social, sustentam a capacidade humana de orientar eticamente a existência do ser social.

A constância ou coerência em termos da práxis ética, o que Heller (1998, p. 138) trata como "firmeza de caráter", reside na vida orientada continuamente por motivações humano-genéricas, que se elevando acima da singularidade, trabalha regularmente de modo consciente para reforçar seu próprio caráter (BARROCO, 2016b, p. 78).

Portanto, a relação ética entre consciência, liberdade, sociabilidade e alteridade objetiva-se na responsabilidade do indivíduo, cuja práxis gera alternativas de valor e exige escolhas conscientes em face das finalidades e dos riscos envolvidos nas decisões de valor. Segundo Heller (2000, p. 25), é necessária "a concentração de todas as nossas forças na execução da escolha (ou decisão) e a vinculação consciente com a situação escolhida e, sobretudo, com suas consequências".

A práxis ética é dirigida à universalidade dos valores, sendo motivada por exigências humano-genéricas. Isso quer dizer que a práxis supõe a suspensão da dimensão singular do indivíduo — mergulhada nas exigências da cotidianidade — para o estabelecimento de objetivações orientadas por valores que representam conquistas emancipatórias do gênero humano, a exemplo da liberdade.

Tendo a liberdade e a emancipação humana como fundamentos, a ética alimenta as escolhas de valor voltadas à ampliação e à liberação de forças e capacidades humanas essenciais, e à superação dos impedimentos à sua manifestação.

2. Ética e política

Com o desenvolvimento histórico do ser social e a constituição das sociedades de classe, fundadas na propriedade privada dos meios de produção, na divisão social do trabalho e na exploração do trabalho, os valores ético-morais desenvolvem-se em face de relações complexas e contraditórias. Na sociedade capitalista, o valor de troca adquire uma dimensão universal e uma função de guia das relações entre os homens.

Esse aspecto é determinante para a configuração das objetivações que não pertencem à esfera econômica, mas passam a se apoiar no critério de troca para balizar suas valorações. Além disso, dadas a complexidade da sociedade e a existência de classes sociais, os valores tornam-se heterogêneos, e as alternativas e escolhas de valor são perpassadas por conflitos e antagonismos.

Nessas condições, a viabilização das objetivações éticas demanda o enfrentamento de conflitos e contradições perpassados por interesses de classe, por necessidades econômicas e políticas, por projetos que assumem direções antagônicas, implicando a sua conexão com a práxis política e a ideologia.

O campo da ação política é o da luta de classes, da oposição entre projetos societários, entre ideias e valores, em processos de luta pela hegemonia. Para Lukács, a práxis política é uma forma de ideologia, pela qual são conscientizados e enfrentados os conflitos sociais da totalidade social no sentido de sua transformação — seja na direção de manutenção da ordem social, seja no caminho de sua superação. Nas palavras de Lukács (2013, p. 502):

> A política é uma práxis que, em última análise, está direcionada à totalidade da sociedade, contudo, de tal maneira que ela põe em marcha de modo imediato o mundo fenomênico social como terreno do ato de mudar, isto é, de conservar ou destruir o existente.

Nesse sentido, as objetivações que se instauram na relação dos homens entre si, mirando mudanças subjetivas e transmissão de valores, como a ética, não podem fugir da relação com o campo político-ideológico, especialmente porque a ética não é neutra, tendo, por natureza, conexão com os projetos sociais em luta na sociedade.

A relação entre ética e política é complexa,[5] uma vez que envolve modos de comportamento diferenciados que não podem ser reduzidos entre si. Quando a ética é subordinada à política, estamos diante de ações cujos fins justificam qualquer meio, mesmo que antiético; quando a política é subordinada à ética, nós nos deparamos com ações principistas, que não levam em conta as determinações objetivas da política.

Outra questão que merece consideração sobre a relação entre ética e política diz respeito à moral e à política. Dissemos que a moral é relativa ao indivíduo singular, cujo comportamento cotidiano visa à sua reprodução

---

5. Para o aprofundamento da questão política em Lukács, ver Carli (2013).

SERVIÇO SOCIAL E ÉTICA PROFISSIONAL: FUNDAMENTOS E INTERVENÇÕES CRÍTICAS

como tal. A política, de modo diferente, supõe uma atividade coletiva superadora da dimensão singular da cotidianidade: uma práxis. Reduzir a política à moral leva a analisar as ações do ponto de vista singular, reduzindo a sua dimensão de práxis.[6]

Isso não significa afirmar que a participação do indivíduo na política não tenha que ser considerada. Segundo Vaisman (1989), Lukács dá especial atenção ao fator subjetivo nas grandes mudanças políticas, considerando que o desenvolvimento econômico cria condições objetivas para a revolução, mas não produz ao mesmo tempo, obrigatoriamente, o fator subjetivo:

> A reflexão lukácsiana repele, portanto, todo determinismo linear, ao mesmo tempo em que ressalta a possibilidade do evolver histórico-político, ou seja, as forças materiais e sociais geram situações revolucionárias, que só se efetivam em revoluções pela intervenção do fator subjetivo, que jamais perde o seu caráter alternativo, ou seja, trata-se sempre de uma decisão humana (VAISMAN, 1989, p. 428).

Podemos dizer, então, que ética e política formam uma unidade na diversidade. Na sociedade de classes, a política é o campo da luta de classes, das lutas ideológicas entre projetos e ideias. A ética visa à objetivação de valores e à persuasão dos homens em termos de valores, o que ocorre no campo da ideologia política. Nesse sentido, a ética pode servir de parâmetro para a política na direção do estabelecimento dos valores acordados por grupos e classes que dirigem as ações.

3. Ética e reflexão teórica

Historicamente, a teorização ética foi constituída no interior do pensamento filosófico, acompanhando seu desenvolvimento, que ora buscou seus fundamentos na metafísica clássica, ora incorporou o processamento da dialética, a partir de Hegel. Na perspectiva que nos orienta, a reflexão ética é de caráter ontológico-social-materialista, colocando-se em oposição às abordagens idealistas e a-históricas.

---

6. Sobre estas questões, ver Vázquez (1984).

As teorias éticas têm como objeto os princípios e os valores existentes socialmente, no sentido de buscar o seu significado histórico, não na direção de sua prescrição, pois assim tornar-se-iam doutrinas morais. Não cabe à teorização ética dizer o que os homens devem fazer, mas refletir criticamente sobre o que eles fazem, oferecendo os fundamentos que ampliam a sua consciência acerca de possibilidades e escolhas existentes. Ou seja, a reflexão ética não é neutra, mas não é prescritiva; ela põe em questão a vida cotidiana e a moral, permitindo a sua suspensão; pressuposto para uma organização dela para além das necessidades voltadas exclusivamente ao "eu", ampliando as possibilidades de os indivíduos se realizarem como individualidades livres e conscientes. Para Lukács (2013, p. 541), a filosofia é uma forma de ideologia, portanto, ligada ao complexo de humanização:

> Não existe filósofo que realmente mereça essa designação, não só no sentido estritamente acadêmico, cujo pensamento não esteja direcionado para interferir decisivamente nos conflitos decisivos do seu tempo, elaborar os princípios de seu enfrentamento e resolução e, por essa via, imprimir a esse enfrentamento um rumo mais decidido.

Quando a moral é refletida ontologicamente, é possível ultrapassar o conformismo característico da aceitação espontânea da cotidianidade. Os conflitos morais podem, então, ser apreendidos em sua relação com a totalidade social e não se apresentar somente como conflitos morais singulares. Principalmente, a moral pode desvelar a objetividade de tais conflitos, permitindo que não sejam tratados como "problemas subjetivos", cuja resolução depende da vontade singular dos indivíduos. Isso, porém, não elimina a dimensão singular do ato moral. Ao contrário, a individualidade vincula-se a ela ao posicionar-se, mas seu posicionamento se efetua no patamar de uma escolha consciente; sua teleologia vai além de sua própria singularidade:

> O homem, na medida em que é homem, é um ente social, e em todo ato de sua vida, consciente ou inconscientemente, ele efetiva, simultaneamente — embora as vezes de modo contraditório — a si próprio e o nível de desenvolvimento humano possível naquele momento (VAISMAN, 1989, p. 429).

Como reflexão ontológica, a ética possibilita a conexão consciente com os valores humano-genéricos; como filosofia crítica e ideologia, interfere indiretamente na realidade e contribui para a ampliação das capacidades ético-morais. Portanto, como Lukács (2013, p. 540) afirma:

> [...] para a filosofia, a essência e o destino do gênero humano, o seu "de onde?" e o seu "para onde?" constituem o problema central permanente — todavia, em constante transformação temporal e histórica.

Para que a ética se realize como saber ontológico, é preciso que ela conserve sua perspectiva totalizante e crítica, capaz de desmistificar as formas reificadas de ser e pensar. Assim ela é, também, um instrumento crítico em face de outros saberes, de elaborações éticas que possam contribuir para o ocultamento das mediações existentes entre a singularidade inerente à cotidianidade e o gênero humano, reproduzindo, com isso, a alienação.

A ética realiza sua natureza de atividade propiciadora de uma relação consciente com o humano-genérico quando consegue apreender criticamente os fundamentos dos conflitos morais e desvelar o sentido e as determinações de suas formas alienadas; quando apreende a relação entre a singularidade e a universalidade dos atos ético-morais; quando responde aos conflitos sociais resgatando os valores genéricos; quando amplia a capacidade de escolha consciente; sobretudo, quando indaga radicalmente sobre as possibilidades de realização da liberdade, seu principal fundamento.

Quando a ética não exerce essa função crítica, pode contribuir, de modo peculiar, para a reprodução de componentes alienantes; colocar-se como espaço de prescrições doutrinárias; favorecer a ideologia dominante; obscurecer os nexos e as contradições da realidade; fortalecer o dogmatismo e a dominação; remeter os valores para uma origem transcendente à história; fundamentar projetos conservadores; operar de modo a não superar a imediaticidade dos fatos; ultrapassá-los, mas não apreender a totalidade, contribuindo para que os homens não se autorreconheçam como sujeitos éticos.

Por essas peculiaridades, tal ética é de caráter revolucionário, ou seja, é crítica à moral do seu tempo e à possibilidade de projeção ideal de uma sociedade em que os homens possam se realizar livremente, sempre com base nas tendências históricas, nas possibilidades reais e em face do desenvolvimento genérico já realizado. Por isso, a ética é, também, uma referência para a práxis político-revolucionária, seja como instrumento teórico-crítico, seja como orientação de valor que aponta para o devir.

Atividades complementares

PARA REFLETIR

"Cada homem leva em si a forma inteira da condição humana" (MONTAIGNE *apud* KEHL, 2004, p. 111).

"Passivo não é quem deixa de agir para alcançar o que deseja, é quem depende do outro para dizer-lhe o que ele deve desejar" (KEHL, 2009b, p. 178).

TEXTOS DE APOIO

Texto 1

Tolerância

"A tolerância supõe muito mais do que uma coexistência a contragosto, uma coexistência que nega a convivência, embora em sua origem significasse mais ou menos isso mesmo. Do latim *tolerantia*, o termo designa a capacidade de suportar — mais no sentido moral do que físico —, com indulgência, um peso, um desconforto, uma adversidade [...] enquanto as outras são virtudes do ser, a tolerância é uma clara virtude do entendimento, ainda que se alicerce, como é óbvio, na disposição do ser à descoberta respeitosa do outro [...] Tolerar o estranho não significa apenas permitir que ele exista em algum lugar longe de nós. Não significa apenas suportar que ele ocupe a periferia de um mundo no qual nós, modernos civilizados, supomos ocupar o centro. Abrigar e tolerar o estranho é permitir que ele nos desestabilize permanentemente, deslocando nossas certezas, borrando as fronteiras de nossa suposta identidade [...] tolerar o estranho é tolerar também a incerteza que ele traz" (KEHL, 2004, p. 202).

Texto 2

Fundamentalismo religioso

"Por que parecemos estar rumando para o fim da política? Esse fim pode estar anunciado não só pela ideologia da competência (com a identificação entre poder econômico e saber), mas também pela sua contraparte, o ressurgimento da teologia política (ou a fusão de poder político, chefia religiosa e militar) que sustenta os fundamentalismos religiosos. De fato, se seguimos o comando do técnico competente por que não haveríamos de seguir o de um líder religioso carismático que fala uma linguagem até mais compreensível (a lógica e a enciclopédia populares de que falava Marx?). Mas não só isso. O traço principal da política, traço que se manifesta na sua forma maior, qual seja, na democracia, é a legitimação do conflito e a capacidade para ações que realizam o trabalho do conflito, ações que se efetuam como contrapoderes sociais de criação de direitos e como poderes políticos de sua legitimação e garantia. Aqui, ainda uma vez, o retorno dos fundamentalismos religiosos nos coloca diante de um risco de imensas proporções. Por quê? Em primeiro lugar porque, tendo a modernidade lançado a religião para o espaço do privado, hoje o encolhimento do espaço público e o alargamento do espaço privado podem dar novamente às religiões o papel de ordenação e da coesão sociais. Em segundo lugar, porque a história já mostrou os efeitos dessa ordenação e coesão promovidas pela religião, ou seja, a luta sangrenta pelo poder sob a forma das guerras de religião" (CHAUI, 2004, p. 156).

Texto 3
O homem burguês e a política

"[...] é na política que as pessoas podem criar os meios de combinar seus interesses particulares ou corporativos com o interesse geral. É na política que os valores éticos são desafiados a serem traduzidos na prática, na ação, definindo a ligação entre a esfera privada e a esfera pública. E é na política, também, que essa ligação mostra os casos nos quais o sujeito simplesmente não tem valores éticos e age de maneira puramente oportunista, sem princípios. O que leva as pessoas à ação política não é o 'altruísmo'; não é uma disposição 'desinteressada'. O 'interesse' é ineliminável dos movimentos dos seres humanos. Mas há interesses de diferentes espécies: o sujeito pode agir interessado por algo que lhe convém circunstancialmente e que pode (ou não) contrariar o interesse de ouras criaturas. Pode agir interessado em algo que corresponde ao desejo ou à ambição do seu grupo e colidir (ou não) com o interesse da humanidade. O interesse pessoal não coincide automaticamente com o interesse do gênero humano, mas pode convergir com ele, na medida em que o indivíduo é parte da humanidade e há, portanto, ao menos potencialmente, algo de universal, o seu 'interesse'. Vale a pena lembrarmos que o termo 'interesse' nem sempre teve o sentido de lucro, que ele só veio a assumir na Idade Média" (KONDER, 2000, p. 96).

Exercício 1

De acordo com as reflexões sobre a tolerância (texto 1), discuta a seguinte questão: Sob o ponto de vista ético-político, devemos tolerar toda e qualquer manifestação ou prática social?

Exercício 2

Ao discutir o fundamentalismo religioso (texto de apoio n. 2), Chaui remete à questão do encolhimento do espaço público e ao papel de ordenação social dado pelas religiões. Faça uma análise da conjuntura brasileira, indicando a pertinência/ou não das ideias de Chaui.

Exercício 3

No texto de apoio n. 3, "O homem burguês e a política", Leandro Konder situa as relações entre ética e política e entre política e interesse. Essa discussão remete à questão da "neutralidade". Discuta sobre a possibilidade (ou não) de uma ação política desinteressada e de uma ação ética neutra, tendo por base o filme *Dois dias, uma noite*.

Exercício 4

Discuta em grupo sobre a possibilidade de viabilização da ética na política. Esse exercício pode ser feito com base na leitura do livro *As mãos sujas*, do filósofo existencialista Jean-Paul Sartre, publicação da editora Europa/América, 1950.

Dicas culturais

FILMES

O segredo de Brokeback Mountain (EUA, 2005). Direção: Ang Lee.

Relatos selvagens (Argentina/Espanha, 2014). Direção: Damián Szifron.

Thelma e Louise (EUA, 1991). Direção: Ridley Scott.

Capítulo 3
Ética e humanismo

1. A origem do humanismo moderno

Cada época tem o seu ideal de homem. Levando em conta que as ideias refletem o que acontece na vida concreta, não é estranho que uma época, como a medieval, com suas relações sociais fortemente estratificadas, com seus costumes e valores duradouros, comporte um ideal estático de homem. A revolução burguesa, conjunto das transformações radicais que se processam desde finais da Idade Média destruindo as relações feudais, rompe com esse padrão, pelo dinamismo que imprime em todas as dimensões da vida social, propiciando a gestação de um novo modo de vida, cujo ideal corresponde às potencialidades abertas pela dinâmica das novas forças produtivas.

Essas transformações foram desencadeadas no Renascimento, "a aurora do capitalismo" (HELLER, 1982). Entende-se por humanismo o movimento cultural produzido no Renascimento, o qual, apesar de sua diversidade nos vários países europeus em que ocorreu, apresentou duas características principais: ao mesmo tempo que critica e rejeita as concepções medievais, retoma ideias da herança greco-romana (PESSANHA, 1994, p. 19).

O Renascimento emerge como afirmação de uma nova forma de vida e de um novo homem, fruto de transformações sociais, econômicas, culturais, sendo que:

Uma das suas manifestações mais típicas é a nova concepção que o homem faz de si mesmo — um novo humanismo — que se formulou filosoficamente, mas que pode também ser captado através de diversas expressões artísticas (PESSANHA, 1994, p. 21).

A rejeição do modo de vida feudal decorreu de condições objetivas, geradas nas transformações econômicas, especialmente a reabertura das antigas rotas de comércio entre a Europa e o Oriente — produto das Cruzadas —, que imprimiu uma nova dinâmica à economia. O comércio criou "novos-ricos", que almejavam a liberdade de ação, opondo-se ao modo de vida conservador, hierarquizado com base na tradição. Segundo Pessanha (1994, p. 22-23):

> O homem que ascende social e economicamente não pode mais aceitar como naturais — e, portanto, definitivos — os "lugares" das coisas e sobretudo das pessoas. Não pode admitir que os lugares estejam, desde sempre — e, portanto, para sempre — definidos, nem que as hierarquias sejam rígidas e perenes [...] ele próprio é uma prova do que há de relativo e provisório nas hierarquias.

O Renascimento rompeu com a rigidez dos sistemas de valores ético-morais, permitindo sua flexibilização e a negação de dogmas. A valorização da imanência e do humanismo trouxe o homem para o centro do universo, e, com o surgimento da antropologia filosófica, surge um ideal de homem dinâmico, versátil, capaz de realizar seu próprio destino. A liberdade, e não a felicidade, como era o ideal dos antigos e medievais, passou a ocupar o cume dos valores éticos e moldar o *éthos* do novo homem. Com a secularização e o questionamento da transcendência religiosa, mudaram as formas do relacionamento humano com Deus, prenunciando a Reforma Protestante e questionando o pensamento medieval dominante: o Tomismo ou filosofia aristotélica tomista (HELLER, 1982).

O Tomismo se apoia nos fundamentos aristotélicos que explicam a hierarquia da sociedade com base na hierarquia cósmica, movida por um primeiro motor, onde cada tipo de ser tem o seu lugar natural e estável (MORA, 1988, tomo 5; ABBAGNANO, 1985, v. 4). Segundo Pessanha (1994), o Tomismo exprime uma situação hierarquizada, perene, de fato vivida pela sociedade medieval. A subordinação de todos os seres do universo ao primeiro motor significa a subordinação real dos indivíduos a Deus e à sua representante, a Igreja Católica (PESSANHA, 1994, p. 25). É essa subordinação que o novo homem burguês não aceita. Assim:

> Com a dissolução do sistema corporativo dos estados, a estrutura social na qual se baseava a visão de mundo de Tomás de Aquino também desapareceu objetivamente [...] novas maneiras de viver, entre elas o culto do homem que se faz a si próprio, produziram um tipo de iniciativa individual e de independência de juízo e desejo que invalidaram qualquer tipo de dogma (PESSANHA, 1994, p. 17).

As atividades artísticas floresceram durante o Renascimento, marcando a vida dos indivíduos de modo geral. Muitas obras de grandes artistas eram construídas em praças públicas, permitindo que a vida cotidiana dos cidadãos fosse enriquecida pela participação nesses processos criativos públicos. Para Heller (1982), trata-se de um dos momentos históricos[1] em que a consciência dos indivíduos singulares esteve mais próxima do gênero humano. Isso porque as atividades privilegiadas para essa conexão puderam se objetivar de modo universalizante (HELLER, 1982).

Especialmente na Itália, nas cidades de Veneza e Florença, o trabalho — atividade humana essencial — "pertencia potencialmente a qualquer cidadão e a atividade socialmente consciente pôde tornar-se a atividade de todos os cidadãos" (HELLER, 1982, p. 299).

> É por isso que o trabalho e a socialidade, e também a liberdade e a consciência (incluindo o conhecimento), eram necessariamente entendidos como características pertencentes, pela própria essência da espécie humana, a todos os seres humanos e a toda a humanidade (HELLER, 1982, p. 299).

Portanto, o humanismo renascentista representou a ampliação da consciência humana por parte dos indivíduos, adquirida pelo trabalho, pela sociabilidade, pelas atividades artísticas, entre outras, expressando um momento privilegiado de humanização dos indivíduos e a objetivação do gênero humano.

---

1. O outro momento é o da pólis grega, segundo Heller (1982).

2. O humanismo marxista

No período entre o Renascimento e a Revolução Francesa, a burguesia desempenhou um protagonismo revolucionário, seja pelas transformações que efetuou na ruptura com o mundo feudal, seja por sua capacidade de aglutinar as massas em torno do seu projeto, assentado na promessa de universalização de liberdade, igualdade e fraternidade. No entanto, a desigualdade real se encarregou de minar o poder de persuasão dessa ideologia, acarretando sucessivas crises sociais que evidenciaram a luta de classes:

> Com efeito, já a constituição do mundo burguês envolve, em plano histórico--universal, um decisivo confronto de classes. Nos primeiros cinquenta anos do século 19, este enfrentamento vem à luz com clareza meridiana: as insurreições proletárias de 1848 e sua repressão pela burguesia (associada à nobreza que ela viera de derrocar) liquidaram as "ilusões heróicas" da Revolução Francesa e puseram a nu o caráter opressor da organização social dela derivada (NETTO, 2006, p. 12).

Ao mesmo tempo que 1848 assinalou a emergência do projeto político de classe do proletariado e o fim do protagonismo revolucionário da burguesia, marcou a decadência ideológica do pensamento burguês. A intelectualidade burguesa, que havia construído um pensamento crítico, a exemplo da filosofia clássica alemã, da economia política inglesa, entre outros, é substituída por um pensamento que passa a justificar a ordem burguesa, pautando--se no conservadorismo: produto da junção entre propostas restauradoras e protestos românticos contra o capitalismo:

> O pensamento restaurador, de claras conotações católicas e ranços místicos, lamentava a anarquia trazida pela revolução burguesa e a liquidação pelo capitalismo das "sagradas instituições" da feudalidade e recusava fortemente as novas formas sociais embasadas na dessacralização do mundo e o intercâmbio mercantil. O protesto romântico, criticando a prosaica realidade burguesa, escapava dos dilemas sociais do presente mediante a idealização da Idade Média e, em face das misérias contemporâneas, refugiava-se num passado idílico (NETTO, 2006, p. 13-14).

A inflexão de 1848 assinalou também uma crise do humanismo renascentista, pois o desenvolvimento do capitalismo alimentou um *éthos* dominante fundado nas condições objetivas das relações burguesas, ou seja, na competição, na valorização da posse de bens, no individualismo, no egoísmo. Numa sociedade atomizada, com suas divisões internas e valores heterogêneos, as referências ideais do humanismo tornaram-se abstratas.

Nessa perspectiva, Lukács (2007, p. 45) afirma que o humanismo, desde a sua origem no Renascimento, passando pela Ilustração até a Revolução Francesa, se caracterizou como um "conhecimento combativo, e mesmo agressivo". No entanto, após o marco de 1848, o conhecimento humanista passa a ser interpelado pelas "filosofias antidemocráticas e antiprogressistas — e em especial, racistas", fortalecendo as tendências filosóficas anti-humanistas.

Ou seja, com a alienação das condições objetivas de vigência da democracia, da ideia de progresso e de viabilização dos direitos humanos, o humanismo perde seu fundamento objetivo; quanto mais intensa for a interação do humanismo com o conhecimento anti-humanista, mais chance ele tem de se tornar uma abstração. Sua essência, que é a luta pela dignidade e pelos direitos humanos:

> Vê-se compelida gradualmente a assumir uma posição defensiva. Ideologicamente coagulada em abstrações que conduzem a cada vez mais — dada a sua alienação em face da realidade social concreta — a um pálido tropismo (LUKÁCS, 2007, p. 45).

É nesse cenário político-cultural que surge o pensamento de Marx. Ancorado na teoria social de Marx, em sua bela análise do Renascimento, Heller (1982, p. 9) afirma:"a consciência de que o homem é um ser histórico constitui um produto do desenvolvimento burguês"; e a "condição da realização do homem é a negação da existência burguesa".

Netto (2006, p. 16) afirma o mesmo pressuposto, dizendo que "é somente quando se instaura a sociedade burguesa que o ser social pode surgir à consciência humana como um ser que, condicionado pela natureza, é diferente dela". Porém, ao mesmo tempo que a sociedade burguesa permite essa compreensão, seus mecanismos de alienação ocultam a essência dos fenômenos sociais. É a existência de uma classe revolucionária, cujo interesse coincide com a negação e a superação da existência burguesa, que dá objetividade ao pensamento de Marx.

A teoria social de Marx é, assim, um produto da sociedade burguesa e dessas condições históricas. À medida que seu pensamento expõe as contradições da sociedade, na perspectiva de sua superação, ele só se interessa pelo proletariado e pelos extratos de classe e grupos sociais que estão engajados em projetos emancipatórios.

O humanismo marxiano está presente em toda obra de Marx, embora seja mais evidente em suas obras de juventude, nas quais ele expõe os componentes humanos essenciais e sua alienação na sociedade burguesa. Por humanização Marx considera o desenvolvimento de capacidades e forças humanas essenciais, e por desumanização a presença da alienação e a negação dessas forças e capacidades.

Marx fornece essa compreensão em *Manuscritos econômico-filosóficos* de 1844, ao evidenciar os elementos que distinguem os humanos dos animais: a atividade vital do trabalho, que põe em movimento a consciência, a sociabilidade, a liberdade e a universalidade humanas.

> O animal identifica-se imediatamente com a sua actividade vital. Não se distingue dela. É a sua própria actividade. Mas o homem faz da actividade vital o objecto da vontade e da consciência. Possui uma actividade vital consciente [...] A actividade vital consciente distingue o homem da actividade vital dos animais. Só por esta razão é que ele é um ser genérico [...] Unicamente por isso é que a sua actividade surge como actividade livre (MARX, 1993, p. 164-165).

Para Marx, a medida da humanização do homem é o próprio homem; é a conquista histórica do gênero humano, incluindo o enriquecimento de seus sentidos, de sua subjetividade, de suas capacidades, o que é posto em movimento inicialmente pelo trabalho e por outras formas de práxis, como a filosofia, a arte, a ética. A humanização ocorre a partir de suas respostas às necessidades e das mediações criadas nas formas de intercâmbio com a natureza, com a sociedade e nas relações dos homens entre si.

Parte das concepções de Direitos Humanos atribui ao gênero humano uma existência a-histórica, referida a uma essência perfeita e positiva, em termos éticos.[2] O gênero seria portador dessa essência, e os direitos humanos

---

2. Em especial, as concepções essencialistas, como a humanista cristã. Ver Mora (1988, v. 2, p. 1566). Consultar Mészáros (1993b) sobre a concepção de Direitos Humanos em Marx.

são tidos como mediações para o seu resgate. Desse modo, a referência ao humano-genérico adquire um significado positivo em si mesmo, isolado da alienação, das contradições e dos antagonismos que estruturam a vida social dos indivíduos.

Para Marx, não existe uma natureza ou essência humana dada *a priori* ou transcendente à existência histórica do ser social. Ser genérico e indivíduo não são entidades isoladas, pois, "em todo ato de sua vida, reflita-se esse ou não em sua consciência, o homem sempre e sem exceções realiza ao mesmo tempo, e de modo contraditório, a si mesmo e ao respectivo estágio de desenvolvimento do gênero humano" (LUKÁCS, 1979, p. 142).

Em seu processo de autoconstrução, o ser social desenvolve um conjunto de capacidades e forças humanas indispensáveis à sua reprodução. Com isso, cria uma natureza própria que o distingue de outros seres existentes na natureza. Por isso, o trabalho — forma universal de práxis que só ocorre socialmente, em face de certo desenvolvimento da consciência e da instituição da liberdade, ou seja, da possibilidade de transformar a natureza criando alternativas e escolhas — é o componente essencial e fundante das forças e das capacidades necessárias à reprodução material e espiritual do ser humano.

A compreensão da práxis como "totalidade das objetivações do ser social, constituída e constituinte" (NETTO, 1981, p. 60), leva à consideração de sua contraditória objetivação nas sociedades marcadas pela alienação: como práxis positiva de "manifestação da vida (*Lebensäusserung*)" e como "atividade prática negativa, que é alienação da vida (*Lebensäutsserung*)" (NETTO, 1981, p. 56). Isso significa que o desenvolvimento do gênero humano é também processado no interior de uma totalidade contraditória, em que as mesmas forças que impulsionam o seu enriquecimento operam a sua negação. Essa contradição é particularmente acentuada na sociedade burguesa, dado que ela apresenta, em face das sociedades precedentes, o maior grau de desenvolvimento das forças produtivas e de alienação, progredindo pelo desenvolvimento das contradições a ela imanentes, atingindo a riqueza pela pobreza, permitindo que "o mais alto desenvolvimento das forças produtivas coincida com a opressão e a miséria totais" (MARCUSE, 1978, p. 285).

A crítica marxiana visa à supressão dos impedimentos históricos à livre realização das forças essenciais humanas e à apropriação, pela totalidade dos indivíduos sociais, das conquistas que enriqueceram a humanidade, em todas as suas dimensões. Isso não significa que Marx estivesse prevendo a construção de uma sociedade idealizada como o "paraíso", na qual não haveria nenhum tipo de contradição, o que o aproximaria do humanismo metafísico. Sua crítica busca apreender as determinações ontológicas que operam na reprodução da sociedade burguesa e as tendências objetivas postas à sua superação pelo movimento concreto de reprodução social.[3]

É por isso que, para ele, as reformas sociais que alcançam, no máximo, emancipações parciais, sociais e políticas, não resolvem as contradições sociais que só podem ser superadas pela sua supressão, na totalidade social. Desse modo nos aproximamos da emancipação humana, entendida como possibilidade histórica, definindo-a como critério de valor que fornece significado e direção à prática social identificada com esse ideário. Levando em conta a existência social de formas de práxis que, contraditoriamente, afirmam e negam a emancipação humana, encaminhamos nossa reflexão para as que se direcionam teleológica e potencialmente ao horizonte da emancipação.

É conhecida a distinção marxiana entre emancipação política e humana (MARX, 2010). Sinteticamente colocada, a emancipação política supõe conquistas sociais parciais, no interior da sociabilidade burguesa; a humana supõe a subversão da ordem burguesa. Ambas implicam a práxis política, mas incluem diferentes formas e alcances políticos, com resultados parciais, mais abrangentes, ou capazes de estabelecer rupturas mais significativas, em condições históricas determinadas.

Entendidas no interior da totalidade das lutas sociais, com diferentes particularidades e alcances políticos, as lutas pela afirmação dos direitos humanos podem ser concebidas como práxis política, mas não se desenvolvem historicamente como práxis política de natureza revolucionária. Suas formas de ser são indicadoras de lutas objetivadoras de emancipações parciais — sociais e/ou políticas.

Nesse sentido, são lutas que se vinculam idealmente ao gênero humano, mas que se objetivam de maneira parcial, devido aos limites da sociabilida-

---

3. "Na concepção de Marx, a história é necessariamente aberta, por força da necessidade ontológica segundo a qual a teleologia humana automediadora é parte essencial da história [...] Na visão de Marx — que não pode reconhecer nada como absolutamente final — não pode haver lugar para uma idade do ouro utópica, nem iminente, nem a uma distância astronômica. Essa idade áurea seria o fim da história, e com isso o fim do próprio homem" (MÉSZÁROS, 1981, p. 106, 218).

de burguesa e ao fato de seu objeto de reivindicação estar atrelado às formas políticas e jurídicas do Estado burguês. Isso não impede que, preservando a sua natureza específica, possam estar vinculadas às lutas mais gerais, incluindo as que se colocam no horizonte de superação da ordem burguesa.

Emancipação humana significa a apropriação e o desenvolvimento, em múltiplas direções, da totalidade da riqueza humana material e espiritual produzida pela humanidade na história; é a superação dos impedimentos à livre manifestação do trabalho, da consciência, da liberdade; a fruição universal de capacidades, forças e potencialidades humanas — as já desenvolvidas e as que vierem a ser produzidas em novas condições.[4] Como dissemos, a esse conjunto de capacidades e forças essenciais que podem ser emancipadas, se forem superados os seus limites burgueses, Marx denomina riqueza humana.[5]

3. O humanismo cristão

Como assinalamos, com o pensamento de Marx e a decadência ideológica do pensamento burguês, por um lado, e, por outro, o fim do protagonismo revolucionário da burguesia e a organização política do proletariado, instituem-se dois campos políticos: "o que se vincula à revolução e o que contrasta com ela"; e, do ponto de vista do conhecimento, "o terreno das grandes matrizes da razão moderna: a teoria social de Marx e o pensamento conservador" (NETTO, 2006, p. 14).

Orientado ideologicamente pelo pensamento conservador, surge, em finais do século XIX, o humanismo cristão relacionado à Doutrina Social da Igreja Católica, cujo marco foi a Encíclica Papal *Rerum Novarum*, de Leão XIII (1891), com a qual a Igreja se posicionou em face da questão social e da luta de classes, contrapondo-se ao liberalismo e ao socialismo, adotando o Neotomismo como referencial filosófico. Como dissemos, o Renascimento negou o pensamento aristotélico tomista dominante na sociedade feudal; o Neotomismo se define

---

4. "Quando Marx fala da 'riqueza interior' do homem, em oposição à alienação, refere-se ao 'rico ser humano' e à 'rica necessidade humana'. Esse ser é rico porque é 'o ser humano que necessita da totalidade das atividades vitais humanas'" (MÉSZÁROS, 1981, p. 165).

5. Cf. Marx (2011, p. 399-400).

por retomar esse pensamento, contrapondo-se culturalmente às tendências progressistas da sociedade moderna e posicionando-se politicamente contra o liberalismo e o socialismo.

A *Rerum Novarum* justifica seu posicionamento em face dos problemas que a Igreja entende serem decorrentes do desenvolvimento do capitalismo e que rebatem nas condições de vida dos operários e das "classes inferiores".[6] Afirma que a luta entre o capital e o trabalho não faz parte da ordem natural da sociedade e que, portanto, patrões e operários devem chegar a um acordo. Assim como no corpo humano os membros se adaptam uns aos outros, apesar de sua diversidade, na sociedade, as duas classes estão destinadas por natureza a se unirem harmoniosamente e se manterem em equilíbrio (ABBAGNANO, 1976; 1985; CHAUI, 2002).

A Encíclica Papal lamenta que o progresso tenha destruído as corporações e os princípios religiosos, deixando os trabalhadores isolados e sem defesa em face da cobiça e da concorrência capitalista, colocando-se, assim, contrária ao socialismo e ao liberalismo: ao liberalismo por corromper os costumes e as tradições; ao socialismo, por pretender a socialização da riqueza social, colocar em risco a propriedade privada,[7] contrariar uma lei natural e atentar contra a família monogâmica e patriarcal.

A proposta da Igreja Católica, em face da questão social, constitui-se, então, numa terceira via baseada na mudança de valores; na aceitação

---

6. "Efectivamente, os progressos incessantes da indústria, os novos caminhos em que entraram as artes, a alteração das relações entre os operários e os patrões, a influência da riqueza nas mãos dum pequeno número ao lado da indigência da multidão, a opinião enfim mais avantajada que os operários formam de si mesmos e a sua união mais compacta, tudo isto, sem falar da corrupção dos costumes, deu em resultado final um temível conflito" (disponível em: https://www.vatican.va/content/leo-xiii/pt/encyclicals/documents/hf_l-xiii_enc_15051891_rerum-novarum.html. Acesso em: 1º jul. 2022).

7. "Os Socialistas, para curar este mal, instigam nos pobres o ódio invejoso contra os que possuem, e pretendem que toda a propriedade de bens particulares deve ser suprimida, que os bens dum indivíduo qualquer devem ser comuns a todos, e que a sua administração deve voltar para os Municípios ou para o Estado. Mediante esta transladação das propriedades e esta igual repartição das riquezas e das comodidades que elas proporcionam entre os cidadãos, lisonjeiam-se de aplicar um remédio eficaz aos males presentes. Mas semelhante teoria, longe de ser capaz de pôr termo ao conflito, prejudicaria o operário se fosse posta em prática. Pelo contrário, é sumamente injusta, por violar os direitos legítimos dos proprietários, viciar as funções do Estado e tender para a subversão completa do edifício social" (disponível em: https://www.vatican.va/content/leo-xiii/pt/encyclicals/documents/hf_l-xiii_enc_15051891_rerum-novarum.html. Acesso em: 1º jul. 2022. p. 1).

paciente, por parte dos operários, de sua condição subalterna; na compreensão de que a ordem natural da sociedade é harmônica, portanto, as classes sociais não são inimigas inatas uma das outras; na aceitação do sofrimento, determinado pelo pecado original. Assim, a Igreja Católica propõe que patrões e operários façam esforços para conviver harmoniosamente, e chama a atenção para o papel do Estado: proteção da propriedade particular (privada), impedimento das greves; direito ao repouso semanal, mas que não seja exagerado, pois pode ser fonte de vícios. O documento ainda se refere às associações operárias, às de auxílio mútuo, às corporações, concluindo com a afirmação de que a "solução definitiva" para todos os problemas apresentados é a caridade.

Para o humanismo cristão, em sua concepção neotomista, o homem é considerado pessoa humana: ser que tem uma essência referida a Deus e à perfectibilidade, mas dispõe de liberdade, dada pelo livre-arbítrio: a capacidade de escolher entre o bem e o mal. A ética é concebida a partir da vida em sociedade e da função de cada ser. Aristóteles tratava dessa questão remetendo à ordem do universo, movida por um primeiro motor, em que cada elemento desempenha uma função visando à harmonia do todo (MORA, 1989, t. 1, p. 205). Para o Neotomismo, a sociedade reproduz essa ordenação natural, visando ao bem comum e à realização das potencialidades ou ao fim último da existência de seus membros (MORA, 1989, t. 4, p. 3.271).

Segundo Tomás de Aquino, a lei moral é subordinada à lei natural, e esta última à lei divina, donde se define que o bem e o mal estão determinados em princípio pela lei divina. O livre-arbítrio não é dado pela escolha livre entre o bem e o mal. A "escolha" do mal é o afastamento de um bem determinado pela lei divina:

> A vontade humana é um livre-arbítrio que não é eliminado nem diminuído pelo ordenamento finalista do mundo nem pela pré-ciência divina [...] pela sua própria natureza o homem tem livre-arbítrio [...] a presença do mal no mundo deve-se ao livre-arbítrio do homem [...] o mal não é senão a ausência do bem (ABBAGNANO,1985, p. 46).

Nesse sentido, a concepção de homem do humanismo cristão, em sua versão Neotomista, é essencialista (ver TONET, 1984), ou seja, supõe que *a pessoa humana* tenha uma essência que lhe confere dignidade e perfectibilidade, tratando-se, portanto, de uma concepção metafísica que não considera as condições históricas objetivas que interferem e determinam a vida social dos seres humanos.

A grande influência humanista no Serviço Social é, sem dúvida, a oriunda do humanismo cristão por meio do Neotomismo (YAZBEK, 1977; BARROCO, 2018), inscrito nos Códigos de Ética de 1948 a 1986. Segundo Aguiar (1995, p. 144):

> [...] O Serviço Social, no Brasil, se fez sob a inspiração da Igreja Católica, a influência do tomismo e do Serviço Social europeu. [...] A ideologia católica enfatiza a reforma social, tendo em vista a chamada questão social, a decadência dos costumes e o desenvolvimento do liberalismo e do comunismo.

Um dos pensadores mais importantes na veiculação do Neotomismo foi Jacques Maritain. Segundo Aguiar (1995), em sua obra *Humanismo integral*, Maritain analisa historicamente a evolução do pensamento moderno, considerando existir uma tragédia do humanismo "antropocêntrico", que se desenvolve a partir do Renascimento e tem levado à descristianização do Ocidente e ao racionalismo, que eliminou os valores tradicionais e transcendentes. A essa destruição posta pelo humanismo antropocêntrico, Maritain propõe um humanismo teocêntrico, ou seja, seu pensamento é uma desconstrução do humanismo do Renascimento.

Segundo Aguiar, Maritain não limitou sua filosofia à Metafísica, participando do debate político e social. Diante de um mundo "marcado pela mediocridade e pelo humanismo liberal burguês", Maritain questiona o papel dos cristãos e diz que a tarefa deles é de suscitar "uma força cultural e temporal de inspiração cristã"; uma nova cristandade, baseada na concepção cristã medieval (AGUIAR, 1995, p. 56).

A influência do humanismo marxista no Serviço Social é tardia, pois, mesmo após a assimilação do marxismo pelo Serviço Social ao longo do processo de Reconceituação Latino-Americana, tendeu-se a negar a existência de um humanismo em Marx (ver SILVA, 1986), tendo em vista a influência de Althusser na teorização da profissão ao longo da década de 1970.[8]

---

8. Althusser defende um "corte epistemológico" na obra de Marx, considerando que as obras do jovem Marx (que expressam mais diretamente sua ética e seu humanismo) são superadas pela perspectiva científica de *O capital*. Ver Barroco (2018) e Silva (1986).

Somente a partir dos anos 1980 e 1990, com a aproximação da profissão a outras influências teóricas marxistas, como Lefebvre, Lukács, Goldman, Gramsci, o humanismo marxiano é incorporado pelo Serviço Social.

O desenvolvimento de uma compreensão humanista do legado de Marx ocorreu ao mesmo tempo que se desenvolveu a teorização de uma ética orientada pela ontologia social de Marx.[9] Isso implicou a visão de totalidade da obra marxiana, superando a dicotomia entre o jovem Marx e o Marx de *O capital*.

Essa perspectiva de análise levou ao entendimento do gênero humano em sua relação com os indivíduos sociais (IAMAMOTO, 2001) e ao processo de humanização requerido pelo trabalho em sua função histórica de formação das capacidades humanas essenciais, no interior das quais serão gestadas as condições objetivas de os humanos se comportarem como seres ético-morais.

---

9. Trata-se de um processo que implicou o aprofundamento do pensamento de Marx e o acúmulo teórico que se apresenta a partir dos anos 1980 (ver NETTO, 1991; IAMAMOTO; CARVALHO, 1995; BARROCO, 2018).

Atividades complementares

PARA REFLETIR

"Façamos de maneira que, como as pedras preciosas, nossa vida valha não pelo sua duração, mas pelo seu peso" (SÊNECA, 2011).

Exercício 1

Faça uma pesquisa a respeito da realidade dos direitos humanos no século XXI.

TEXTOS DE APOIO

Texto 1

"Gyorgy Márkus analisou o conteúdo do conceito marxista do homem em termos de sociedade, trabalho, consciência, liberdade e universalidade. Todos estes aspectos caracterizam em geral o homem (humanidade) — são eles que distinguem o homem elevando-o acima do reino animal. Mas no decurso da pré-história da humanidade todos os passos no aparecimento da essência humana constituíram simultaneamente um momento de alienação; o desenvolvimento de toda a espécie realizou-se à custa de homens individuais, classes e povos, e o enriquecimento da humanidade exigiu o empobrecimento de alguns homens [...] a humanidade (o homem, e portanto cada ser humano isolado) só será dona de suas próprias relações sociais no futuro, transformando-se em humanidade-para nós [...] o trabalho só será trabalho-para-nós quando for criada a possibilidade de cada ser humano se apropriar dos meios de produção que lhe foram deixados pelas gerações anteriores, de tal modo que possa conferir o cunho de sua própria individualidade às suas criações, ou seja, quando a atividade para a realização de um fim implicar a realização dos objetivos individuais. Por definição o homem é livre, dado que possui alternativas e ajusta os seus atos às suas intenções conscientes [...] mas a liberdade só será liberdade-para-nós quando nos tornarmos capazes de dominar a natureza, a sociedade e nós mesmos [...] só nos toraremos universais-para-nós quando todos os homens tiverem a possibilidade de desenvolvimento multifacetado. A consciência só se tornará consciência-para-nós quando o conhecimento humano, como aspecto da práxis e motor da liberdade, se transformar em consciência de todos nós" (HELLER, 1982, p. 25).

Texto 2

"Erramos ao chamar os atos que nos repugnam de desumanos. O homem, não o animal, usa de violência contra seu semelhante. O homem inventou o prazer da crueldade; o animal só mata para sobreviver. O homem destrói o que ama — pessoas, coisas, lugares, lembranças. Se perguntarem a um homem por que razão ele se permitiu abusar de seu semelhante indefeso, ele dirá que: eu fiz porque nada me impediu de fazer. O abuso da força é um gozo ao qual poucos renunciam. Além disso, o homem é capaz de indiferença, essa forma silenciosa e obscena de brutalidade" (KEHL, 2009b, p. 453).

Dicas culturais

LITERATURA

MÃE, Valter Hugo. *A desumanização*. São Paulo: Cosac Naify, 2014.

SARAMAGO, José. *O evangelho segundo Jesus Cristo*. São Paulo: Companhia das Letras, 1991.

FILMES

O nome da rosa (Itália/França/Alemanha, 1986). Direção: Jean-Jacques Annaud.

Harold e Maude — ensina-me a viver (EUA, 1971). Direção: Hal Ashby.

Capítulo 4
Ética e ideologia

1. Polissemia do termo

O termo ideologia surge de modo mais elaborado e carregado de polêmicas no século XIX e, ao longo da história da sociabilidade burguesa, assume significados distintos e serve a vários usos. As preocupações filosóficas com a ideologia, de acordo com nossa interpretação de Konder (2002), surgem muito antes do uso do termo propriamente dito e, mais diretamente, associadas à teoria do conhecimento. Na filosofia grega, tais preocupações colocam-se em termos da capacidade humana de conhecer a verdade na sua essência, sem a interferência de julgamentos de valor ou ideias preconcebidas que interferissem na apreensão da verdade.

Ainda segundo Konder (2002), no contexto de consolidação da sociedade burguesa, o termo ideologia[1] foi utilizado por Napoleão Bonaparte para desqualificar as análises de pensadores franceses que procuravam intervir no debate político à época. Bonaparte utiliza o termo de modo pejorativo, denominando de ideólogos os pensadores que se opunham a seu modo de fazer política.

Konder também chama atenção para o fato de que, ironicamente, é o sentido negativo atribuído por Bonaparte que se destaca no contexto de

---

1. O termo foi utilizado primeiro por Destutt de Tracy, em 1801, no seu livro *Elementos de ideologia*, com sentido positivo e como uma nova disciplina de filosofia (KONDER, 2002, p. 21).

consolidação do termo, ainda que tal personalidade histórica usufruísse de pouco, ou quase nenhum, prestígio filosófico.

> Napoleão, que não era nenhum talento em matéria de filosofia (era uma inteligência filosoficamente medíocre), enxergou um problema bastante sério na relação entre a história e as ambições explicativas desmesuradas dos *ideólogos* (KONDER, 2002, p. 23, grifo do original).

Ao mesmo tempo que reconhece a insuficiência do sentido negativo pela falta de crítica e autocrítica:

> Faltava à ideologia, tal como os ideólogos a propunham, algo que, sintomaticamente, também faltava ao imperador que a repelia: a capacidade de se debruçar com espírito crítico e autocrítico sobre os conflitos internos do conhecimento humano em ligação com as mudanças históricas (KONDER, 2002, p. 34).

As contribuições de Konder, em seu livro *A questão da ideologia* (2002), na reconstituição histórica e teórica do significado atribuído ao termo ideologia por grandes pensadores clássicos e contemporâneos são inúmeras e primorosas. Destacam-se sua persistente preocupação com as distorções e as reduções em torno do significado do termo que impedem apreensões críticas da realidade que contribuam para encaminhar, de modo historicamente adequado, a ação revolucionária. Ou seja, aquela capaz de superar as condições históricas da desumanização.

Da abrangente, complexa, fundamentada e refinada análise de Konder, depreende-se, ancorada nas contribuições do campo marxista, que o que confere importância teórica crucial ao debate da ideologia é sua efetividade prática, a qual, por seu turno, só pode ser resolvida no âmbito da práxis, sem, contudo, qualquer idealização sobre seu adequado encaminhamento no contexto da sociedade antagonizada pela divisão de classes.

O caminho percorrido por Konder desvela a presença de fenômenos ideológicos em todas as atividades histórico-sociais do gênero humano, na filosofia, nas ciências, na política, na ética, nas artes e nas práticas cotidianas. Confronta o esforço teórico de importantes pensadores clássicos e contemporâneos que se debruçaram sobre o debate da ideologia, sempre com a preocupação de matizar os limites do conhecimento humano, dada a irredutibilidade do real ao saber, de chamar atenção sobre a necessidade da crítica e da autocrítica sistemáticas como condição para uma apreensão da realidade histórica mais abrangente e mais próxima de sua dinâmica complexa e contraditória. Procura apanhar em cada contribuição teórica particular de relevo os elementos essenciais que contribuem para o enfrentamento dos fenômenos ideológicos que falseiam a apreensão da realidade e, portanto, obstaculizam o encaminhamento de respostas práticas na direção da humanização do ser social.

Entre as inúmeras e argutas análises elaboradas por Konder, destacam-se:

a. O esforço teórico de demonstrar a diferença qualitativa entre os fenômenos ideológicos e a alienação, ainda que o estranhamento produzido pela alienação também possa operar como fenômeno ideológico, já que produz falsa consciência. No entanto, a ideologia é um fenômeno mais amplo que não pode ser reduzido à falsa consciência. O que permite inferir que a alienação integra, mas não esgota os fenômenos ideológicos. *O processo histórico-real da ideologia é maior que a falsa consciência* (KONDER, 2002, p. 142).

b. A impossibilidade ontológica da ausência de julgamentos de valor em todas as atividades histórico-sociais, inclusive nas ciências, portanto, a recusa da neutralidade e da existência de um limite rígido entre conhecimento e ideologia. Análise que, por sua vez, não impede a valorização do conhecimento teórico rigoroso (crítica e autocrítica para fundamentar o critério de verdade do conhecimento, ainda que provisória e aproximativa), bem como sua importância para orientar praticamente o *devir* histórico do processo de autoconstrução do ser social na direção de sua emancipação.

c. A recusa de posições ecléticas, relativistas e idealistas, uma vez que a irredutibilidade do real ao saber e a existência de fenômenos ideológicos não cancelam nem a possibilidade nem tampouco a importância prática do conhecimento teórico rigoroso para o processo de autoconstrução do ser social.

d. A importância da categoria práxis, como formulada por Marx, para a compreensão do processo de autoconstrução do ser social e para a identificação dos conteúdos de valor que operam na teleologia (antecipação ideal da ação no pensamento) inscrita na práxis. Importante, portanto, para a compreensão do momento de abstração necessário e que antecipa a ação e pode, assim, receber conteúdos valorativos, inclusive ideológicos, que interferem na intencionalidade e nas escolhas alternativas dos indivíduos sociais.

e. O reconhecimento da importância e complementaridade de todas as formas de conhecimento humano, com destaque para as ciências e as artes, pelos seus graus de universalidade, demonstrando que suas especificidades lhes conferem exigências e conteúdos distintos. Da mesma forma, a recusa de qualquer desprezo arrogante ao conhecimento do senso comum e empírico que, embora parcial, inacabado e passível da crítica rigorosa do conhecimento teórico, não pode ser ignorado pelo seu enraizamento cotidiano e pela sua funcionalidade para a dinâmica da reprodução social.

f. A recusa de qualquer limite rígido e arbitrário nas análises sobre a relação entre sujeito e objeto, objetividade e subjetividade, teoria e prática, sem com isso perder de vista suas diferenças qualitativas e a relação dialética entre elas.

g. A análise de que o *conceito* de ideologia é mais amplo do que o *conceito* de hegemonia. Para Konder (2002, p. 145), tanto a ideologia como a hegemonia se inserem (existem e se explicam) na categoria práxis, sendo que a primeira se vincula mais diretamente à consciência, já que a "ideologia é o fenômeno que, nas sociedades dilaceradas pela divisão social do trabalho, interfere decisivamente no momento *teórico* da práxis" (KONDER, 2002, p. 146, grifos do original). No entanto, sendo "a hegemonia uma mobilização de forças, para a afirmação da supremacia de um grupo social na direção moral e intelectual da sociedade", por meio do consenso (KONDER, 2002, p. 147), ambas pressupõem o correto dimensionamento da relação entre o momento teórico e prático da ação, respeitando as especificidades de cada uma dessas dimensões (teórica e prática). Nesse sentido, Konder (2002, p. 147) conclui:

Em seu ineliminável momento teórico, portanto, realização da hegemonia depende do encaminhamento dado à questão ideológica. E essa dependência justifica a minha convicção de que o conceito de ideologia é mais abrangente do que o conceito de hegemonia.

h. O reconhecimento da existência de dilemas que operam na esfera da subjetividade humana e que conferem certo grau de dramaticidade

SERVIÇO SOCIAL E ÉTICA PROFISSIONAL: FUNDAMENTOS E INTERVENÇÕES CRÍTICAS

às escolhas dos indivíduos sociais para responder às necessidades produzidas por uma sociabilidade cindida. Dramaticidade que pode, se tornada consciente, *proteger* os indivíduos sociais da indiferença, do cinismo e contribuir para o aprofundamento da crítica e da autocrítica na direção da emancipação humana.

A esfera da subjetividade é o plano onde os homens fazem suas escolhas, tomam suas iniciativas, elaboram projetos, assumem riscos, interrompem a continuidade e criam as rupturas históricas. É o plano onde os homens podem ser tornar tão profundamente críticos a ponto de poderem se tornar efetivamente autocríticos (KONDER, 2002, p. 143).

E ainda:

A desdramatização da esfera da subjetividade tende a acarretar como consequência uma certa impossibilidade, para a razão iluminista, de evitar a arrogância, a auto-suficiência, reconhecendo a cada passo seus limites e cultivando a crítica e a autocrítica. Se a consciência dos iluministas contemporâneos não se reconhecer, em momento algum, como palco de dramas ideológicos, ela já estará infiltrada pela ideologia que a leva a negar-se a si mesma em sua dimensão efetivamente subjetiva e ficará atrelada a uma objetividade que inviabilizará a tarefa [...] de criticar todas as ideologias (KONDER, 2002, p. 143).

A rica e rigorosa contribuição de Konder indica os cuidados necessários para se mover no terreno movediço que é o debate teórico sobre a ideologia, do mesmo modo que reafirma a importância das contribuições do campo da tradição marxista para o seu enfrentamento.

2. Contribuições da ontologia do ser social

A abordagem crítica sobre os fenômenos ideológicos envolve, ainda que de modo aproximado, considerações sobre: os fundamentos do ser social; o caráter histórico das necessidades sociais; o caráter alternativo da práxis; a relação indivíduo e sociedade, e os conteúdos valorativos que orientam a consciência do indivíduo social[2] para agir diante da realidade histórica.

---

2. "O homem torna-se indivíduo na medida em que produz uma síntese em seu Eu, em que transforma conscientemente os objetivos e aspirações sociais em objetivos e aspirações particulares de

Nesse sentido, algumas observações preliminares são imprescindíveis para encaminhar nossas reflexões sobre a ideologia como complexo social e sua função social no processo de autoconstrução dos indivíduos sociais.

Nosso ponto de partida, ancorado na ontologia do ser social, é o reconhecimento da primazia ontológica do trabalho em relação às demais atividades humano-genéricas e do incontornável caráter histórico dos fundamentos do ser social e, portanto, de suas capacidades e realizações. Desse modo, os fenômenos ideológicos serão sempre considerados à luz da historicidade e da totalidade que marcam a especificidade do ser social e suas atividades.

A autoconstrução do ser social é um processo histórico ininterrupto que envolve a transformação da natureza e dos próprios homens a partir do trabalho, num movimento dialético que produz modificações substantivas nas capacidades humano-genéricas, como a consciência, a sociabilidade, a universalidade e a liberdade.

Assim, a abordagem ontológica de bases materiais e históricas reconhece no trabalho — ação transformadora do homem sobre a natureza — o principal modelo de práxis, e o devir histórico do ser social como uma totalidade unitária que vincula — mediada ou imediatamente — uma série de complexos sociais que, também por inúmeras mediações, são determinados pelo modo de organização social da vida material.

O gênero humano expressa a universalidade do ser social, cuja essência histórica corresponde ao momento no qual o ser social se encontra no seu processo de autoconstrução. Os indivíduos sociais expressam a dimensão singular do gênero humano. Lukács (2013) define a totalidade unitária do ser social como um complexo de complexos, e reconhece a dinâmica contraditória e desigual no interior do processo histórico que vincula ontologicamente o indivíduo e a sociedade.

A materialidade histórica de constituição e desenvolvimento do ser social supõe a relação ontológica entre o indivíduo e a sociedade, na medida em que o ser social é ao mesmo tempo singular e genérico. Este fundamento

---

si mesmo e em que, desse modo, 'socializa' sua particularidade" (HELLER, 1992, p. 80). E ainda: "A individualidade, tal como existe tanto na realidade como enquanto ideal, é o produto de uma longa evolução histórica. As diferentes épocas históricas contribuíram de modo diverso para o seu desenvolvimento — e o Renascimento contribuiu bastante — mas mesmo aqui pode ainda observar-se uma certa continuidade, um sucessivo erigir de uma época sobre outra" (HELLER, 1982, p. 163). Na produção do Serviço Social brasileiro, a categoria indivíduo social é desenvolvida por Iamamoto (2001).

ontológico está presente na gênese do ser social, na forma originária do salto ontológico realizado no trabalho. O afastamento das barreiras naturais, operado pelo trabalho, caracteriza um processo ininterrupto de diferenciação do homem em relação à natureza, conferindo a suas atividades e relações (com a natureza, consigo mesmo e com os outros homens) um caráter social. Todos os complexos sociais desencadeados pelo trabalho (a linguagem, o direito, o Estado, a política, a moral, a ética, a ideologia), com graus diferenciados de mediações, acentuam e afirmam, de forma consciente ou não, a totalidade unitária do ser social: singularidade e gênero.

O desenvolvimento desigual do indivíduo singular e do gênero é determinado pelas condições objetivas da reprodução social. Lukács, a partir de Marx, insiste na totalidade unitária do ser social — singular e genérico. Singularidade e genericidade são, portanto, a substância histórica de um mesmo ser, a explicitação e a intensificação de seu processo de autoconstrução. Totalidade unitária que não significa que haja entre esses dois polos uma identidade ontológica, já que as realizações da práxis sempre ultrapassam o indivíduo singular e o gênero sintetiza o conjunto dessas realizações, num processo dialético de conservação e superação que envolve momentos predominantes e duradouros, de transição ou de ruptura. Por isso, só podemos falar em indivíduo singular na sua relação recíproca e ontológica com o gênero. O homem só pode se individualizar em sociedade.

> O ser humano é, no sentido mais literal, um animal político, não apenas um animal social, mas também um animal que somente pode isolar-se em sociedade (MARX, 2011, p. 40).

Ao tratar desses dois polos — a reprodução em sua totalidade e os homens singulares —, Lukács recusa todas as posições dualísticas e deformadoras dessa relação ontológica, tanto as do marxismo vulgar, que, ao tomar a economia como momento predominante, introduzem uma lógica determinista e mecânica nessa relação, transformando as leis da economia em uma ciência natural especial, quanto as formulações liberais burguesas que superestimam a iniciativa individual. Da mesma forma que recusa a ontologia religiosa e qualquer princípio transcendente que falsifique o ser-precisamente-assim da realidade humano-social.

No trato da reprodução da totalidade do gênero e dos homens singulares, Lukács (2013) analisa como a explicitação da individualidade decorre da intensificação da socialidade, que se torna cada vez mais central para as decisões alternativas dos indivíduos.

Demonstra como o desenvolvimento das forças produtivas atinge no capitalismo um nível tal, que sua reprodução repousa sobre seus próprios pressupostos. Para Lukács (2013, p. 336), no capitalismo, as categorias econômicas afirmam sua tendência interna para uma socialidade pura e impregnam cada vez mais vigorosamente o ser social, tanto extensiva quanto intensivamente.

O ser social assume, então, no capitalismo, uma complexidade extremamente dinâmica e mediada, e sua reprodução pressupõe uma série de complexos sociais que assumem funções específicas na totalidade unitária do gênero. A reprodução da sociabilidade capitalista supõe na esfera econômica a propriedade privada dos meios de produção e a divisão entre trabalho intelectual e manual, além da conversão permanente dos valores de uso em valores de troca. Supõe a exploração para a produção e da mais-valia e, portanto, o trabalho alienado. No entanto, como as atividades humanas tornam-se cada vez mais sociais e não podem ser reduzidas aos atos de trabalho, à esfera da economia, emerge nesse processo uma série de complexos sociais — cuja gênese é dada pelo trabalho por sua predominância ontológica —, que se tornam cada vez mais autônomos, relativamente, em relação ao trabalho e no interior da totalidade social.

A sociabilidade burguesa introduz, no âmbito do ser social, uma processualidade dialética antagonicamente fundada. Uma explicitação das capacidades humanas e tendências que indicam possibilidades de humanização e, ao mesmo tempo, uma desumanização operada pela exploração e pela dominação do homem pelo homem, pela transmutação fenomênica da relação entre homens em relação entre coisas, pelo esvaziamento fenomênico do sentido da vida.

O caráter puramente social das atividades humanas no capitalismo confronta a consciência dos indivíduos sociais na forma aparente e necessária de reprodução de sua essencialidade fundante: a reprodução da legalidade econômica do capitalismo e, portanto, a forma histórica de relação entre os homens a ela correspondente. As categorias econômicas necessárias à reprodução do capitalismo assumem a aparência de categorias e legalidades estranhas ao homem, que os dominam como força e poder externo, tipificando o processo de alienação.

A alienação assume no capitalismo a forma de fetichismo da mercadoria, e sua força objetiva impõe a direção e o conteúdo da relação entre os indivíduos e a sociedade. O domínio do homem sobre a natureza — o desenvolvimento das forças produtivas — que contribui para o desenvolvimento da personalidade humana, de suas capacidades e habilidades socialmente mais ascendentes realiza no capitalismo o pisoteio da humanidade na prática econômica. A elevada explicitação do ser-para-si (consciência de pertencimento ao gênero), propiciada pelo capitalismo e pelo caráter puramente social das atividades humanas, é mediada por necessidades sociais alienantes que obstaculizam o caminho da singularidade em direção à genericidade. A sociedade torna-se para o indivíduo singular meio para realização de suas necessidades alienadas e não realização de finalidades rumo a seu próprio ser-para-si e à genericidade consciente. A vida genérica se torna para o indivíduo, mediante a alienação, apenas um meio.

O fetichismo da mercadoria é a forma fenomênica da essência da alienação no capitalismo. Essa forma típica de alienação no capitalismo maduro, a reificação, decorre do trabalho assalariado.

Com essa breve digressão, queremos chamar atenção para os desafios de apreensão dos fenômenos ideológicos que interferem no modo de conhecer, avaliar e agir dos indivíduos sociais na complexidade da sociabilidade do capital, que envolve antagonismos de classe, reificação e conversão permanente de valores de uso em valores de troca.

3. Ideologia como complexo social

Lukács (2013, p. 472), há muito, advertiu que a ideologia é *uma marca registrada da sociedade de classes*. Com essa constatação, o filósofo chama atenção para o fato de que a reprodução de uma totalidade social dividida em classes depende de mecanismos ideológicos que tornem a realidade histórica compreensível para que os indivíduos sociais possam agir sobre ela numa dada direção.

Assim, para Lukács, a ideologia é um complexo social[3] necessário para o enfrentamento de conflitos sociais para interferir nas decisões alternativas

---

3. De modo muito sumário, podemos entender complexo social em Lukács como uma realidade que expressa um dado nível de realização do ser social no seu processo de autoconstrução histórica. Os complexos sociais, cuja especificidade depende do grau de desenvolvimento do ser social e da esfera na totalidade unitária do ser que determina sua existência, interagem interna e externa-

dos indivíduos sociais na sociedade. Assim como em Marx, Lukács considera que a função social da ideologia — conduzir a práxis histórica dos homens no enfrentamento de conflitos — se realiza pela constituição de uma imagem de mundo e de interesses que possam ser incorporados como universais e verdadeiros — ainda que efetivamente não o sejam —, direcionando o pensamento e o comportamento dos indivíduos.

Ao identificar a ideologia como marca registrada da sociedade de classes, Lukács não deixa de reconhecer a presença de mecanismos ideológicos nas sociedades comunais, uma vez que nenhuma sociedade está livre de conflitos decorrentes da relação indivíduo e sociedade. No entanto, o caráter desigual e a complexidade das sociedades de classes tornam os fenômenos ideológicos mais complexos e recorrentes, condição exacerbada na sociedade burguesa.

Vimos que, para a abordagem ontológica, o trabalho é o principal modelo de práxis, e a práxis é uma atividade teleológica. Ou seja, uma atividade que supõe um momento ideal que antecipa no plano da consciência o que se pretende realizar.

A teleologia é um momento unitário da práxis que envolve, ao mesmo tempo, antecipação ideal na consciência dos resultados almejados e realização concreta de finalidades sempre orientadas por valores. A gênese ontológica do valor é dada pelo trabalho. As escolhas diante das alternativas criadas pela práxis são escolhas de valor, são valorações.

O valor, categoria ontológica e específica do ser social que surge com o trabalho, é na sua gênese valor de uso. Ou seja, representa a utilidade e a correção das alternativas para a realização adequada, portanto valiosa, de respostas para o atendimento de necessidades diante da objetividade social. À medida que as forças produtivas se desenvolvem, e com elas o próprio ser social, o complexo de valores torna-se mais amplo, mais rico em determinações e passa a orientar, como tendência universal, as várias modalidades de práxis.

Valor e finalidade têm uma relação de interdependência no interior da práxis. À medida que os desdobramentos da práxis produtiva avançam, que

---

mente, estabelecendo mediações entre a singularidade e a genericidade humana, e contribuindo para a reprodução social. "É claro que jamais se deve esquecer que qualquer estágio do ser, no seu conjunto e nos seus detalhes, tem caráter de complexo, isto é, que as suas categorias, até mesmo as mais centrais e determinantes, só podem ser compreendidas adequadamente no interior e a partir da constituição global do nível de ser de que se trata" (LUKÁCS, 2013, p. 41).

SERVIÇO SOCIAL E ÉTICA PROFISSIONAL: FUNDAMENTOS E INTERVENÇÕES CRÍTICAS

se amplia o afastamento das barreiras naturais, nos confrontamos com a ampliação do domínio da consciência sobre o ser, tornando mais complexas e diversas as posições de valor e o caráter alternativo da práxis.

A teleologia presente em toda práxis é, portanto, a especificidade do ser social que se desdobra no atendimento de necessidades sociais e possibilita a emergência de vários complexos sociais, entre eles a ideologia. Teleologia é sempre também causalidade posta em qualquer modalidade de práxis.

O fundamento da ideologia como complexo social é dado pelos conflitos sociais, que ganham densidade e o caráter de antagonismo na luta de classes. É na sociedade de classes, por sua desigualdade fundante, que surge, de forma mais determinante, a necessidade de um complexo social que influa sobre as decisões alternativas dos indivíduos singulares. A ideologia oferece, nesse sentido e não de forma exclusiva obviamente, posições de valor que pretendem orientar as escolhas alternativas dos indivíduos sociais, configurando-se, portanto, como teleologia de segunda ordem. Ou seja, um complexo social que se vincula ao momento ideal (teleologia) naquelas modalidades de práxis que, pelo seu caráter acentuadamente social, não estão imediatamente vinculadas à produção econômica, mas sim à transformação dos homens para se comportar e pensar de determinada forma diante da realidade humano-social.

Dados o caráter sempre alternativo da práxis, a condição ontológica do homem como produtor da história, como substância de sua autoconstrução na realidade humano-social, a materialidade ontológica do gênero humano como resultado dos atos singulares dos indivíduos sociais, a reprodução de dada legalidade objetiva supõe a adesão dos indivíduos singulares à sua reprodução. Daí a importância da ideologia como complexo social que interfere nas posições de valor dos indivíduos sociais.

4. Função social da ideologia e do cotidiano

O ser social é um ser prático que, na dimensão cotidiana da vida social, responde a necessidades sociais. A realidade social, como afirma Lukács, é um complexo de complexos, portanto, cada ação, cada comportamento individual se conecta com a complexidade do gênero humano por uma infinidade de mediações que ultrapassam o próprio indivíduo que age.

Na vida cotidiana, o ser social existe e se reproduz como singularidade, como indivíduo social, ao mesmo tempo que é portador das realizações do gênero, ainda que por um processo desigual e muitas vezes contraditório. É no cotidiano que o homem existe, trabalha e se reproduz. É no solo cotidiano que as objetivações do ser social encontram seu fundamento, tornam-se cada vez mais sociais e assumem especificidades no complexo do ser, diferenciando-se de forma acentuada do conhecimento e da prática tipicamente cotidianos, como ocorre com a ciência e a arte, por exemplo.

A constituição ontológica do cotidiano impõe ao desenvolvimento do ser social formas específicas de comportamento, de consciência e de ação, conferindo a esta esfera da totalidade social um caráter particular que é ineliminável, que pode ser modificado, mas jamais superado historicamente.

Na *corrente do cotidiano* fluem as diversas modalidades de objetivações do ser social, conferindo um caráter heterogêneo a este solo da vida social, uma vez que abriga fenômenos e processos simultâneos e distintos. A requisição para o agir prático no solo cotidiano mobiliza o homem em sua singularidade imediata e provoca respostas ativas que operam pela relação direta entre pensamento e ação, formulação típica do senso comum. O cotidiano requisita, portanto, automatismo e espontaneísmo necessários à reprodução do indivíduo social. Características da estrutura cotidiana como heterogeneidade, espontaneísmo, pragmatismo e superficialidade são ontologicamente constitutivas da vida cotidiana.

Desse modo, a consciência, o comportamento e o agir cotidianos dos homens necessitam operar numa superficialidade extensiva, já que as requisições cotidianas voltam suas forças e atenção para uma série de fenômenos que, neste nível, só podem ser tomados em seu imediatismo e pragmatismo.

Embora não de modo exclusivo, é no solo cotidiano da vida social, por sua estrutura e características ontológicas, que o complexo social da ideologia cumpre, de maneira mais intensa, sua função social, qual seja, *oferecer aos indivíduos sociais uma imagem de mundo e de interesses que possam ser incorporados como universais e verdadeiros, direcionando o pensamento e o comportamento dos indivíduos para responder aos conflitos sociais.*

Para Lukács, a ideologia, como necessidade social para o enfrentamento de conflitos, não assume inevitavelmente um caráter negativo de falsificação da realidade, de falsa consciência, pois *há muitas realizações da falsa consciência que jamais se converteram em ideologias*. Por outro lado, suas análises são também uma explícita recusa das formulações que concebem a ideologia apenas a partir *dos complexos que têm sua origem na luta ideológica* e, por isso, por exemplo, intentam atribuir um caráter de neutralidade às ciências ou à arte. Assim, para Lukács, vários complexos sociais, por sua função na totalidade do gênero, assumem o caráter de ideologia, como a própria filosofia, a arte, a política e a moral.

> Porém, verdade ou falsidade ainda não fazem de um ponto de vista uma ideologia. Nem um ponto de vista individualmente verdadeiro ou falso, nem uma hipótese, teoria etc., científica verdadeira ou falsa constituem em si e por si sós uma ideologia: eles poder vir a tornar-se uma ideologia, como vimos. Eles podem se converter em ideologia só depois que tiverem se transformado em veículo teórico ou prático para enfrentar e resolver conflitos sociais, sejam estes de maior ou menos amplitude, determinantes dos destinos do mundo ou episódicos (LUKÁCS, 2013, p. 467).

No âmbito dos complexos sociais que se tornam ideologias, os critérios de efetividade para influenciar as decisões alternativas dos indivíduos sociais diante da realidade são qualitativamente mais importantes do que seus conteúdos. Desse modo, uma ideologia pode cumprir a especificidade de sua função social mesmo quando fundamentada, por exemplo, em pressupostos irracionais. Isso ocorre, sobretudo, pela *mediação* efetivada pela *ontologia da vida cotidiana* entre a *condição econômica e a ideologia dela decorrente.*

A ideologia é, portanto, um complexo social necessário para o enfrentamento de conflitos sociais, e assume a função social de interferir nas decisões alternativas dos indivíduos sociais na sociedade. Nesse sentido, Lukács oferece uma abordagem abrangente sobre o complexo social da ideologia, inédita no campo da tradição marxista, uma vez que, para o filósofo húngaro, ideologia não é ontologicamente sinônimo de falsa consciência, uma vez que alguns complexos sociais que servem para desvelar os fundamentos da realidade histórica podem assumir o papel de ideologia, como a ciência, as artes e a filosofia, por exemplo.

As contribuições de Lukács, a partir dos fundamentos do ser social, para a análise da ideologia como complexo social que cumpre a função social *de conduzir a práxis histórica dos homens no enfrentamento de conflitos*, parecem-nos oferecer uma concepção abrangente e rica em determinações que permite avançar na compreensão dos dilemas ideológicos presentes no cotidiano social e profissional, aspectos que serão abordados de modo mais detido em outros capítulos deste livro.

Atividades complementares

PARA REFLETIR

Exercício 1

Considere o debate sobre a função social da ideologia e a cultura política brasileira. Analise os textos destacados a seguir.

Música "A cara do Brasil", de Celso Viáfora

"Eu estava esparramado na rede/Jeca urbanoide de papo pro ar/Me bateu a pergunta, meio a esmo: na verdade, o Brasil o que será?/O Brasil é o homem que tem sede/ou quem vive da seca do sertão?/Ou será que o Brasil dos dois é o mesmo/o que vai é o que vem na contramão?/O Brasil é um caboclo sem dinheiro/procurando o doutor nalgum lugar/ou será o professor Darcy Ribeiro/que fugiu do hospital pra se tratar/A gente é torto igual Garrincha e Aleijadinho/Ninguém precisa consertar/Se não der certo a gente se virar sozinho/decerto então nunca vai dar/O Brasil é o que tem talher de prata/ou aquele que só come com a mão?/Ou será que o Brasil é o que não come/o Brasil gordo na contradição?/O Brasil que bate tambor de lata/ou que bate carteira na estação?/O Brasil é o lixo que consome/ou tem nele o maná da criação?/Brasil Mauro Silva, Dunga e Zinho/que é o Brasil zero a zero e campeão/ou o Brasil que parou pelo caminho: Sócrates, Júnior e Falcão/A gente é torto igual Garrincha e Aleijadinho... O Brasil é uma foto do Betinho/ou um vídeo da Favela Naval?/São os Trens da Alegria de Brasília/ou os trens de subúrbio da Central?/Brasil-Globo de Roberto Marinho?/Brasil-bairro: Carlinhos-Candeal?/Quem vê, do Vidigal, o mar e as ilhas/ou quem das ilhas vê o Vidigal?/O Brasil encharcado, palafita?/Seco açude sangrado, chapadão?/Ou será que é uma Avenida Paulista?/Qual a cara da cara da nação? A gente é torto igual Garrincha e Aleijadinho..."

Novembro

28

O homem que ensinava aprendendo

"No ano de 2009, o governo do Brasil pediu desculpas a Paulo Freire. Ele não pôde agradecer o gesto, porque estava morto fazia doze anos. Paulo tinha sido o profeta de uma educação solidária. Em seus começos, dava aulas debaixo de uma árvore. Havia alfabetizado milhares e milhares de trabalhadores do açúcar, em Pernambuco, para que fossem capazes de ler o mundo e ajudassem a transformá-lo. A ditadura militar o prendeu, expulsou-o do país e proibiu seu regresso. No exílio, Paulo andou muito mundo. Quanto mais ensinava, mais aprendia. Hoje, trezentas e quarenta escolas brasileiras têm o seu nome" (GALEANO, 2017, p. 374).

TEXTOS DE APOIO

Texto 1

"Vemos, novamente, como ideias que parecem resultar do puro esforço intelectual, de uma elaboração teórica objetiva e neutra, de puros conceitos nascidos da observação científica e da especulação metafísica, sem qualquer laço de dependência com as condições sociais e históricas, são, na verdade, expressões dessas condições reais, porém de modo invertido e dissimulado. Com tais ideias pretende-se explicar a realidade, sem se perceber que são elas que precisam ser explicadas pela realidade social e histórica" (CHAUI, 2008, p. 19-20).

Texto 2

"Somos seres de carne e osso, seres vivos, engajados na aventura de viver. Existimos agindo, tomando decisões, fazendo escolhas, tomando iniciativas, trabalhando, utilizando na nossa atividade o imprescindível (embora precário) conhecimento disponível. É na prática, na realização dos nossos projetos, que checamos a justeza dos nossos pensamentos e a verdade dos conhecimentos em que nos apoiamos. Reencontramos, então, a reflexão do velho Marx. A questão da ideologia é uma questão teórica crucial, mas não tem solução no plano da teoria: é aquela questão a que se refere uma das 'Teses de Feuerbach', quando Marx nos diz que se trata, efetivamente, de uma questão teórica que é prática, que deverá ser resolvida pela práxis" (KONDER, 2002, p. 261).

Dicas culturais

FILMES

Jogo do dinheiro (EUA, 2016). Direção: Jodie Foster.

O mercado de notícias (Brasil, 2014). Direção: Jorge Furtado.

Pequena Miss Sunshine (EUA, 2006). Direção: Jonathan Dayton e Valerie Faris.

Terra e liberdade (Espanha/Itália/Alemanha/Reino Unidos, 1996). Direção: Ken Loach.

LITERATURA

SARAMAGO, José. *Ensaio sobre a lucidez*. São Paulo: Companhia das Letras, 2004.

Capítulo 5
Moral e vida cotidiana

1. Moral e cotidiano

Todo homem é simultaneamente singular e humano-genérico, sendo a vida cotidiana o espaço de reprodução da singularidade.[1] Embora a cotidianidade remeta à presença da alienação moral e à genericidade das decisões de valor que conectam os indivíduos a valores essenciais, não existe uma barreira intransponível entre a singularidade e a genericidade, pois:

> Se representamos a cotidianidade como um grande rio, podemos dizer que dele se desprendem, em formas superiores de recepção e reprodução da realidade, a ciência e a arte; se diferenciam, se constituem de acordo com suas finalidades específicas, alcançam sua forma pura nesta especificidade — que nasce das necessidades da vida social — para logo, como consequência de seus efeitos, de sua influência na vida dos homens, desembocar de novo na corrente da vida cotidiana (LUKÁCS, 1966, p. 11-12, tradução livre).

Desde a socialização primária dos indivíduos, é no interior da vida cotidiana que se aprende a discernir entre valores considerados socialmente

---

1. Estamos nos orientando pela apropriação das categorias singular, universal e particular (como síntese entre o singular e o universal ou genérico) de Lukács (1966) e Netto (1994). Heller (1998; 2000) apresenta uma concepção diferenciada, tratando o singular como particular.

positivos e negativos, a atribuir prescrições de valor aos comportamentos, formando um quadro de valores ético-morais que — uma vez internalizado como orientação de conduta — passa a ser reproduzido espontaneamente, configurando um determinado modo de ser (*éthos*).

Quais são as influências que a vida cotidiana exerce sobre a reprodução da moral?

Uma primeira peculiaridade diz respeito ao ritmo da vida cotidiana em relação à quantidade de tarefas que devem ser cumpridas em seu interior para atender às necessidades básicas de reprodução da existência: em determinado tempo, o indivíduo deve se alimentar, dormir, cuidar da saúde, das finanças, trabalhar ou batalhar por um emprego, atender aos apelos familiares e afetivos etc. Cada uma dessas necessidades envolve múltiplas mediações que — para serem respondidas adequadamente — demandariam mais tempo, não cabendo nos limites da cotidianidade.

Diante disso, acelera-se o ritmo das tarefas e diminui-se a atenção dada a cada uma delas, acarretando o atendimento de múltiplas e heterogêneas necessidades ao mesmo tempo. Ou seja, diante de muitas e diferentes exigências, o indivíduo não tem tempo nem disponibilidade para participar em cada uma delas com intensidade. Ele realiza todas as atividades e tarefas de modo superficial, sem se colocar por inteiro em nenhuma delas:

> A vida cotidiana mobiliza em cada homem todas as atenções e todas as forças, mas não toda *a* atenção e toda *a* força; a sua heterogeneidade e imediaticidade implicam que o indivíduo responda levando em conta o *somatório* dos fenômenos que compareçem em cada situação precisa, sem considerar as *relações* que os vinculam (NETTO, 1994, p. 67, grifos do original).

Portanto, o indivíduo põe em movimento todas as suas forças, atenções e capacidades; seus sentidos e paixões, mas não as realiza com a intensidade que é própria das exigências genéricas. É chamado a responder a múltiplas necessidades, pois disso depende a sua reprodução como indivíduo. As exigências são imediatas e rapidamente absorvidas pelo tempo que funciona contra qualquer tentativa de fruição (HELLER, 2000; NETTO, 1994).

À medida que o indivíduo põe em funcionamento todas as suas capacidades, paixões e motivações somente no âmbito da singularidade, não é próprio do comportamento cotidiano o acesso à consciência humano-genérica, pois o grau de utilização das capacidades no cotidiano, ou seja, sua intensidade, coloca-se abaixo do nível necessário às atividades orientadas às objetivações genéricas.

> O acesso à consciência humano-genérica [...] só se dá quando o indivíduo pode superar a singularidade, quando ascende ao comportamento no qual joga não *todas as suas forças,* mas *toda* a sua força numa objetivação duradoura (menos instrumental, menos imediata) [...] (NETTO, 1994, p. 69, grifos do original).

É característica da vida cotidiana a imediaticidade, que se apresenta na vinculação imediata entre teoria e prática[2] e num padrão de comportamento que responde imediatamente (sem mediações) às demandas práticas. É parte da economia da vida cotidiana que os diferentes meios e usos que atendem a necessidades da vida diária "funcionem bem na prática", não sendo preciso conhecer seus mecanismos (por exemplo, o uso dos meios de transporte não requer o conhecimento de sua engrenagem etc.).

A imediatez também leva à analogia, adensada à generalização, presente no pensamento da vida cotidiana: o senso comum. A consciência do indivíduo singular — no nível da vida cotidiana — é voltada, exclusivamente, ao eu, não é dirigida de forma prioritária ao nós, aos outros, à sociedade.[3] No entanto, o eu é sempre social. Nesse sentido, a interação entre o indivíduo e a sociedade se faz de modo social, o que ocorre é que — estando voltada prioritariamente ao eu — a dinâmica da vida cotidiana dificulta a interação do indivíduo com as exigências humano-genéricas. Para fazê-lo, ele terá de "sair" dessa dinâmica.

Portanto, o comportamento próprio da vida cotidiana é imediato, pragmático, heterogêneo, superficial, pautado na espontaneidade, em analogias e generalizações. A relação entre o indivíduo e a sociedade se faz de modo que o nós é geralmente apreendido como aquele pelo qual o eu existe, ou seja, através de uma identificação imediata. O indivíduo responde às necessidades de sua reprodução sem apreender as mediações nelas presentes.

---

2. Porém, não se trata de uma determinação em si dos objetos da vida cotidiana, mas de uma necessidade prática posta pelo desenvolvimento da divisão social do trabalho.

3. "Não é através de sua singularidade que o indivíduo se expressa como representante do gênero humano, pois nessa dimensão as necessidades humanas tornam-se conscientes no indivíduo, sempre sob a forma de necessidades do 'Eu'. O 'Eu' tem fome, sente dores (físicas ou psíquicas); no 'Eu' nascem os afetos e as paixões" (HELLER, 2000, p. 20).

Isso, porém, não significa a inexistência de mediações, mas sim que, no âmbito do cotidiano, elas permanecem ocultas pela aparência imediata dos fatos, dadas a espontaneidade e a rapidez com que são apreendidas. Nesses termos, os modos de comportamento, valores e motivações aparecem à consciência como elementos que existem e funcionam em si e por si mesmos, possibilitando que sejam tratados como uma soma de fenômenos, desconsiderando-se suas relações e vínculos sociais.

Não é somente pela intensidade que as motivações se definem em sua cotidianidade, mas, principalmente, pelo fato de serem motivações passivas, cuja hierarquia não obedece a uma escolha consciente e crítica, nem a uma finalidade que busque transcender o imediato; a cotidianidade se move em função do critério de utilidade prática das ações e não do desvelamento de seu significado. Assim, a atividade teórica, por exemplo, não faz parte da vida do indivíduo, enquanto estiver mergulhado em sua cotidianidade.

Apesar das características que fazem da vida cotidiana o espaço de reprodução da vida voltada prioritariamente à singularidade, ao eu, a cotidianidade é uma condição necessária ao ser social, ou seja, é insuprimível, desempenhando uma função indispensável à vida em sociedade, pois é nessa dimensão da vida social que o indivíduo assimila as formas mais elementares de satisfação de suas necessidades de autoconservação e de socialização.

O fato de a estrutura da vida cotidiana deter certas peculiaridades não significa que ela seja igual em todas as épocas históricas e para todos os indivíduos. Por exemplo, é parte da estrutura da vida cotidiana aprender a manejar os usos e os costumes, mas eles mudam historicamente. Além disso, as decisões de valor ético-morais se estruturam em torno de princípios e valores universais abstratos (a exemplo do par axiológico Bem/Mal ou Bom/Mau) que são traduzidos, na prática, por situações concretas e mutáveis historicamente (BARROCO, 2016b, p. 69). Como diz Heller (1998, p. 142, tradução livre): "as pessoas não aprendem o que é o bem, mas somente que fulano é bom porque ajuda os outros".

As primeiras formas da moral se constituíram como respostas às necessidades postas pelo desenvolvimento da sociabilidade nas sociedades primitivas. Nessas comunidades, não existia a propriedade privada, e a organização do trabalho não era voltada à produção de excedente econômico, propiciando formas de vida igualitárias, baseadas na socialização dos produtos do trabalho. A consciência de pertencimento coletivo dos membros da comunidade não favorecia o individualismo, e a vida igualitária permitia a homogeneidade dos valores, dirigidos à ajuda mútua, à solidariedade e ao bem comum (BARROCO, 2016b; VÁZQUEZ, 1984).

Nessas condições, formaram-se os costumes e as normas que visavam organizar a relação dos homens entre si, isto é, a moral. Mas a necessidade de regular o comportamento social dos membros da comunidade já evidenciava o caráter regulatório da moral, ou seja, seu aspecto coercitivo, dada sua função social de normatização do comportamento dos indivíduos, objetivando-se sob a forma de um código de costumes, cuja reprodução é realizada na vida cotidiana pela repetição formadora do hábito. E mesmo que sua origem aponte para uma moral igualitária, já existia a suposição de que as normas poderiam ser desobedecidas, donde a presença de conflitos e da ideologia como forma de seu enfrentamento.

Referindo-se ao período da caça e da coleta, e aos antagonismos que eventualmente surgiram entre o homem singular e seu ambiente social, Lukács situa a necessidade de "certa generalização das normas da ação humana, mesmo que estas ainda não se imponham de modo antagônico na luta de interesses grupais":

> [...] podemos supor que existiam germes de conflitos entre a comunidade e o homem singular, pois assumir que tenha havido uma identidade total da consciência social de cada homem constituiria um preconceito metafísico (LUKÁCS, 2013, p. 474-475).

À medida que a sociedade se desenvolve, o sistema normativo embrionário construído nas comunidades primitivas vai sendo substituído por formas mais complexas, uma vez que, com o surgimento da propriedade privada, da sociedade de classes e da divisão social do trabalho, colocam-se novas exigências de integração social, o que rebate nas necessidades de legitimação dos valores ético-morais e nas normas de comportamento orientadas pelo *éthos* dominante.

Esse caráter coercitivo inerente à moral será, assim, adequado à função que ela exercerá na sociedade de classes, na vigência da propriedade privada e da exploração do trabalho. A realização do bem comum se torna impossível, porque a referência ao que é bom ou mau já não pode ser igual para todos; os valores ético-morais passam a ser perpassados por interesses de classe, por necessidades econômicas, políticas e ideológicas em oposição. A moral torna-se heterogênea, mas é incorporada às estratégias de controle ideológico da classe dominante, configurando-se como sistema social de normas referendadas no *éthos* dominante (BARROCO, 2016a).

A reprodução da moral dominante conta com diversos mecanismos, em grande parte, dados pelas condições de reprodução da vida cotidiana e da alienação. Além disso, constituindo-se como mediação entre as várias esferas sociais, a moral tem condições de interferir em cada uma delas, de modo variado. Nesse sentido, Lukács (2013, p. 500) chama a atenção para a relação complementar da moral com o direito:

> Seria impossível que o direito se tornasse aquele meio importante para dirimir conflitos sociais na vida cotidiana das pessoas se ele não pudesse apelar ininterruptamente para as convicções que surgem espontaneamente no plano social sobre seus próprios conteúdos. Com efeito, a possibilidade socialmente real de regulamentação jurídica só surge porque tais conflitos são individualmente evitados em massa, porque os homens singulares, em decorrência de preceitos espontâneos — desde os do hábito até os da moral —, renunciam a ações que poderiam obstaculizar a respectiva reprodução social.

Portanto, quando surge a divisão social do trabalho, a apropriação do mundo pelas mediações das necessidades cotidianas significa também a apropriação da alienação. A moral, então, se caracteriza pelo esquema base de subordinação de desejos e aspirações dos indivíduos às exigências sociais de reprodução social. No entanto, dadas a heterogeneidade dos valores e a complexidade da sociedade, torna-se mais difícil obter uma hegemonia em termos da subordinação dos indivíduos singulares às exigências de integração social à moral dominante:

> O costume em sociedades primitivas e a religião na Idade Média ainda podiam regular de maneira unitária a maioria desses comportamentos — pelo menos tendencialmente [...] desde que se abandonaram as condições mais primordiais, a eficácia de imposições e proibições sociais é meramente tendencial (LUKÁCS, 2010, p. 95).

Vimos que as normas morais são internalizadas e reproduzidas subjetivamente pelos indivíduos, mas sua reprodução espontânea na vida cotidiana não garante que elas sejam questionadas e assumidas, com a consciência de suas determinações e implicações sociais.

Além disso, a submissão de afetos e valores às exigências sociais não é suficiente para constituir a moral; ela só se efetiva quando é internalizada como exigência que o indivíduo põe a si mesmo (HELLER, 1998, p. 134). Assim, o poder de assimilação da moral dominante pelo indivíduo reside em sua adequação à estrutura da sociedade burguesa. O modo de ser individualista, egoísta, valorizador da posse e da competição, típico da moral burguesa, é uma reprodução ideal da maneira como a sociedade estrutura sua produção e reproduz suas relações sociais, ou seja, sob a forma da propriedade privada dos meios de produção e da apropriação privada da riqueza socialmente produzida.

Dadas sua estrutura e sua dinâmica — como espaço de reprodução do indivíduo singular —, a vida cotidiana atende às exigências de integração social postas pela moral, como sistema normativo. Nesse sentido, a família é a primeira instância de formação moral dos indivíduos singulares no interior da vida cotidiana. É nesse espaço que o indivíduo se socializa, aprende a responder às necessidades práticas imediatas e assimila hábitos, costumes e normas de comportamento que são reproduzidos pelo hábito. Trata-se, também, do espaço de assimilação da alienação, pois segundo Heller (2000, p. 37): "a vida cotidiana, de todas as esferas da realidade, é aquela que mais se presta à alienação".

2. Alienação moral

Dissemos que a vida cotidiana tem uma tendência a reproduzir a alienação pela natureza de sua dinâmica. No âmbito da moral, a alienação da vida cotidiana se expressa através do moralismo — modo de ser movido por preconceitos —, um dos elementos que mais impedem o acesso da consciência moral à ação ética (BARROCO, 2016a; 2016b; HELLER, 2000; 1998).

Os indivíduos vinculam-se aos preconceitos na vida cotidiana pelo fato de "na própria sociedade predominarem — embora em outro plano e com variações — sistemas de preconceitos estereotipados e estereótipos de comportamento carregados de preconceitos" (HELLER, 2000, p. 50).

Vimos que a vida cotidiana é pragmática, fundamentada em juízos provisórios, ou seja, em juízos pautados em estereótipos, em opiniões, na unidade imediata entre o pensamento e a ação, ou na repetição de avaliações sobre situações vividas que são generalizadas:

> Por um lado, assumimos estereótipos, analogias e esquemas já elaborados; por outro, eles nos são 'impingidos' pelo meio em que crescemos e pode-se passar muito tempo até que percebamos com atitude crítica esses esquemas recebidos, se é que chega a produzir-se tal atitude. Isso depende da época e do indivíduo (HELLER, 2000, p. 44).

Portanto, a ultrageneralização é necessária à cotidianidade. Porém, seus juízos provisórios podem ser modificados, o que ocorre quando refletimos sobre a sua veracidade ou os refutamos pelo confronto com a prática. Desse modo, os juízos provisórios não são necessariamente preconceitos; passam a sê-los quando, mesmo refutados pela teoria e pela prática, continuam a fundamentar o pensamento e as ações. Assim, "os juízos provisórios refutados pela ciência e por uma experiência cuidadosamente analisada, mas que se conservam inabalados contra todos os argumentos da razão, são preconceitos" (HELLER, 2000, p. 47).

Segundo Heller, nossas motivações têm sempre uma dimensão de afeto, mas o afeto pode se expressar tanto pela fé como pela confiança. A atitude de fé, diante dos valores, é uma característica do comportamento singular voltado às necessidades do eu; porém, sua singularidade não é determinada pelo objeto da fé, mas sim pela sua "relação com os objetos da fé e necessidade satisfeita pela fé" (HELLER, 2000, p. 47-48). Nesse sentido, afirmar que o preconceito é movido por uma atitude de fé significa dizer que:

> Os objetos e conteúdo de nossos preconceitos podem ser de natureza universal. Em troca, as motivações e necessidades que alimentam nossa fé e, com ela, nosso preconceito satisfazem sempre somente nossa própria particularidade individual (HELLER, 2000, p. 48).

"Afeto do preconceito é a fé" constitui uma atitude dogmática, movida, em geral, pelo irracionalismo e pela intolerância. No comportamento moral preconceituoso, as categorias orientadoras de valor baseiam-se nos sentimentos de amor ou ódio:

> O ódio não se dirige tão somente contra aquilo em que não temos fé, mas também contra as pessoas que não creem no mesmo que nós. A intolerância emocional, portanto, é uma consequência necessária da fé (HELLER, 2000, p. 49).

Tendemos a identificar o correto com o verdadeiro. Ou seja, a exigência de sermos pragmáticos para dar conta de todas as tarefas cotidianas nos leva a repetir as mesmas ações que, pela experiência, podem levar ao êxito, considerando-as corretas para serem aplicadas em qualquer situação. Assim, o que se revela correto, útil, o que leva ao êxito, passa a ser identificado como verdadeiro (BARROCO, 2016b; HELLER, 2000; NETTO, 1994). Uma vez que o critério de verdade seja identificado com o "correto", a atitude de fé permite que os valores sejam subordinados a um conjunto de "verdades" que, pelo seu caráter de dogmas, não permitem questionamentos.

Nesse sentido, o pragmatismo é uma forma de conformismo que impede os indivíduos sociais de assumirem uma atitude crítica diante dos conflitos, assim como uma forma de discriminação, tendo em vista a não aceitação do que não se adéqua aos padrões de comportamento estereotipados como "corretos".

O preconceito pode ocorrer em várias atividades: nas artes, na filosofia, na ciência, na política e em situações de conflito em face dos juízos de valor que fazemos cotidianamente. No entanto, dado que a moral medeia as várias esferas sociais, o preconceito pode se transformar em moralismo, o que ocorre quando todas as atividades e as ações são julgadas imediatamente a partir da moral:

> Nos preconceitos morais, a moral é objeto de modo direto [...] Assim, por exemplo, a acusação de 'imoralidade' costuma juntar-se aos preconceitos artísticos, científicos, nacionais etc. Nesses casos, a suspeita moral é o elo que mediatiza a racionalização do sentimento preconceituoso (HELLER, 2000, p. 56).

Por suas características, o moralismo é um modo de alienação moral, pois reproduz a forma de ser do indivíduo voltado a si mesmo, sem a consciência da alteridade. Ao mesmo tempo, a intolerância remete ao dogmatismo também negador da liberdade:

> [...] porque todo preconceito impede a autonomia do homem, ou seja, diminui sua liberdade relativa diante do ato de escolha, ao deformar e, consequentemente, estreitar a margem real de alternativa do indivíduo (HELLER, 2000, p. 59).

Na sociedade burguesa, as formas de comportamento moral são orientadas por visões de mundo e valores que se reproduzem socialmente tendo uma base de sustentação nas relações sociais capitalistas, seja por sua afirmação, seja por sua negação. Na medida em que o *éthos* burguês é dominante, a formação moral dos indivíduos tende a incorporá-lo e reproduzi-lo, contando com várias instâncias de desenvolvimento da sociabilidade, como as educativas, religiosas e culturais.

Portanto, uma crítica da moral dominante exige a crítica da vida cotidiana e da estrutura da sociedade, o que supõe a compreensão de que uma transformação substantiva dos valores depende de mudanças estruturais.

A moral burguesa assimila novas determinações dadas pelo desenvolvimento do capitalismo e pelo enfrentamento da luta de classes. Na atualidade, frente à crise estrutural do capital, práticas conservadores aliam-se às ideias neoliberais e pós-modernas, moldando modos de ser que buscam se legitimar como dominantes. Ao mesmo tempo, as formas de vida orientadas por valores e ideias progressistas e/ou emancipatórias colocam-se em oposição, seja pela crítica, seja pelo enfrentamento prático de situações de caráter ético-moral, no interior da luta de classes.

Heller (1998) lembra que todo homem tem consciência de pertencer ao gênero humano, mas que isso não significa que todos mantenham uma relação consciente com a genericidade. Para isso, é necessária a interiorização de motivações que superem momentaneamente a singularidade e que representem finalidades para o indivíduo, ou seja, que ele se comporte de maneira consciente como representante do gênero humano.

A relação consciente do indivíduo singular com a sua genericidade supõe, assim, uma elevação acima da cotidianidade, o que demanda um processo de homogeneização: concentração de toda a atenção numa única tarefa e o emprego de toda a força numa objetivação que permita ao indivíduo se reconhecer como representante do gênero humano. Quando o indivíduo ascende à consciência humano-genérica, sua singularidade é superada e ele se torna "inteiramente homem", ou seja, um homem inteiramente comprometido, dedicando-se a uma só atividade, na qual concentre toda a sua força.

Portanto, a vinculação dos indivíduos a uma ou outra orientação moral é historicamente determinada pelo contexto de sua formação, por sua função no processo produtivo e sua condição de classe, pelas condições sociais que incidem sobre o caráter alternativo das ações, abrindo um campo de opções para as decisões de valor. Mesmo que a moral dominante conte com maior possibilidade de ser internalizada socialmente, existe certo espaço de mobilidade para a sua contestação e realização de outras formas de objetivação

SERVIÇO SOCIAL E ÉTICA PROFISSIONAL: FUNDAMENTOS E INTERVENÇÕES CRÍTICAS

moral. Quando o indivíduo é motivado a participar de atividades que exigem a sua saída momentânea da cotidianidade, quando ele participa politicamente da sociedade, vivenciando situações que permitem ampliar a sua consciência humano-genérica, ele volta ao cotidiano mais enriquecido, adquirindo condições de dar uma direção mais consciente à sua vida cotidiana, de modo que a alienação seja menos presente.[4]

Portanto, a vida cotidiana é também perpassada por interesses e necessidades de classe, sendo incorporada pelos indivíduos como portadores ou não da consciência de pertencimento a uma das classes fundamentais da sociedade burguesa. O comportamento cotidiano, seja em relação à alienação, seja em termos das motivações políticas capazes de elevar a consciência a patamares mais críticos, também é parte das possibilidades abertas pela luta de classes no interior da vida cotidiana.

Embora a moral tenda à alienação, devido à sua reprodução na vida cotidiana, trata-se de uma tendência dominante, o que pode ser diferente, dependendo de múltiplas determinações. Uma delas refere-se à possibilidade de o indivíduo acessar motivações enriquecedoras inscritas na práxis ética e política; práticas sociais que não têm a matéria como objeto, mas a relação entre os homens, ampliando e diversificando as capacidades humanas, refinando os sentidos humanos, tendo a totalidade como objeto e a superação do presente como finalidade. Portanto, não existe uma muralha separando as objetivações éticas e morais. O que ocorre é uma diferenciação entre estes dois modos de ser do ser social que leva em conta suas dimensões — genérica e singular. Nesse sentido, como assinalamos, segundo Tertulian, Lukács considera que a ação ética é um processo que decorre da própria consciência moral; trata-se de um processo de generalização progressiva entre os impulsos da consciência singular e a consciência genérica, permitindo que o indivíduo se comporte como particularidade:

> [...] a moralidade torna-se ação ética no momento em que nasce uma convergência entre o eu e a alteridade, entre a singularidade individual e a totalidade social. O campo da particularidade exprime justamente esta zona de mediações onde se inscreve a ação ética (TERTULIAN, 1999, p. 134).

---

4. A superação universal da alienação supõe a superação radical da sociedade burguesa. Porém, as condições da alienação variam historicamente, uma vez que, numa mesma sociedade, podemos ter relações mais ou menos alienadas em cada esfera social.

Atividades complementares

PARA REFLETIR

"[...] É característico da vida cotidiana em geral o *manejo grosseiro do 'singular'*. Sempre reagimos a situações singulares, respondemos a estímulos singulares e resolvemos problemas singulares. Para podermos reagir, temos que subsumir o singular, do modo mais rápido possível, sob alguma universalidade; temos que *organizá-lo* em nossa atividade cotidiana, no conjunto de nossa atividade vital; em suma, temos que *resolver* o problema" (HELLER, 2000, p. 35, grifos do original).

"Os problemas éticos têm uma dimensão particular. Não é por acaso que são centrais na crise ideológica da nossa época. De fato, raramente a humanidade se encontrou de modo tão consciente — como hoje se encontra — diante da decisão a tomar sobre o seu próprio destino [...] os homens estão sempre diante de uma escolha" (LUKÁCS, 2007, p. 71).

TEXTOS DE APOIO

Texto 1
O caráter social da moral

"A moral possui, em sua essência, uma qualidade social. Isso significa que se manifesta somente na sociedade, respondendo às suas necessidades e cumprindo uma função determinada nela [...] uma mudança radical da estrutura social provoca uma mudança fundamental da moral. Mas, falando em sociedade, devemos ter muito cuidado para não hipostasiá-la; isto é, para não considerar a sociedade como algo que existe em si e por si, como uma realidade substancial que se sustenta independentemente dos homens concretos que a compõem; a sociedade se compõe deles e não existe independentemente dos indivíduos reais. Mas estes também não existem fora da sociedade, quer dizer, fora do conjunto de relações sociais nas quais se inserem. Em cada indivíduo, entrelaça-se de modo particular uma série de relações sociais, e a própria maneira de afirmar, em cada sociedade, a sua individualidade, tem caráter social" (VÁZQUEZ, 1984, p. 53).

Texto 2

Moral e sociedade

"Estar subordinado socialmente a determinadas exigências morais pode significar muitas formas de ser em oposição. Por exemplo, na sociedade contemporânea pode significar viver em uma sociedade na qual os indivíduos, em sua grande maioria, defendem a pena de morte, pois — em sua vida cotidiana — estabelecem uma relação direta entre o pensamento e a ação, respondendo à violência com violência, entendendo que ela decorre de problemas exclusivamente morais e individuais. Dependendo da estrutura social — mais ou menos rígida — o sujeito moral pode concordar ou não com isso. A sociedade pode oferecer condições para posicionamentos críticos, os indivíduos podem se organizar em movimentos de oposição à violência [...], no entanto, o que significa viver em uma sociedade na qual as saídas são individuais e não ultrapassam os limites da crítica? Pois a questão de fundo é: por que essa sociedade defende a pena de morte? A pena de morte visa combater o quê? Por quê?" (BARROCO, 2016b, p. 63).

Texto 3

A regulação moral

"O esquema base da moral é o da subordinação das necessidades, desejos, aspirações particulares às exigências sociais. As formas de tal subordinação podem ser muito variadas [...] podem ter lugar mediante a simples repressão das motivações e dos afetos particulares, donde o conteúdo e o sentido da repressão vêm guiados pelo sistema de exigências sociais aceito espontaneamente; podem verificar-se de um modo análogo não mediante a repressão, mas, enquanto as necessidades particulares se embotam simplesmente e os usos aceitos espontaneamente se convertem em costume; pode ocorrer que sobre a base de sistemas de uso aceitos espontaneamente, os desejos particulares sejam levados a se expressar livremente sem colocar em risco a conservação do particular em um ambiente determinado" (HELLER, 1998, p. 133, tradução livre).

Exercícios

Discuta, com base em suas experiências de vida, a afirmação de Lukács de que "os homens estão sempre diante de uma escolha".

De acordo com o senso comum, "cada um tem a sua moral". Discuta essa visão pautado no texto de apoio n. 1 ("O caráter social da moral").

Reflita sobre o texto de apoio n. 2 ("Moral e sociedade"), tendo por base o filme *Não matarás*, de Krzysztof Kieślowski.

Exemplifique os casos de preconceito existentes nos programas de TV brasileiros.

Dicas culturais

FILMES

Agnus dei (Hungria, 1971). Direção: Miklós Jancsó.

Malcolm X (EUA, 1992). Direção: Spike Lee.

Não matarás (Polônia, 1988). Direção: Krzysztof Kieślowski. *Short cuts* (EUA, 1993). Direção: Robert Altman.

LITERATURA

COETZEE, J. M. *Desonra*. São Paulo: Companhia das Letras, 2000.

Capítulo 6

Moral e (neo)conservadorismo[1]

1. O conservadorismo moderno

A análise do neoconservadorismo supõe a abordagem do conservadorismo moderno e de sua relação com dois marcos históricos fundamentais: a revolução burguesa e as insurreições proletárias e democrático-populares[2] ocorridas na Europa na primeira metade do século XIX, tendo 1848 como marco histórico. Por revolução burguesa, entende-se o processo de rupturas radicais com a ordem feudal objetivado entre o Renascimento e a Revolução Francesa — rupturas com as formas de organização das instituições básicas do feudalismo: família, igreja e corporações; instituições que funcionavam como mediadoras entre o indivíduo e a comunidade, e com os modos de vida fundados na tradição, na propriedade, na hierarquia baseada na autoridade e na ordem constituída (NETTO, 2006; ESCORSIM NETTO, 2011).

Em fins do século XVIII, Edmund Burke,[3] considerado o pai do conservadorismo moderno, ergueu-se contra as conquistas da revolução burguesa opondo-se à cultura ilustrada, articulando-se com tendências românticas

---

1. Sobre o conservadorismo moral e o Serviço Social, ver Bonfim (2015).

2. Revoluções protagonizadas pelo operariado e por movimentos democráticos que lutavam por independência nacional e/ou buscavam aprofundar as conquistas da Revolução Francesa.

3. Em sua obra mais importante, *Reflexões sobre a revolução em França*, publicada em 1790, Burke se opõe veementemente ao "espírito de renovação total e radical, à destruição de todos os direitos

que buscavam restaurar o passado feudal e correntes do tradicionalismo francês, como De Maistre, Bonald e Lamennais (NETTO, 2006; ESCORSIM NETTO, 2011).

Burke entende a história como a experiência trazida do passado e legitimada no presente pelas tradições, negando o espírito dinâmico contido no ideário moderno de valorização do presente, tendo como perspectiva o futuro. Sua oposição à Revolução Francesa é centrada na crítica ao racionalismo, pois, para ele, o conhecimento não deriva da razão, mas dos sentimentos, do empírico, da experiência imediata característica do preconceito (ver DALRYMPLE, 2015), que ele assim define:

> É de pronta aplicação numa emergência, compromete previamente o espírito num caminho estável de sabedoria e virtude e não deixa o homem hesitante no momento da decisão, céptico, embaraçado, indeciso (BURKE *apud* NISBET, 1987, p. 58).

Para ele, a liberdade deve ser subordinada à ordem, sendo incompatível com a igualdade, donde sua oposição à concepção liberal. Diz Burke (*apud* NISBET, 1987, p. 65): "A única liberdade a que me refiro é uma liberdade ligada à ordem, que não só coexiste com a ordem e a virtude, mas não pode existir sem elas".[4]

Assim, enquanto o liberalismo defende a liberdade e a igualdade perante a lei, o conservadorismo as entende como incompatíveis; a finalidade da liberdade é a proteção à propriedade, enquanto a igualdade pressupõe a redistribuição imaterial e material, sendo prejudicial para a liberdade "dos mais fortes".

Para o conservadorismo, a propriedade é princípio fundante da vida humana: base de constituição da família e de preservação do papel da mulher. Na lei medieval, a proteção da propriedade visava resguardar o seu caráter

---

consagrados pela tradição; ao confisco da propriedade, à destruição da Igreja, da nobreza, da família, dos costumes, da veneração aos ancestrais, da nação" (O'BRIEN *apud* BURKE, 1997).

4. Burke (1997, p. 51) assim se refere à liberdade: "A liberdade é, sem dúvida, um princípio, um dos grandes bens da humanidade; no entanto, poderia eu seriamente felicitar um louco que fugiu do seu retiro protetor e da saudável obscuridade de sua cela, por poder gozar novamente da luz e da liberdade? Iria eu cumprimentar um assaltante ou um assassino que tenha fugido da prisão por terem readquirido seus direitos naturais?".

familiar, impedindo que se tornasse possessão de um só indivíduo, o que incluía também a ênfase dada à castidade da mulher e ao castigo imposto ao adultério da esposa visando preservar a herança. A mulher exerce o papel de agente socializador responsável pela educação moral dos filhos; por isso, o conservadorismo é radicalmente contrário aos movimentos feministas, tidos como elemento de desintegração familiar (NISBET, 1987).

Os valores conservadores se apoiam no modo de vida e na estrutura das relações feudais: a hierarquia das instituições, baseada na ordem que emana de uma autoridade instituída são princípios inquestionáveis. A moral ocupa um lugar central na ordem social, acima, inclusive, das instâncias políticas.

Portanto, concebido historicamente, o conservadorismo consiste na negação das conquistas modernas objetivadas pela dinâmica da revolução burguesa e de suas rupturas com o mundo feudal. Assim, no período que vai do Renascimento até a Revolução Francesa, constituiu-se um caldo de cultura progressista representado pelo pensamento ilustrado, pela economia política inglesa, pela filosofia clássica alemã e pelo socialismo utópico; uma cultura que expressou conquistas humano-genéricas transitórias, em sua valorização da razão, do humanismo, da liberdade, do historicismo e da emancipação (NETTO, 2006; COUTINHO, 2010).

Esse bloco cultural progressista sofreu uma inflexão a partir dos confrontos de classe ocorridos entre 1830 e 1848 na Europa. Para conservar seu poder de classe e conter as insurreições proletárias, a burguesia, associada à nobreza, desencadeou uma forte repressão que colocou em evidência o fim do seu protagonismo revolucionário.[5]

Com a explicitação da dominação burguesa, é selada "a sorte do bloco cultural progressista" (NETTO, 2006, p. 14); persistindo, a partir desse marco, as grandes matrizes da razão moderna, representando dois campos opostos: o que se vincula à revolução (a teoria social de Marx) e o que se opõe a ela — o pensamento conservador: produto da união de ideias restauradoras e românticas (NETTO, 2006, p. 14).

---

5. Com efeito, já a constituição do mundo burguês envolve, em plano histórico-universal, um decisivo confronto de classes. Nos primeiros 50 anos do século XIX, esse enfrentamento vem à luz com clareza meridiana: as insurreições proletárias de 1848 e sua repressão pela burguesia (associada à nobreza que ela viera de derrocar) liquidaram as "ilusões heroicas" da Revolução Francesa e puseram a nu seu caráter opressor.

Para a burguesia, as mudanças devem, no máximo, apontar para reformas que não ponham em risco a reprodução do capital e sua manutenção no poder. As forças conservadoras, por seu lado, não pretendem derrubar a ordem burguesa, mas reformá-la de modo a reatualizar valores e modos de vida tradicionais, o que propicia uma identidade com a ordem burguesa em face de um inimigo comum: os movimentos de cunho socialista, que põem em questão a propriedade privada, valor intocável tanto para a burguesia como para o conservadorismo.

A necessidade objetiva de manter estável a sociedade capitalista faz com que a ideologia conservadora, adequada à justificação da ordem e da harmonia, tenha uma legitimação social, passando a representar ideologicamente a autoconsciência da burguesia como classe dominante. Nesse contexto, tanto Comte como Durkheim terão como eixo central de suas propostas a questão da ordem e da coesão social através da moral — dimensão privilegiada para conservadores e neoconservadores.

O conservadorismo se apoia na defesa da família patriarcal, nos valores da ordem, da hierarquia, da autoridade constituída a partir da tradição. Segundo Kirk (2014, p. 42), são princípios que fundam uma "disposição de caráter":

> A mentalidade conservadora deve ser entendida como uma disposição de caráter que nos move a lutar pela restauração e preservação das verdades da natureza humana e da ordem social, legadas pela tradição, e a rejeitar todos os esquemas racionalistas apresentados pelas diferentes concepções ideológicas.

2. O neoconservadorismo

Segundo Nisbet, o neoconservadorismo ou novo conservadorismo se originou no pós-guerra, nos anos 1960-1970, destacando a intervenção de um grupo de intelectuais como Irving Kristol, Daniel Bell, Nathan Glazer, entre outros. O movimento se desenvolveu como reação à contracultura, aos movimentos de oposição à Guerra do Vietnã e de defesa dos direitos civis, fortalecidos a partir da crise do capitalismo mundial dos anos 1970, da implantação das políticas neoliberais e da crítica às políticas do Estado Social (NISBET, 1987, p. 60).

Do conservadorismo clássico o neoconservadorismo preserva a tradição, a experiência, o preconceito, a ordem, a hierarquia, a autoridade e a tradição, com a valorização das instituições tradicionais, como a Igreja e a família patriarcal, baseando-se numa noção histórica evolutiva. As instituições são entendidas consolidadas num longo processo de evolução, e os valores formados pelo hábito e conservados pela tradição de maneira permanente. Nesse sentido, são valores atemporais (KIRK, 2001; 2014; SCRUTON, 2017; DALRYMPLE, 2015; NISBET, 1987).

Combatendo o racionalismo, o coletivismo, o socialismo e o marxismo, o neoconservadorismo nega a viabilidade de projetos societários universais, considerando que as promessas de liberdade e igualdade irrestrita conduzem ao totalitarismo. Para que a sociedade funcione de forma estável, é preciso garantir a ordem e o funcionamento das instituições fundadas na tradição e na autoridade constituída. Assim, a moral desempenha uma função de destaque na reprodução dos valores e da tradição, seja na socialização dos indivíduos, pela família, seja na manutenção da ordem espiritual, pela igreja e pelas religiões (KIRK, 2001; 2014; SCRUTON, 2017; DALRYMPLE, 2015; NISBET, 1987).

Alguns neoconservadores têm uma visão menos incisiva a respeito da interferência do Estado, pois veem o papel do Estado na proteção de valores morais, a exemplo da regulação da pornografia ou do combate ao aborto. A partir do governo Reagan, o neoconservadorismo passa a se apresentar politicamente com um programa de governo sustentado por propostas econômicas neoliberais e conservadoras, fundadas ideologicamente na ordem, no patriotismo, no militarismo, em princípios familiares, religiosos e valores neoliberais, como a meritocracia, a livre iniciativa e o empreendedorismo.

Russel Kirk (1918-1994) é uma figura de destaque na divulgação do neoconservadorismo, com grande influência no Partido Republicano e no governo Reagan. Sua grande referência é Edmund Burke. Em seu livro *The conservative mind: from Burke to Eliot* (2001), Kirk apresenta os princípios do neoconservadorismo, aqui resumidos:[6]

✓ Defesa de uma moral natural, permanente e atemporal, entendida como pilar da sociedade;

---

6. Princípios também publicados no site do Kirk Center. Disponível em: https://kirkcenter.org.

✓ Defesa da ordem espiritual transcendente e social; da continuidade baseada na experiência de gerações;

✓ Concepção organicista de sociedade e evolucionista de história; combate à ideia de progresso e defesa de reformas baseadas no equilíbrio entre mudanças e conservação;

✓ Negação da igualdade; concepção de liberdade com ordem e coerção, e de natureza humana imperfeita;

✓ Defesa intransigente da propriedade, tida como suposto da liberdade e da comunidade autônoma;

✓ Negação da utopia, do comunismo, do racionalismo e do coletivismo; crença em reformas lentas que promovam ajustes, sem mexer nos pilares tradicionais da moralidade; defesa da liderança, da autoridade e da caridade;

✓ A ordem moral é feita para o homem, e o homem é feito para ela: a natureza humana é uma constante e as verdades morais são permanentes. Ordem quer dizer harmonia.

Kirk combate a ideologia, concebendo-a como uma "fanática doutrina armada que só pode ser confrontada por um poderoso corpo de princípios sadios". Tais princípios são entendidos como constitutivos de uma "verdade ética", cuja desobediência leva à desagregação e à decadência cultural e política da sociedade:

> O mal da desagregação normativa corrói a ordem no interior da pessoa e da república. Até reconhecermos a natureza dessa enfermidade, seremos forçados a afundar, cada vez mais, na desordem da alma e do Estado. O restabelecimento das normas só pode começar quando nós, modernos, viermos a compreender a maneira pela qual nos afastamos das antigas verdades (KIRK, 2014, p. 45).

Observa-se, assim, o papel da moral na sociedade idealizada por conservadores e neoconservadores. A ordem moral é a concretização de um corpo de normas transcendentes que motivam o comportamento dos indivíduos: é a harmonia entre as classes, a obediência voluntária às leis, com base na premissa de que não pode haver liberdade sem ordem (KIRK, 2014, p. 46).

Uma sociedade "sadia" é baseada na vida familiar, na religião e na educação, em seu modelo liberal clássico:

SERVIÇO SOCIAL E ÉTICA PROFISSIONAL: FUNDAMENTOS E INTERVENÇÕES CRÍTICAS

O objetivo primário de uma educação liberal, então, é o cultivo do intelecto, da imaginação do próprio indivíduo [...] a verdadeira educação deve desenvolver o indivíduo humano, a pessoa, antes de servir ao Estado [...] o ensino formal começou, de fato, como uma tentativa de tornar o conhecimento religioso — o senso do transcendente e as verdades morais — familiar à geração nascente. Seu propósito não era doutrinar os jovens em civismo, mas sim ensinar o que é ser um homem genuíno, que vive dentro de uma ordem moral (KIRK, 2014, p. 53).

Em sua obra *A política da prudência* (2014), Kirk afirma que os neoconservadores são uma espécie em extinção, confessando "ser uma dos poucos sobreviventes do intrépido bando original dos novos conservadores que incluía Robert Nisbet (1913-1996), Peter Viereck (1917-1970), Daniel J. Boorstin (1914-2004), Clinton Rossiter (1917-1970)" (KIRK, 2014, p. 241).

3. O irracionalismo e o fascismo

Lukács trata o irracionalismo moderno a partir da consideração de inúmeras determinações que assinalam a decadência ideológica do pensamento burguês, tais como: a crescente ampliação das relações mercantis e a subordinação dos indivíduos à divisão social do trabalho, que repercute em todas as dimensões da vida social, insinuando-se na subjetividade dos indivíduos sociais e em suas manifestações ideológicas, submetendo-os a sua lógica fragmentária (LUKÁCS, 1981; 1972; BARROCO, 2013).

Para ele, ao criar campos de atividade intelectual separados, que incorporam interesses materiais e espirituais particulares, e instituem uma "subespécie de especialistas", a divisão social do trabalho concorre para o isolamento das atividades teóricas, limitando a razão dialética e a objetividade teórica, separando idealmente teoria e práxis, realizando uma cisão entre o intelecto e as objetivações sociais, daí a presença da alienação: o estranhamento e o fetichismo geral em que as relações sociais tendem a ser tomadas em sua aparência coisificada, restringindo a possibilidade de compreensão dos processos sociais, de suas mediações e determinações fundantes, bloqueando a capacidade de apreensão das contradições sociais, que são tratadas como antinomias insolúveis (LUKÁCS, 1972).

No interior desse conjunto de determinações sócio-históricas, Lukács situa o irracionalismo moderno como o apelo aos "piores" instintos humanos e às reservas de "animalidade" e de "bestialidade" que, necessariamente, se acumulam no homem em regime capitalista; a barbarização da vida sentimental do homem; o esvaziamento do intelecto de todo conteúdo social. Lukács considera relevante a contribuição do irracionalismo, no interior da filosofia e da literatura da decadência, para a formação do fascismo e para um caldo cultural favorável à sua difusão (LUKÁCS, 1972; BARROCO, 2013).

Segundo Lukács, é em momentos de crise social que o pensamento irracionalista ganha força, pois a ideologia dominante exerce a sua função ativa de aliciadora de tensões exatamente nos momentos em que a explicitação das contradições objetivas passa a exigir respostas no sentido de manutenção da ordem social. O irracionalismo contribui para transferir o enfrentamento dos conflitos para o campo do imaginário, dissimulando as determinações das contradições sociais, os seus nexos e mediações, naturalizando as suas consequências, negando a possibilidade de sua compreensão radical (LUKÁCS, 1972; BARROCO, 2013).

Para ele, o fascismo, como concepção de mundo, é, antes de tudo, o apogeu qualitativo de teorias irracionalistas, no domínio da epistemologia, e aristocráticas no plano social e moral; teorias que, na ciência oficial e não oficial, bem como na divulgação científica e pseudocientífica e no jornalismo, desempenham um papel importante há décadas (LUKÁCS, 2007).

Ao adquirir a função de ideologia, o irracionalismo assume formas variadas, mas, de modo geral, suas diversas expressões têm em comum: a desvalorização da verdade objetiva e da perspectiva de totalidade, a subjetivação da história, o individualismo, o mito, o agnosticismo, o ecletismo, o pessimismo e a negação da ideia de progresso, da igualdade, do devir, do humanismo, da razão dialética, da cultura e do marxismo (BARROCO, 2013).

A divulgação do pensamento irracional contribui para a disseminação de uma cultura passiva e imobilista; uma cultura que, de modos diversos, afirma a ordem burguesa como o fim da história. Nascido da oposição conservadora à revolução burguesa, o irracionalismo moderno é herdeiro do conservadorismo feudal. Por isso, dirige-se energicamente contra o progresso e a razão, desde as suas origens.

A ideologia nazifascista tem como principais componentes: o anticomunismo, a valorização da autoridade, da violência, da hierarquia, da ordem e da liderança, a recusa do humanismo, da igualdade e do historicismo, e a concepção aristocrática, o nacionalismo e a negação da democracia burguesa e do marxismo.

Como ideologia, o irracionalismo contribuiu, nas condições históricas do nazifascismo, para disseminar o pessimismo, o imobilismo, o desprezo pela razão, a glorificação da intuição, a visão de mundo aristocrática, a repulsa pelo progresso social e a mitomania, e propiciou a transferência dos conflitos para o campo do imaginário, dissimulando as contradições sociais, seus nexos e mediações.

A influência do conservadorismo e do irracionalismo impulsiona os indivíduos a buscarem apoio em uma autoridade constituída, como a força policial, ou um líder carismático; a reforçarem certas instituições, como a família; ou a se isolaram em seus refúgios privados, aprofundando o individualismo e a indiferença ou mesmo o ódio em face do "outro", visto como ameaçador ou inimigo.

Jason Stanley (2019) e Umberto Eco (2018) analisam os regimes fascistas, assinalando suas características.

Stanley se refere à era Trump (EUA) como típica de regimes fascistas,[7] cujas características, entre outras, são:

1. Referência a um passado mítico, valorizado em função da família patriarcal e de seus valores, como a autoridade do pai;
2. Anti-intelectualismo;
3. Defesa da lei e da ordem;
4. Desarticulação do bem-estar público;
5. Ansiedade sexual;
6. Exclusão de grupos sociais minoritários e sua desumanização e/ou extermínio precedido de ataques retóricos;
7. Divisão da população entre "nós e eles";
8. Nacionalismo.

Eco analisa os regimes fascistas na Europa, considerando que existem certas características típicas do que ele denomina "fascismo eterno".[8] São elas:

---

7. Sobre a pertinência ou não de tratar os regimes contemporâneos como fascistas, ver Pericás (2021).

8. *E-book* em espanhol. Tradução livre.

1. Culto à tradição;

2. Recusa da modernidade: a ilustração e a razão são vistas como princípios de depravação moderna, podendo definir-se como irracionalismo;

3. O irracionalismo supõe o culto à ação pela ação, negando a reflexão, a ciência e a cultura. Segundo a frase de Goebbels: "quando ouço a palavra cultura saco a pistola";

4. Negação do espírito crítico, pois ele supõe o desacordo. Para o fascismo, desacordo é traição;

5. Negação da diferença e da diversidade. Por isso o fascismo é racista por definição;

6. O fascismo surge da insatisfação individual ou social. Por isso uma das características típicas dos fascismos históricos é o chamamento às classes médias frustradas por alguma crise econômica, assustadas pela pressão dos grupos sociais subalternos;

7. O nacionalismo e a xenofobia

8. A negação da paz; a vida é uma guerra permanente;

9. O elitismo aristocrático e militarista;

10. O culto a um herói; o culto da morte;

11. A projeção da vontade de poder a questões sexuais; machismo, intolerância com as mulheres, com a homossexualidade;

12. Populismo qualitativo, os indivíduos não têm direitos; o líder se coloca como seu intérprete.

O avanço político mundial da extrema-direita e de movimentos neofascistas coloca em evidência as características situadas por Stanley (2019) e Eco (2018),[9] como: a criação de mitos; a subjetivação da história; o negacionismo em face da ciência e da história, observado durante a pandemia de covid-19; o anti-humanismo; o anti-intelectualismo; a defesa da ordem, da tradição, da moral, dos valores religiosos e da família patriarcal heteronormativa; o ataque aos indígenas, aos movimentos de mulheres, aos negros, à população LGBTQIA+; o culto a um herói; o combate aos movimentos de esquerda,

---

9. Características que podem ser observadas no Brasil, especialmente a partir do governo de Jair Bolsonaro. Sobre esse governo, ver Almeida e Toniol (2018); Braga (2016).

ao socialismo e ao marxismo; a desarticulação do bem público; o racismo; o nacionalismo; a ansiedade sexual; o culto à morte.

Como dissemos, a moral é tratada pelos conservadorismos como uma dimensão privilegiada da realidade social. Os costumes e os valores que alicerçam a família patriarcal e as instituições tradicionais exercem uma função social fundamental para os conservadores e os neoconservadores. Suas crenças e sua defesa intransigente de valores atemporais levam-nos a atitudes irracionalistas, marcadas pelo moralismo, pelo preconceito e pelo racismo contra novas formas de vida. Nesse sentido, trata-se da face moral da barbárie atual.

O avanço da barbárie, expressa pelo neofascismo, é um dado mundial que tem sido enfrentado no Brasil pelos trabalhadores, pelas forças progressistas e pelas lutas sociais de defesa da democracia e dos direitos humanos, na direção de um resgate de inúmeras conquistas históricas que estão sendo violadas nesse contexto.

Esse enfrentamento é político, prático e ideológico, contando com a mediação ética tanto na desmistificação das ideologias irracionalistas, racistas e (neo)conservadoras, como na projeção dos valores que orientam as ações práticas, nas lutas pela hegemonia político-cultural de um projeto societário emancipatório.

Atividades complementares

PARA REFLETIR

"Nós criamos o nosso mito. O mito é uma fé. Não é necessário que ele seja uma realidade. Nosso mito é a nação, nosso mito é a grandeza da nação! E a esse mito, essa grandeza, que queremos transformar numa realidade total, subordinamos tudo" (MUSSOLINI *apud* STANLEY, 2019, p. 21).

"Decreta-se que nada será obrigado nem proibido. Tudo será permitido, inclusive brincar com os rinocerontes e caminhar pelas tardes com uma imensa begônia na lapela. Só uma coisa fica proibida: amar sem amor" (MELLO, 2001, p. 11).

Exercício 1

Identifique os valores e os princípios da moral neoconservadora na vida cotidiana.

TEXTOS DE APOIO

Texto 1

A família patriarcal

"A família patriarcal é um ideal que os políticos fascistas pretendem criar na sociedade — ou recuperar, como afirmam. A família patriarcal é representada sempre como uma parte central das tradições da nação, diminuída, mesmo recentemente, pelo advento do liberalismo e do cosmopolitismo [...] Numa sociedade fascista, o líder da nação é análogo ao pai da família patriarcal tradicional. O líder é o pai da nação e sua força e poder são a fonte de sua autoridade legal, assim como a força e o poder do pai de família no patriarcado supostamente são a fonte de sua suprema autoridade moral sobre seus filhos e esposa. A autoridade do pai patriarcal deriva de sua força, e a força é o principal valor autoritário" (STANLEY, 2019, p. 22).

Texto 2

O positivismo e o pensamento conservador

"O positivismo e suas derivações representam os interesses de justificação da ordem burguesa; logo, convertem-se em ideologia, como forma de luta social, no processo de legitimação da ordem burguesa, no nível das ideias. Portanto, enquanto matriz teórica e ideológica, o positivismo, como dissemos, passa a ser, ao lado da matriz marxiana, uma das referências teóricas do homem contemporâneo: a perspectiva que serve à manutenção do presente [...] Fundamentando filosoficamente a tese de que a ordem social é naturalmente harmônica e estável, Comte não considera as contradições como elementos fundantes da realidade, mas como expressões de situações de anormalidade que podem ser reformadas. Por isso, a moral é um dos principais aspectos das reformas propostas, não somente por Comte, mas por seus seguidores; como não se pretende nenhuma transformação estrutural, as reformas voltam-se para os valores e para a moral por sua função ideológica e integradora, em busca da ordem, do consenso e da adequação à sociedade" (BARROCO, 2010, p. 175).

Dicas culturais

FILMES

Assunto de família (Japão, 2018). Direção: Hirokazu Kore-eda.

Olhos azuis (EUA, 1996). Direção: Bertram Verhaag.

1900 — Novecento (Itália, 1976). Direção: Bernardo Bertolucci.

Capítulo 7
Ética e subjetividade

É conhecida a afirmação de que Marx não abordou as questões da subjetividade e do indivíduo. Tal ideia, por um lado, revela um desconhecimento da totalidade da obra marxiana por parte dos detratores do marxismo; por outro, aponta para problemas de entendimento no interior do próprio marxismo, em seu desenvolvimento histórico, a exemplo das leituras economicistas, que desprezam o papel do sujeito na história.

Este pequeno texto pretende mostrar que Marx, assim como Lukács, nos legou importantes elementos para o entendimento de uma teoria da subjetividade.[1]

1. O trabalho e a subjetividade humana

Iniciamos pela consideração do trabalho — concebido por Marx — como o fundamento ontológico do ser social. Em suas palavras:

> Como criador de valores de uso, como trabalho útil, o trabalho é, assim, uma condição de existência do homem, independente de todas as formas sociais,

---

1. Além de Nicolas Tertulian (2004) que trabalhou os elementos subjetivos da ontologia social de Lukács, destacam-se no Brasil os estudos de Sergio Lessa (1995; 2002), Gilmaísa Macedo da Costa (2007), entre outros. Em outras perspectivas de análise, encontram-se as obras de Paulo Silveira e Bernard Doray (1989), Lucien Sève (1979), Newton Duarte (1993), entre outros.

eterna necessidade natural de mediação do metabolismo entre homem e natureza, portanto, da vida humana (MARX, 2013a, p.120).

Afirmamos que o trabalho não poderia existir sem a participação ativa da subjetividade humana. Vejamos como essa participação ocorre.

Partimos do fato de que o trabalho é uma práxis, ou seja, uma atividade de transformação da natureza para a produção de algo antes inexistente. O trabalho supõe uma projeção ideal de finalidades, ou seja, a ideação do que se pretende produzir, com quais meios e instrumentos. Tal ação teleológica é movida pela consciência dos sujeitos e materializada no produto da práxis. Nesse sentido, ocorre uma relação entre a subjetividade do sujeito e a materialidade do objeto (a natureza transformada). A subjetividade encontra-se em movimento durante todo o processo de trabalho: na ação teleológica de projeção ideal do trabalho, na escolha dos meios etc.

Para que a projeção ideal se concretize, é necessário que ocorra uma síntese entre a subjetividade e a materialidade da natureza a ser transformada, quer dizer, é preciso que a ideação se objetive no produto final. Se não se objetivar, a teleologia não passará de uma ideia que não se concretizou.

Durante o processo de trabalho, os sujeitos se deparam com a necessidade de escolhas relativas aos meios para atingir os fins desejados. É quando se colocam várias necessidades que implicarão o papel ativo da subjetividade. Por exemplo, para decidir entre meios e instrumentos, surge a necessidade de valorá-los em razão de sua utilidade, colocando-se as perguntas: Qual é o melhor meio?, Quais são os melhores instrumentos?

Nesse caso, a participação da subjetividade dos sujeitos está conectada, por exemplo, à necessidade de conhecimento adequado à melhor escolha. Porém, a avaliação de valor não é determinada pelo ato de valorar, mas sim pela adequação dos meios e instrumentos às finalidades postas pelos sujeitos, ou seja, pelas propriedades objetivas dos meios e instrumentos. Observa-se, então, como a subjetividade inscrita nas escolhas só se objetiva em face da realidade concreta dos objetos que são escolhidos.

Esses exemplos mostram que a subjetividade humana participa ativamente do trabalho, atividade fundante do gênero humano, apontando para a relação entre a subjetividade e a objetividade, indicando que uma existe em função da outra. Em outras palavras, o ser social não é pura subjetividade nem pura objetividade; o ser social constrói sua subjetividade na sua prática social objetiva.

A práxis não se reduz ao trabalho. Conforme a sociedade se desenvolve, com base no trabalho, são constituídas outras formas de práxis que não visam à transformação da matéria, mas sim da consciência dos homens, voltadas a influir no comportamento dos homens entre si, a exemplo da práxis educativa, da ética etc.:

> Os produtos e obras resultantes da práxis podem objetivar-se materialmente e/ou idealmente: no caso do trabalho, sua objetivação é necessariamente algo material; mas há objetivações (por exemplo, os valores éticos) que se realizam sem operar transformações numa estrutura material qualquer (NETTO; BRAZ, 2006, p. 44).

Quando Marx fala em vida espiritual, ele está se referindo à dimensão subjetiva do ser social, às suas ideias, a seus sentimentos, à sua consciência etc. Isso fica evidente quando estão em discussão as formas de comunicação entre os homens, como a educação e a transmissão de valores, ou seja, as atividades em que os homens visam transformar a consciência de outros homens.

Da mesma forma, Marx chama a atenção para a unidade entre a vida individual e a vida genérica, pois "o homem — muito embora se revele assim como indivíduo *particular*, e é precisamente esta particularidade que faz dele um indivíduo e um ser comunal individual — é de igual modo a *totalidade*, a totalidade ideal, a existência subjetiva da sociedade enquanto pensada e sentida" (MARX, 1993, p. 196, grifos do original). Portanto, para Marx, a subjetividade ou a vida espiritual não é algo isolado da vida social, nem o indivíduo é desconectado da sociedade. Marx se refere à existência humana como existência social e ao indivíduo como indivíduo social:

> Mesmo quando eu sozinho desenvolvo uma actividade *científica* etc., uma actividade que raramente posso levar a cabo em directa associação com outros, sou *social*, porque é enquanto *homem* que realizo tal actividade. Não é só o material da minha actividade — como também a própria linguagem que o pensador emprega — que me foi dado como produto social. A minha *própria* existência é actividade social. Por conseguinte, o que eu próprio produzo é para a sociedade que o produzo e com a consciência de agir como ser social (MARX, 1993, p.195, grifos do original).

Portanto, a subjetividade é construída historicamente. Para se desenvolver, os sentidos humanos passaram por um processo de refinamento que lhes possibilitou a constituição de atividades como a filosofia e a arte, e a capacidade de sua apreciação:

> [...] consideremos agora o aspecto subjectivo. O sentido musical do homem só é despertado pela música. A mais bela música *nada* significa para o ouvido completamente amusical, não constitui nenhum objecto, porque o meu objecto só pode ser a confirmação de uma das minhas faculdades. Portanto, só pode existir para mim na medida em que a minha faculdade existe para ele como capacidade subjectiva [...] (MARX, 1993, p. 199, grifos do original).

Para Marx, quanto mais ricas forem as relações reais do indivíduo, maior será a sua riqueza espiritual. Isso significa que o ser social se realiza nas atividades materiais e ideais e, dependendo das condições sociais da sociedade, se enriquece objetiva e subjetivamente como indivíduo e gênero humano:

> No seu processo de amadurecimento, e conforme as condições sociais que lhe são oferecidas, cada homem vai se apropriando das objetivações existentes na sua sociedade; nessa apropriação reside o processo de construção de sua subjetividade (NETTO; BRAZ, 2006, p. 47).

2. Lukács e a individualidade

Lukács foi um dos autores marxistas que mais se preocuparam em esclarecer os fundamentos da subjetividade no marxismo. Porém, em *Para uma ontologia do ser social*, ele não dedicou um capítulo ao tema, pois suas observações estão dispersas no decorrer da obra. Em *Prolegômenos para uma ontologia do ser social*, encontra-se mais concentrada a discussão sobre o processo de individuação (LESSA, 1995; COSTA, 2007), em que são abordadas as relações entre o gênero humano e o indivíduo singular, a transformação da singularidade em individualidade e a personalidade.

Nas considerações do trabalho, estão postas as relações entre o sujeito e o objeto, pois o trabalho transforma a natureza criando um objeto antes inexistente que transforma o próprio sujeito. O trabalho é o modelo de práxis, mas, como dissemos, a práxis não se reduz ao trabalho, constituindo atividades em que os homens visam a mudanças do querer de outros sujeitos, o que leva à transformação da realidade com a transmissão de valores, modos de vida etc.

O filósofo húngaro aponta o papel da teleologia (pôr teleológico) como categoria ontológica objetiva, em sua relação com a causalidade; a teleologia implica uma consciência que põe fins:

> Pôr, nesse contexto, não significa, portanto, um mero elevar-se à consciência como acontece com outras categorias e especialmente com a causalidade; ao contrário, aqui, com o ato de pôr a consciência dá início a um processo real, exatamente o processo teleológico (LUKÁCS, 2013, p. 48).

Portanto, todo pôr teleológico tem como pressuposto e consequência o surgimento da dualidade sujeito e objeto, pois, ao criar um novo objeto, o sujeito se reconhece como distinto desse objeto. Nesse sentido, é importante compreender o pôr teleológico e sua realização material em sua ligação ontológica, não como dois atos autônomos, um ideal e um material, pois "o ato do pôr teleológico só se torna um ato teleológico autêntico através da efetuação real de realização material" (LUKÁCS, 2013, p. 356).

Assim, Lukács (2013, p. 290) chama a atenção para a pretensa separação entre espiritual e material:

> Lembramos logo uma das nossas constatações sobre a relação entre o sujeito e o processo de trabalho: a ilusão da separabilidade entre o "espiritual" e o "material" no homem, nascida da absolutização da imediatidade no pôr teleológico, na prioridade que nele deve ter o pôr do fim efetuado pela consciência perante a realização material. A expressão "absolutização da imediatidade" visa chamar a atenção para o fato de que, no próprio ato, quando este é considerado em sua totalidade dinâmica, não está contido qualquer vestígio de uma separação ontológica, por exemplo, de uma contraposição entre "espiritual" e "material".

A consciência ocupa um lugar central nas decisões tomadas durante o processo de trabalho, pondo em movimento a subjetividade dos sujeitos que trabalham. O homem é um ser que responde, diz Lukács, instituindo o novo ao responder às suas necessidades. As perguntas e as respostas contêm alternativas que transformam as possibilidades em realidades.

O trabalho modifica a natureza do ser que o realiza. Sua transformação interna exige o domínio da consciência, dos hábitos, dos instintos e dos afetos. Trata-se sempre de uma mudança externa e interna, exigida pelo trabalho e reproduzida nas demais formas de práxis.

Ao responder a necessidades, o sujeito cria novas alternativas que desencadeiam escolhas de valor: em determinado momento do processo de trabalho, o sujeito se depara com a necessidade de escolher entre o *certo* e o *errado* em função das finalidades postas e da equivalência entre estas e o material objeto de escolha. Assim, em "em cada pôr teleológico está contida uma valoração" (LUKÁCS, 2013, p. 179).

Isso demonstra que as escolhas são sempre objetivas, não dependem prioritariamente das ideias dos sujeitos, mas das condições objetivas que se colocam como alternativas. Além disso, como dissemos, uma finalidade que não se materialize continua a existir somente como uma ideia não realizada. Por isso, diz Lukács (2013, p. 175): "Um projeto que seja rejeitado, mesmo que complexo e delineado com base em espelhamentos corretos, permanece um não existente, ainda que esconda em si a possibilidade de tornar-se um existente".

Retomando Marx, Lukács diz que o lugar do gênero humano e o desenvolvimento de seu mutismo na natureza não são ideias "geniais" do jovem Marx, pois este "nunca cessou de avistar no desenvolvimento da generidade o critério ontológico decisivo para o processo de desenvolvimento humano" (LUKÁCS, 2010, p. 75). Ao mesmo tempo, refuta a falsa ideia de que a individualidade seja um dado primordial do ser humano:

> Metodologicamente, importa que o marxismo não rejeita apenas, do ponto de vista ontológico geral, a pretensão ontológica de que a individualidade tenha uma originalidade e um papel determinante nos fundamentos da vida social, mas comprova que só uma fase particular do processo de desenvolvimento da humanidade pode produzir esse desenvolvimento da singularidade para a individualidade, que, portanto, esta última é resultado específico do processo de transformação do conjunto dos fundamentos da humanidade [...] (LUKÁCS, 2010, p. 121).

Segundo Lukács, a individualidade e a generidade constituem a estrutura básica da práxis. O processo de reprodução do ser social através da práxis "faz crescer a corporificação objetiva da generidade" (LUKÁCS,

SERVIÇO SOCIAL E ÉTICA PROFISSIONAL: FUNDAMENTOS E INTERVENÇÕES CRÍTICAS

2010, p. 82), que, tornando-se mais variada, coloca múltiplas e diferenciadas exigências ao desenvolvimento do indivíduo humano:

> Esse processo, que se desenrola objetiva e subjetivamente, em constante interação entre objetividade e subjetividade, faz surgir as bases ontológicas das quais a singularidade do ser humano, ainda em muitos aspectos meramente natural, pode adquirir aos poucos caráter de individualidade (social, apenas na sociabilidade) (LUKÁCS, 2010, p. 82).

Portanto, para o marxismo, singularidade e universalidade são categorias fundamentais de todo ser: "não há ente que não possa existir ao mesmo tempo como exemplar de seu gênero (universal) e como objetividade singular (singularidade)" (LUKÁCS, 2010, p. 80). A generidade expressa o universal de um gênero, enquanto a singularidade expressa o exemplar singular.

Para Lukács, o desenvolvimento da generidade implica o posicionamento consciente dos indivíduos e, quanto mais desenvolvida for a sociedade, maior a exigência das decisões alternativas e de suas diferenciadas reações:

> Essa multiplicidade, aparentemente quase infinita de decisões alternativas com que o membro singular da sociedade é constantemente induzido ou mesmo obrigado a tomar pela diferenciação interna da sociedade no seu conjunto, é o fundamento social daquilo que costumamos designar, de modo geral, como formação do homem para a individualidade (LUKÁCS, 2010, p. 91).

Cada decisão alternativa contém uma decisão de valor em face do que socialmente é considerado certo/errado; justo/injusto etc. Guardar ou devolver um dinheiro encontrado; ceder o assento a uma senhora idosa são exemplos das decisões que formam o caráter ou a personalidade dos indivíduos. Diz Lukács (2010, p. 95-96):

> O curso da vida de cada ser humano consiste numa cadeia de decisões, que não é uma sequência simples de diferentes decisões heterogêneas, mas se refere contínua e espontaneamente ao sujeito da decisão. As inter-relações desses componentes com o ser humano, como unidade, formam aquilo que costumamos chamar, na vida cotidiana, com razão, o caráter, a personalidade do ser humano singular.

Portanto, para Lukács, o processo de trabalho é a base ontológica do espraiamento das capacidades humanas que possibilita o desenvolvimento da personalidade do indivíduo, pois ele afirma, com Marx, que a riqueza espiritual do indivíduo depende do acúmulo de suas relações reais, salientando que:

> Aquilo que chamamos de personalidade de um homem constitui tal ser — propriamente — assim de suas decisões alternativas [...] nunca se deve esquecer, justamente quando se quer entender o homem corretamente em termos ontológicos, que essas decisões determinam ininterruptamente sua essência, conduzindo-a para cima ou para baixo. Para um pintor não se apresenta só a alternativa de pintar este ou aquele quadro; cada traço de pincel é uma alternativa e aquilo que, nesse processo, foi adquirido criticamente e aproveitado no traço seguinte constitui a evidência mais clara do que representa a sua pessoa enquanto artista (LUKÁCS, 2013, p. 285-286).

O domínio do indivíduo genérico sobre a sua singularidade é também uma conquista de liberdade, pois, para Lukács, a liberdade não é um valor ideal transcendente; ela é fruto do trabalho, sendo fundada na sociabilidade humana, não importando se foi obtida no trabalho originário ou em um estágio mais adiantado, com um grau maior de consciência. Lukács chama a atenção para a essência ontológica do gênero, afirmando que ele é o "resultado de forças em luta recíproca que são colocadas em movimento socialmente: um processo de luta de classes na história do ser social" (LUKÁCS, 2010, p. 99):

> Portanto, o homem singular, que busca reproduzir a si mesmo socialmente pelas decisões alternativas de sua práxis precisa, na maioria esmagadora dos casos — não importa com quanto de consciência —, assumir posição sobre como imagina o presente e o futuro da sociedade na qual, mediado por tais decisões, ele se reproduz individualmente, como ele a deseja enquanto ser, sobre qual direção do processo corresponde as suas ideias sobre o curso favorável de sua própria vida e da dos seus semelhantes.

A relação entre a ética, o indivíduo e a subjetividade envolve aspectos ontológicos fundamentais, a exemplo da participação do indivíduo na legitimação subjetiva das escolhas de valor, nos julgamentos, nas decisões que visam interferir na consciência de outros sujeitos, nas indagações acerca da validade de determinados valores, entre outros.

Como mostramos, a historicidade e o movimento dialético das categorias ou *modos de ser* que explicitam a subjetividade no interior da realidade social impedem que sejam tratadas de forma unilateral e a-histórica.

Atividades complementares

PARA REFLETIR

"O tempo é um tecido invisível em que se pode bordar tudo, uma flor, um pássaro, uma dama, um castelo, um túmulo. Também se pode bordar nada. Nada em cima do invisível é a mais sutil obra deste mundo, e acaso, do outro" (ASSIS, 1984, p. 52).

TEXTOS DE APOIO

Texto 1
O processo de individuação

"[...] A individuação, como todo processo social, é terminada socialmente, mas a sua dinâmica imediata permite ao indivíduo manter-se no controle de sua vida própria, o que assegura a ele certa autonomia na direção de seu destino pessoal; em consequência, que a dinâmica da vida pessoal guarda uma autonomia relativa ante a dinâmica social no seu conjunto. Deste modo, a determinação social das circunstâncias não pode ser absoluta no seu desenvolvimento individual e interior. Na trama de demandas e respostas às alternativas socialmente criadas, o comportamento dos indivíduos implica atos de consciência a partir de um variado campo de possibilidades que pode ir além das suas escolhas determinadas simplesmente pelas condições de família, de classes, etc. Então, a decisão entre alternativas não significa nem pura expressão de liberdade individual, nem mera determinação fixa socialmente de modo permanente. Ao indivíduo resta sempre a possibilidade de uma escolha avaliada segundo a sua consciência diante de uma situação concreta" (COSTA, 2007, p. 145).

Texto 2
O caráter social da personalidade humana

"A arte [...] possibilita a passagem da heterogeneidade do cotidiano para a homogeneidade, momento em que sobe para o primeiro plano o ser genérico do homem. Isso se torna possível graças ao trabalho do artista que concentrou todas as determinações da realidade em uma **totalidade intensiva**, em um

mundo próprio. Neste patamar mais elevado, depurado de todos os elementos heterogêneos perturbadores, o receptor pode concentrar toda a sua atenção num único objeto. Com isso, ele suspende a heterogeneidade do cotidiano e sua própria permanência na condição de um ser meramente singular. Daí o caráter **evocativo** da obra de arte, sua ação sobre o núcleo social da personalidade humana. Essa força evocativa deve-se ao fato de que na arte o passado é feito presente. Essa presentificação, contudo, não é a vida anterior de cada indivíduo, mas a sua vida enquanto pertencente à humanidade. O que é posto em relevo pela arte é o **caráter social da personalidade humana.** O indivíduo, perante a figuração estética, pode-se generalizar e, assim, confrontar a sua existência com a epopeia do gênero humano, retratrado pela arte, num momento determinado de sua evolução. Ocorre então uma suspensão da cotidianidade, uma **elevação** da subjetividade do plano meramente singular para o campo mediador da particularidade (a síntese do singular e do universal)" (FREDERICO, 2005, p. 115, grifos do original).

Dicas culturais

LITERATURA

NASSAR, Raduan. *Lavoura arcaica*. São Paulo: Companhia das Letras, 1989.

KONDER, Leandro. *Sobre o amor*. São Paulo: Boitempo, 2007.

FILMES

Melancolia (França/Dinamarca/Suécia/Alemanha, 2011). Direção: Lars von Trier.

Uma mente brilhante (EUA, 2001). Direção: Ron Howard.

Matrix (EUA, 1999). Direção: Lilly e Lana Wachowski.

Capítulo 8

Ética profissional: fundamentos e desafios

1. Introdução

Na vida cotidiana, uma dada situação nos provoca indignação; respondemos a ela expressando nosso posicionamento ou optamos por omiti-lo? Quais as implicações éticas das nossas ações para os envolvidos na situação? Em outra situação que envolve um conflito de interesses, somos chamados a intervir e não temos escolha a não ser assumir uma posição. Julgamos que a nossa escolha é a melhor. Mas o que nos garante que assim seja?

Em todos esses casos, estamos em face de vivências éticas e de conflitos, ou seja, de vivências que demandam escolhas de valor e objetivam ou não valores socialmente construídos, referidos ao que é valorado como bom/mau; justo/injusto, em determinado contexto histórico. São situações que, mesmo dizendo respeito a decisões individuais, sempre envolvem outros indivíduos, o que significa que o sujeito ético deve se responsabilizar por suas escolhas, tendo em vista suas implicações sociais.

A ética é uma parte da práxis: somente o ser social é capaz de agir eticamente, isto é, de ser dotado da capacidade de criar valores e alternativas; por isso ele é um ser livre. Portanto, a liberdade que está na gênese da ética não é um valor abstrato, mas uma capacidade humana concreta e historicamente determinada, gerada a partir do desenvolvimento do trabalho. Para que a liberdade exista, é preciso que os homens tenham, objetivamente, condições sociais que lhes permitam intervir de forma consciente na realidade, transformando seus projetos ideais em alternativas concretas de liberdade, ou seja, de novas escolhas e novos projetos.

São os homens que criam as alternativas e os valores. Contudo, tendo em vista a existência de interesses e necessidades sociais dominantes, os valores ético-morais de uma dada sociedade tendem a reproduzir, de forma preponderante, tais expressões dominantes, o que não exclui a existência de outras referências valorativas, inclusive as de oposição, o que nos aponta para a impossibilidade de uma ação ética neutra. Por sua natureza valorativa, a ética supõe posicionamentos de valor, mesmo que eles sejam de omissão em face das situações concretas.

Sendo histórica, a capacidade ética é relativa às condições objetivas em que os sujeitos exercem a sua vida prática social. Os valores e a autonomia dos sujeitos variam de acordo com a existência de alternativas de escolha objetivas e do seu conhecimento crítico, do que se conclui que nem sempre as escolhas são livres; nem sempre existem alternativas para que elas se coloquem como possibilidade.

2. A natureza da ética profissional

A ética profissional é um modo particular de objetivação da vida ética. Suas particularidades se inscrevem na relação entre o conjunto complexo de necessidades que legitimam a profissão na divisão sociotécnica do trabalho, conferindo-lhe determinadas demandas, e suas repostas específicas, entendidas em sua dimensão teleológica e em face das implicações ético-políticas do produto concreto de sua ação (BARROCO, 2018, p. 67).

A objetividade da ética profissional decorre de sua fundação no Serviço Social e no trabalho profissional, no contexto das relações sociais capitalistas, como fenômeno típico do estágio do capitalismo monopolista. O desvelamento de sua natureza e de suas funções adquire objetividade se analisadas em função das necessidades e das possibilidades inscritas em tais relações sociais (BARROCO, 2018, p. 68).

Consideramos a ética profissional a partir de suas esferas (dimensões): (1) moral prática; (2) filosófica; (3) normativa; (4) política.

1) Esfera moral prática. Diz respeito ao comportamento prático individual dos profissionais relativo às ações orientadas pelo que se considera bom/mau, aos juízos de valor, à responsabilidade e ao compromisso social, à autonomia e à consciência em face das escolhas e das situações de conflito.

Ela é reveladora de uma dada consciência moral ou moralidade que, conforme dissemos, se objetiva através das exigências do ato moral: escolha entre alternativas, julgamentos com base em valores, tomada de decisões e posicionamentos que signifiquem defesa, negação, valorização ou desvalorização de direitos, necessidades e atividades que interfiram e tragam consequências sociais, éticas e políticas para a vida de outros indivíduos.

A moralidade é construída socialmente; faz parte de uma educação moral anterior à formação profissional, que inclusive a influencia, pois pertence ao processo de socialização primária, em que o profissional tende a reproduzir tendências morais dominantes que se repõem cotidianamente através das relações sociais. O processo de socialização, por meio da participação cultural, política, religiosa, pode reforçar ou contrapor valores incorporados anteriormente; o mesmo ocorre com a inserção profissional.

Assim, a adesão a determinado projeto profissional — e a suas dimensões éticas e políticas — supõe decisões de valor inscritas na totalidade de papéis e atividades que legitimam a relação entre o indivíduo e a sociedade. Nem sempre os papéis sociais e as atividades desempenhadas pelos indivíduos estão em concordância, formando um todo coerente. Quando não estão, instituem conflitos morais — que ocorrem quando os valores podem ser reavaliados, negados ou reafirmados.

A moral profissional informa as ações cotidianas que tendem a ser marcadas por processos de alienação e por situações que revelam a presença de posicionamentos conservadores, típicos de comportamentos movidos por preconceitos e discriminações. Ao mesmo tempo, o cotidiano também propicia mudanças subjetivas em face de situações nas quais as(os) profissionais adquirem consciência ético-política de seu papel social na defesa das necessidades dos usuários e nas lutas sociais das(os) trabalhadoras(es).

Nesse sentido, é pela própria moral que se torna possível ascender a comportamentos éticos comprometidos com o projeto profissional coletivo que dá materialidade e organicidade à ética profissional. Os profissionais participam eticamente de um projeto profissional quando assumem individual e coletivamente a sua construção, sentindo-se responsáveis pela sua existência, como parte integrante dele.

2) Esfera filosófica. Trata-se das orientações filosóficas e teórico-metodológicas que servem de base às concepções éticas profissionais, com seus valores, princípios, visão de homem e de sociedade.

Historicamente, a ética profissional busca na filosofia e/ou em teorias sociais o suporte teórico para fundamentar a sua reflexão e teorização ética, necessárias à compreensão e à sistematização da ética profissional: uma concepção de homem e de sociedade, de valores, que oferecem suporte para a intervenção em face das questões morais e éticas.

Para se realizar como atividade teórica universalizante, é preciso que a ética apreenda criticamente os fundamentos dos conflitos morais e desvele o sentido e as determinações de suas formas alienadas; a relação entre a singularidade e a universalidade dos atos ético-morais, respondendo aos conflitos sociais, resgatando os valores genéricos e ampliando a capacidade de escolha consciente dos indivíduos; sobretudo, que proporcione a indagação radical sobre as possibilidades de realização da liberdade, seu principal fundamento.

Essa dimensão pode apresentar contradições, uma vez que a formação profissional, em que se adquire um dado conhecimento capaz de fundamentar as escolhas éticas, não é o único referencial profissional. Somam-se a ele — ou a ele se contrapõem — as visões de mundo incorporadas socialmente pela educação formal e informal, pelos meios de comunicação, pelas religiões, pelo senso comum. É do conjunto de tais manifestações culturais e conhecimentos que se formam os hábitos e os costumes que a educação formal pode consolidar ou não.

As tendências da sociedade capitalista operam no sentido de suprimir e/ou negligenciar as abordagens críticas, humanistas e universalistas, daí a desvalorização do conhecimento filosófico e o apelo ao senso comum e ao conhecimento instrumental, ao utilitarismo ético, ao relativismo cultural e político. Ao mesmo tempo, a reflexão filosófica, base de fundamentação da ética profissional, incorpora referenciais que nem sempre permitem um conhecimento crítico, o que coloca as contradições entre a dinâmica social e sua apreensão profissional.

3) Esfera normativa. Um dos modos particulares de objetivação da ética profissional é a codificação de suas normas em um código moral: conjunto de normas morais, direitos, deveres e sanções prescritos no Código de Ética Profissional, orientador do comportamento individual dos profissionais, dirigido à regulamentação de suas relações éticas com a instituição de trabalho, com outros profissionais, com os usuários e com as entidades da categoria profissional.[1]

A construção das normas de um código e a organização de sua implementação podem ser mais ou menos democráticas. Nesse sentido, os códigos podem ser instrumentos de avaliação ético-política da profissão, pois, dependendo da forma como eles são elaborados e implementados, podem revelar uma legitimação consciente e livre por parte dos profissionais — ou uma imposição externa à consciência dos profissionais.

Nenhuma profissão pode garantir a legitimação de sua ética a partir de seu código, o que seria afirmar uma concepção legalista e formal da ética profissional. A aceitação subjetiva é uma questão de consciência moral. Porém, a ampliação crítica da consciência é uma questão ética que supõe uma intervenção política da categoria no sentido de mobilização, de incentivo à participação, à capacitação e de ampliação do debate e de acesso da categoria à informação.

4) Esfera política. Vê-se, pois, que a ética profissional, em suas várias formas de expressão, exige a participação ativa dos sujeitos coletivos que — em graus variados, com diversas medidas e possibilidades de engajamento — são protagonistas de escolhas e posicionamentos de valor, mas o grau de exigência dessas escolhas e as mediações que elas encerram variam qualitativamente, de acordo com determinações historicamente condicionadas.

Como produto histórico da sociedade burguesa, no contexto da coexistência entre o maior desenvolvimento das forças essenciais do ser social e de sua negação, a materialização da ética ocorre na dinâmica relação entre limites e possibilidades que não dependem apenas da intenção de seus agentes. A ética profissional é marcada pela alienação, especialmente em suas formas cotidianas, mas isso não é absoluto: pode, favorecida por condições sociais

---

1. Ver Fernandes (2018) e Toniolo (2022) sobre sigilo profissional.

e diante de motivações coletivas, ser direcionada a uma intervenção consciente realizadora de direitos, necessidades e valores que respondam aos interesses dos sujeitos de seu compromisso profissional — os usuários, tratados como trabalhadores e situados na sua condição social de classe na sociedade capitalista.

Por isso, sua intervenção é também política, pois a busca de objetivação de valores e intenções éticas ocorre no âmbito da luta político-ideológica, entre projetos de classes e interesses socioeconômicos. A categoria profissional organizada politicamente, em sua articulação com os movimentos e as lutas sociais dos trabalhadores, pode contribuir para a valorização de um projeto profissional, através da sua orientação ética, enriquecida de manifestações e conquistas adquiridas no contato com os sujeitos e forças sociais emancipatórias (ABRAMIDES, 2019).

As profissões são expressões particulares do movimento de (re)produção da vida social, em que se desenvolvem os projetos sociais com suas tendências éticas e políticas. O *éthos* inerente à (re)produção das relações sociais capitalistas é um modo de ser predominantemente mercantil, daí o significado mercantil de seus valores e a tendência à reprodução de costumes legitimadores do individualismo, da posse de bens materiais, da competição e da coisificação das relações humanas.

Na conjuntura atual, observa-se o acirramento dessas tendências, pois a luta pela sobrevivência e os processos de desumanização, vividos sob o impacto de diferentes formas de violência e desrespeito aos direitos humanos, têm produzido a dispersão, a fragmentação de grupos e classes sociais, contribuindo para a destruição de seus vínculos de sociabilidade, de sua identidade e referenciais de ação, transformando a fragmentação e a dispersão em fatos naturais e valores positivos.

Politicamente falando, assistimos ao avanço de grupos conservadores e de extrema-direita, com sua negação das instituições democráticas e a reprodução de uma sociabilidade esgarçada por manifestações de ódio, por ataques à democracia, pelo acirramento da destruição neofascista, gerando uma descrença nas instituições, nas leis, na política, nos valores que deveriam servir como referenciais e guias de ação. Esse cenário nos aponta a tendência à despolitização da sociedade e à afirmação de uma moral conservadora através de apelos moralizantes (BONFIM, 2015).

A negação da política como espaço de participação e de transformação coletiva se expressa como uma demanda do conservadorismo neoliberal, que também tende a naturalizar e valorizar a fragmentação e a dispersão socioeconômica, estimulando o individualismo competitivo e o sucesso a qualquer preço, contribuindo para a reprodução de práticas de sublimação das condições de desumanização, como os fundamentalismos ou o incentivo ao individualismo e às manifestações de ódio.

Nesse contexto de negação da política, do coletivo, da organização e da participação, ocorre uma tendência historicamente observável em momentos de crise social e nas elaborações de pensadores, cuja resposta teórica objetiva a justificação da ordem social dada: a crise econômica e política é tratada como uma crise de valores, ou seja, como uma questão moral, e o apelo à ética emerge, assim, como a solução para o retorno à normalidade.

Nós, assistentes sociais, já "vimos esse filme". O Serviço Social surge como uma ação reformadora dos costumes, como restauração de valores, e não como análise crítica das condições presentes, de uma ação ética e objetivação de valores emancipatórios. Em outras palavras, o retorno à moral como moralismo é uma restauração conservadora de valores morais pensados no plano das condutas individuais, e não no nível das condições materiais da sociedade e da política.

Ora, transformar a nossa ação em moralização dos costumes é retirar da ética o seu conteúdo crítico, reproduzindo cegamente a norma institucional e não os valores profissionais; confundindo as normas administrativas de uma organização, isto é, com um conjunto de regras que definem funções, competências, hierarquias e responsabilidades para cumprir as exigências de funcionalidade e operacionalidade de uma organização, e não com os princípios e os valores que orientam eticamente o exercício profissional.

Quando a ética é dirigida a projetos emancipatórios, ela encontra sua natureza de ação prática social e livre, ou seja, de práxis voltada à liberdade (PAIVA; SALES, 2008), e as ações morais individuais ultrapassam as questões voltadas exclusivamente a necessidades singulares para resgatarem a *conexão entre o indivíduo singular e o humano genérico, adquirindo uma amplitude universal*, humana.

É parte do liberalismo a crença de que a barbárie, assim como a desigualdade, é constitutiva da natureza humana. A visão que Marx nos legou fornece os fundamentos para a desmontagem desse pensamento. Por isso, remar contra a maré com esse referencial crítico e histórico nos permite recusar essa naturalização e essa incapacidade dos homens de atuarem como autores de sua história.

Em tempos de neoliberalismo e de neofascismo, no contexto da desumanização crescente das relações sociais, remar contra a maré em termos éticos significa não compactuar com a reprodução de valores que neguem os direitos humanos e sociais, nem se omitir diante de injustiças e opressões e discriminações. Tais atitudes éticas, se não são trazidas para o âmbito da ação política, permanecem apenas como objeto de uma indignação que não transforma objetivamente a realidade.

Atividades complementares

TEXTOS DE APOIO

Texto 1
Projetos societários e profissionais

"Os projetos societários estabelecem mediações com as profissões na medida em que ambos têm estratégias definidas em relação ao atendimento de necessidades sociais, com direções éticas e políticas determinadas. Isso fica evidente quando analisamos a profissão Serviço Social, em sua gênese. Suas determinações históricas são mediadas pelas necessidades dadas na relação entre o capital e o trabalho, pelos projetos das forças sociais que buscam enfrentar as sequelas da 'questão social' como questão moral. Se percorrermos a trajetória histórica da profissão, constataremos sua adesão a projetos societários, dominantes ou não. Assim, embora a ideologia não seja a única mediação da profissão, ela está presente nas orientações de valor ético-moral e na direção política da ética profissional, seja ela conscientemente dirigida, seja como reprodução acrítica de normas, valores e modos de comportamento" (BARROCO, 2001, p. 66-67).

Texto 2
Ética e ética profissional

"Os fundamentos da ética devem ser buscados nos fundamentos do ser social. A ação ética é fruto do desenvolvimento histórico desencadeado pela práxis. Capacidades que conferem a práxis potencialidades libertadoras. A ética profissional é um modo particular de realização da ética, uma vez que a ética profissional se vincula às exigências de humanização do ser social e se realiza em condições históricas determinadas pelas mediações postas ao trabalho profissional. A base material de realização da ética profissional é o trabalho profissional. O sujeito que realiza a ética profissional é o profissional de Serviço Social, que é ao mesmo tempo um indivíduo social. Portanto, um indivíduo social que é uma expressão singular do gênero humano, considerado em seu processo histórico de desenvolvimento" (BRITES, 2017, p. 23-24).

Dicas culturais

FILMES

Biutiful (Espanha/México, 2010). Direção: Alejandro González Iñárritu.

Elefante branco (Argentina/França/Espanha, 2012) Direção: Pablo Tapero.

LITERATURA

MÃE, Valter Hugo. *O apocalipse dos trabalhadores*. São Paulo: Cosac Naify, 2013.

JESUS, Carolina Maria de. *Quarto de despejo*. São Paulo: Ática, 2021. Edição comemorativa.

Capítulo 9
Ética profissional e questão social[1]

Arriscamos afirmar que a interpretação valorativa extraeconômica mais comumente associada à questão social é a moralizante. O Serviço Social brasileiro conhece a fundo essa vinculação. Nas suas origens, nos anos 1930, o Serviço Social brasileiro adotava como referência analítica essa interpretação sobre a questão social, tratando-a, em suas diferentes expressões, como questão moral. Tal visão era sustentada pela tradição positivista e pelo neotomismo. A primeira, por ser a tradição teórica hegemônica nas ciências sociais e no pensamento social dominante no contexto de emergência e desenvolvimento do Serviço Social tradicional (projeto profissional hegemônico na realidade brasileira das origens, desde a década de 1930 até finais dos anos 1950). O segundo (neotomismo), por ter sido herdado pelo mesmo Serviço Social tradicional da Ação Social da Igreja Católica, iniciativa que encontrava no neotomismo sua base de fundamentação filosófica. Ambas as visões, sociológica e filosófica, de caráter conservador, são incapazes de

---

1. A produção intelectual do Serviço Social brasileiro, vinculada ao campo da tradição marxista, utiliza o termo questão social entre aspas. Recurso utilizado para demarcar o caráter conceitual de um termo originalmente conservador, que não desvela as particularidades de suas múltiplas expressões como decorrência da desigualdade produzida pelo modo de produção capitalista. Neste trabalho, utilizaremos o termo sem as referidas aspas, exclusivamente por uma escolha estética, pressupondo que a ausência de aspas não elimina a interpretação crítica sobre a questão social como forma particular de desigualdade produzida pelo modo de produção capitalista, cujas expressões multifacetadas são determinadas pela lei geral da acumulação capitalista.

desvelar a questão social como a forma particular de desigualdade produzida pelo modo de produção capitalista, na medida em que são visões funcionais à manutenção da ordem burguesa.

O distanciamento, e não a superação, da visão moralizante sobre a questão social só foi possível na fase monopolista do capitalismo, dadas as condições objetivas da luta de classes que permitiriam a explicitação do caráter econômico e político dessa forma particular de desigualdade social. No contexto do capitalismo monopolista, a questão social — como ressaltado anteriormente, forma particular de desigualdade produzida pelo modo de produção capitalista — ganharia visibilidade pública, tanto pelo avanço da organização política da classe trabalhadora que demandava respostas do Estado e das classes dominantes às mazelas da questão social, como pela renovação *da relação entre a dinâmica da economia e o Estado burguês* (NETTO, 1996, p. 18). É também na fase monopolista do capitalismo que são colocadas as bases para a configuração do Serviço Social como especialização do trabalho coletivo, cuja base de legitimidade social é dada pela necessidade de responder, *de modo contínuo e sistemático*, às múltiplas expressões da questão social.

Numa linguagem figurativa, poderíamos afirmar, por sua vinculação fundante, que a questão social — como questão política — e o Serviço Social — como especialização do trabalho coletivo — são gêmeos siameses nascidos do capitalismo monopólico, especialmente pelas exigências que essa fase do desenvolvimento capitalista impõe ao processo de acumulação. No entanto, também de modo figurativo, a separação desses gêmeos resultaria na manutenção da questão social, dada a impossibilidade de sua superação no âmbito do capitalismo, sendo que o mesmo não se pode dizer do Serviço Social. Assim, pode-se afirmar que a questão social é um fundamento da existência do Serviço Social como especialização do trabalho coletivo que emerge na fase monopolista do capitalismo.

> É somente nestas condições que as sequelas da "questão social" tornam-se — mais exatamente: podem tornar-se — objeto de uma intervenção contínua e sistemática por parte do Estado. É só a partir da concretização das possibilidades econômico-sociais e políticas segregadas na ordem monopólica (concretização variável do jogo das forças políticas) que a "questão social" se põe como alvo de políticas sociais (NETTO, 1996, p. 25).

Na fase dos monopólios ocorre, assim, um distanciamento da mera moralização da questão social, na medida em que a intervenção *contínua e sistemática* por parte do Estado sobre suas sequelas impõe ações diretas e indiretas de caráter econômico, político e cultural. Esse período no Brasil, entre outros elementos, corresponde ao processo de industrialização e urbanização e às primeiras modalidades de políticas sociais. Condições que, por seu turno, contribuem para impulsionar o processo de legitimação, institucionalização e profissionalização do Serviço Social brasileiro.

O fato de o estágio dos monopólios provocar mudanças significativas nas modalidades de intervenção do Estado sobre as expressões da questão social nunca significou, no entanto, a ruptura com sua naturalização e com a fragmentação das formas de seu enfrentamento. Ao contrário, à medida que os diferentes estágios de acumulação capitalista e os mecanismos de exploração criam a necessidade de intervenção do Estado sobre a questão social, o caráter de classe dessa forma particular de desigualdade produzida pelo capitalismo é obscurecido por mecanismos ideológicos e políticos, pois o reconhecimento desse caráter contribuiria para tensionar a luta de classes e, consequentemente, explicitar que a desigualdade é inerente a essa forma de sociabilidade. Ou seja, como forma particular de desigualdade produzida pelo modo de produção capitalista, o caráter de classe da questão social sempre será ocultado pelos segmentos que visam à manutenção da ordem do capital e pelas abordagens conservadoras que, de modo consciente ou estranhado, são legitimadas no trato cotidiano das expressões da questão social.

O reconhecimento do caráter de classe da questão social só pode ser incorporado pelo Serviço Social brasileiro a partir da ruptura com o projeto profissional conservador e pela incorporação do referencial teórico da tradição marxista. Num processo complexo e heterogêneo que marca a ruptura com o conservadorismo profissional, iniciado em finais dos anos 1950 e consolidado, no Brasil, em meados da década de 1980, tal processo, conhecido como Movimento de Renovação do Serviço Social,[2] assumiu matizes

---

2. O Movimento de Renovação do Serviço Social é parte de um processo mais amplo de erosão do Serviço Social tradicional, expressas as particularidades brasileiras no âmbito do Movimento de Reconceituação do Serviço Social latino-americano. Nas palavras de Netto (1991, p. 146): "A reconceptualização é, sem qualquer dúvida, parte integrante do processo internacional de erosão do Serviço Social 'tradicional' e, portanto, nesta medida, partilha de suas causalidades e características. [...] No entanto, ela se apresenta com nítidas peculiaridades, procedentes das particularidades lati-

distintos e incorporou elementos conjunturais de modo diverso em todos os países que protagonizaram o esforço de reflexão e a sistematização sobre os fundamentos da profissão e sobre seu significado social.

No Brasil, tal processo[3] inaugurou um pluralismo no âmbito do Serviço Social, cuja disputa entre três vertentes com direções sociais diversas culminou na consolidação da hegemonia de um projeto profissional crítico, a partir dos anos de 1980. A partir de então, o projeto hegemônico do Serviço Social brasileiro, cujas bases teóricas e ético-políticas estão alicerçadas no campo da tradição marxista, tem assegurado uma produção teórica consistente, que permite desvelar o significado histórico da profissão e sua vinculação com a questão social que, a partir de suas múltiplas expressões, oferece a base de legitimidade dessa especialização do trabalho coletivo.

No entanto, o fato de o Serviço Social brasileiro ter incorporado uma compreensão crítica sobre a questão social, pelo menos do ponto de vista do projeto hegemônico, não elimina outro fato significativo que tem relação direta com nossas reflexões sobre a relação entre a ética e a questão social. Trata-se das contradições inerentes à sociabilidade burguesa que incidem sobre as interpretações das expressões da questão social formuladas no cotidiano social e profissional. Contradições que contribuem para legitimar valorações de natureza extraeconômica sobre as expressões da questão social e que estão presentes no cotidiano profissional, imprimindo uma dada direção ético-política às respostas formuladas por Assistentes Sociais no âmbito das Políticas Sociais.

As formas mais particularizadas dessas contradições serão exploradas em outros capítulos deste livro, por meio do debate de temas que atravessam o cotidiano profissional e assumem contornos polêmicos em face da luta de classes e, consequentemente, das respostas dominantes formuladas às expressões da questão social. Por ora, o esforço será o de chamar atenção sobre

---

no-americanas". E ainda: "Entendemos por renovação o conjunto de características novas que, no marco das constrições da autocracia burguesa, o Serviço Social articulou, à base do rearranjo de suas tradições e da assunção do contributo de tendências do pensamento social contemporâneo, procurando investir-se como instituição de natureza profissional dotada de legitimação prática, através de respostas a demandas sociais e da sua sistematização, e de validação teórica, mediante a remissão às teorias e disciplina sociais" (NETTO, 1991, p. 131).

3. Para aprofundamento sobre os elementos que incidem sobre esse movimento na realidade brasileira, ver, especialmente, Netto (1991).

SERVIÇO SOCIAL E ÉTICA PROFISSIONAL: FUNDAMENTOS E INTERVENÇÕES CRÍTICAS

como as contradições inerentes à sociabilidade burguesa legitimam interpretações valorativas de caráter extraeconômico, que contribuem para obscurecer o caráter de classe das expressões da questão social e algumas de suas consequências ético-políticas.

Comecemos pelos mecanismos de setorização e fragmentação das Políticas Sociais, marca distintiva do modo de produção capitalista de responder, a partir de sua fase monopólica, às sequelas da questão social. Esse expediente assegura, ao mesmo tempo, o atendimento de parcela das necessidades de reprodução da força de trabalho e a socialização dos custos dessa reprodução para o conjunto da sociedade. Além da socialização dos custos de reprodução da força de trabalho, tais mecanismos contribuem para introduzir valorações extraeconômicas que se materializam num conjunto de variáveis que determinam o financiamento, a qualidade dos serviços prestados, os critérios de elegibilidade e as condicionalidades para o acesso a bens e serviços disponibilizados por meio das Políticas Sociais setoriais.

Desse modo, pela setorização e pela fragmentação, a questão social torna-se objeto sistemático de intervenção do Estado burguês, obscurecendo o caráter de classe das necessidades sociais que são priorizadas para o atendimento via Políticas Sociais. Da mesma forma, se obscurece a inserção de classe dos segmentos sociais que passam a depender dessas políticas para assegurar sua reprodução social. Ao obscurecer o caráter de classe da questão social, e sempre a depender dos interesses de acumulação do capital, a setorização e a fragmentação permitem que o Estado burguês defina o montante de financiamento, eleja os segmentos sociais prioritários, os critérios de elegibilidade e uma série de condicionalidades, variáveis que serão, direta ou indiretamente, moldadas por valorações de caráter extraeconômico.

Neste ponto, é importante observar que falar em valorações extraeconômicas não significa romper com a base material fundante de qualquer valoração, mas sim identificar que determinadas valorações, que possuem sempre uma determinação material, assumem certo grau de autonomia no que concerne à sua base material e tornam-se orientações de valor que se efetivam fora da esfera da produção. Tomemos as valorações de natureza moral como exemplo. A moral e os valores morais, que apresentam uma realidade social e histórica vinculada às necessidades materiais, com o desenvolvimento do ser social, ganham certa autonomia em relação à sua base originária material e passam a operar como se fossem uma esfera autônoma no que tange à esfera econômica. É nesse sentido, de relativa autonomia em relação à base material de sua fundação, que podemos falar em valorações extraeconômicas que incidem sobre as respostas dominantes de enfrentamento das expressões da questão social que, insistentemente afirmamos, contribuem para obscurecer o seu caráter de classe.

O Programa Bolsa Família é emblemático nesse sentido. Sua existência já é reveladora do aprofundamento da desigualdade produzida pelo modo de produção capitalista, na medida em que uma sociedade autorreferenciada e autoproclamada pela inevitabilidade e pela naturalização das *virtudes* da lógica mercantil requer que o Estado burguês implemente um programa de transferência de renda. Tal necessidade, não sem resistência, desvela a incapacidade fundante dessa sociabilidade de regular pelo mercado a distribuição da riqueza socialmente produzida. Obviamente que não poderia ser diferente, visto que a lógica mercantil não está a serviço da socialização da riqueza, mas da apropriação privada da riqueza socialmente produzida.

Se, por um lado, a existência de um programa como esse é reveladora da incapacidade inerente ao modo de produção capitalista de distribuir a riqueza socialmente produzida, por outro, tal distribuição só pode existir, nos marcos da sociabilidade burguesa, se operar na mesma lógica mercantil, se não oferecer riscos à acumulação do capital e se desvanecer seu caráter de classe. Nesse sentido, as valorações extraeconômicas introduzidas nesse processo cumprem um papel fundamental e produzem consequências éticas.

No caso do Programa Bolsa Família, a experiência brasileira é coalhada de valorações extraeconômicas que comparecem tanto nas avaliações da mídia patronal e na crônica política, como no cotidiano de Assistentes Sociais e de outros profissionais que participam dos processos de trabalho nas diferentes Políticas Sociais que visam responder a algumas expressões da questão social. Sabe-se que esse Programa foi idealizado com uma dupla perspectiva: a de redução da pobreza absoluta e a de *alavancar* um projeto de *desenvolvimento,* cujos limites nos marcos de um pacto de classes não poderia oferecer riscos à acumulação do capital. No âmbito desse programa, a transferência monetária de uma renda mínima para famílias em situação de extrema pobreza, além de contribuir para a manutenção de certo padrão de reprodução social, que interessa ao próprio capital, imprime uma dada direção ético-política à intervenção do Estado sobre as condições de vida de segmentos pauperizados da classe trabalhadora.

SERVIÇO SOCIAL E ÉTICA PROFISSIONAL: FUNDAMENTOS E INTERVENÇÕES CRÍTICAS

Tendo em vista nosso objetivo de análise sobre a relação entre a ética e a questão social, a seguir abordaremos algumas das valorações extraeconômicas que mais comumente aparecem associadas ao Programa Bolsa Família e que produzem consequências éticas.

Comecemos pelos critérios de elegibilidade que, embora econômicos, estão saturados de valorações extraeconômicas. No momento em que este texto foi produzido, o Programa era voltado para famílias com renda *per capita* de até R$ 85,00 ou até R$ 170,00, se na composição familiar houver crianças e adolescentes de zero a 17 anos de idade. Há pelo menos duas implicações éticas imediatas associadas a esses critérios de elegibilidade que expressam uma visão conservadora acerca da condição de extrema pobreza: a primeira diz respeito ao recorte exclusivo de renda, que não leva em consideração outros determinantes do processo de empobrecimento, por exemplo, acesso a bens e serviços básicos, trabalho, lazer e cultura. A segunda, a partir do recorte de renda, confere um rebaixamento extraordinário da perspectiva de seguridade social, uma vez que a intervenção do Estado no enfrentamento da pobreza não só está focalizada nas franjas da extrema pobreza, como também só será legitimada quando investida de modo residual, evitando-se, na visão dominante, qualquer possibilidade de acomodação e desestímulo à busca pelo trabalho. Teríamos, assim, duas consequências éticas que, a nosso ver, extrapolam o critério econômico de renda, configurando-se, portanto, como valorações extraeconômicas: a ideia de que qualquer renda que assegure condições dignas de reprodução social é de responsabilidade individual, ou das famílias, e só pode ser assegurada no mercado, cabendo ao Estado intervenções focalizadas e residuais que mais se aproximam da benesse do que dos direitos. A ideia é de que as famílias que recorrem a Programas Sociais como esse são, por natureza, indolentes, portanto, uma intervenção do Estado sobre a pobreza como expressão da questão social jamais pode favorecer esse tipo de comportamento.

Os desdobramentos éticos dessa visão também comparecem nas condicionalidades para acesso e manutenção de vínculo ao Programa. Em nome da ruptura com o ciclo de pobreza intergeracional, uma das condicionalidades do Programa Bolsa Família é a comprovação da frequência escolar das crianças das famílias beneficiadas, 85% de frequência para crianças e adolescentes de seis a 15 anos, e 75% para adolescentes entre 16 e 17 anos. Há também condicionalidades de saúde: vacinação e acompanhamento do desenvolvimento (monitoramento do peso e da altura) das crianças de até seis anos de idade e pré-natal para gestantes. Condicionalidades que parecem, de imediato, bastante razoáveis, especialmente quando não se levam em conta a precarização dos serviços públicos de educação e de saúde, e o investimento de tempo e gastos com transporte, alimentação e vestuário, necessários para assegurar o acesso a tais serviços.

Do ponto de vista das condicionalidades, as valorações de caráter extraeconômico, quase sempre de natureza moral, se interpõem com assustadora frequência nas situações nas quais se constatam o seu descumprimento. Quando, por diferentes motivos, uma família beneficiária do Programa Bolsa Família não cumpre uma ou mais condicionalidades, de modo geral, a responsabilidade recai exclusivamente sobre a família, não havendo qualquer avaliação sobre a qualidade e as possibilidades efetivas de acesso aos serviços de educação e de saúde, que são de responsabilidade do Estado. Ao contrário, o cumprimento das condicionalidades e a responsabilização das famílias passam a ser a grande tônica do trabalho realizado por muitos profissionais que integram as equipes responsáveis pela implementação e pelo monitoramento do Programa.

Profissionais, entre eles Assistentes Sociais, que, por sua formação e competências, estariam capacitados a entender, sistematizar e dar visibilidade política aos determinantes sociais que incidem sobre as situações de pobreza e de extrema pobreza; aos determinantes sociais que criam obstáculos ou inviabilizam o atendimento das condicionalidades; ou mesmo aos determinantes sociais que levariam ao questionamento das condicionalidades em face dos objetivos do Programa e das condições objetivas de vida das famílias beneficiárias do Programa, muitas vezes assumem o papel de *meros fiscais* do cumprimento das condicionalidades e orientam sua *intervenção profissional* na perspectiva de controle sobre o comportamento das famílias, fazendo questionamentos e cobranças com base em avaliações morais, assumindo uma postura policialesca e repressiva diante de práticas e comportamentos que são considerados inaceitáveis quando realizados por pessoas que têm acesso a um recurso socialmente financiado, ou seja, por famílias cuja reprodução social depende da intervenção do Estado.

Tal postura, absolutamente contrária à perspectiva crítica de apreensão do caráter de classe das expressões da questão social, a atribuições, competências e aos princípios éticos do trabalho das(os) Assistentes Sociais, tem

SERVIÇO SOCIAL E ÉTICA PROFISSIONAL: FUNDAMENTOS E INTERVENÇÕES CRÍTICAS

sido abertamente alimentada por valorações de caráter extraeconômico que, por meio do pensamento hegemônico e numa perspectiva de moralização e criminalização da pobreza, definem qual é o lugar do pobre e como deve ser o seu comportamento para que *mereça* alguma intervenção do Estado.

À época da última disputa eleitoral à presidência da República no Brasil, valorações moralizantes sobre o comportamento das famílias beneficiárias do Programa Bolsa Família foram veiculadas à exaustão nas chamadas redes sociais e em algumas coberturas jornalísticas da mídia patronal. Com uma deliberada intenção de desgastar uma suposta base de apoio político aos governos petistas, responsáveis pela ampliação em âmbito nacional do Programa Bolsa Família, uma série de ataques moralistas foi dirigida às famílias vinculadas a esse programa de transferência de renda. Muito se falou sobre os *efeitos deletérios* do Programa Bolsa Família sobre a disposição de busca ativa ao trabalho por parte das famílias beneficiadas, sobre as mulheres que engravidavam ou engravidariam apenas para assegurar o recebimento do benefício do Programa. Inúmeros relatos de supostas situações fraudulentas foram veiculados com a intenção de desqualificar o Programa e decretar sua falência moral, tentando fazer crer que a maioria das famílias beneficiárias não atendia aos critérios de elegibilidade definidos pelo Bolsa Família.

Os ataques moralistas ao Programa Bolsa Família e, consequentemente, às famílias beneficiárias contribuíram e contribuem para a manutenção de uma perspectiva de vigilância moral sobre o comportamento da classe trabalhadora empobrecida. Suas necessidades, seu estilo de vida, suas *escolhas* de consumo e de lazer, suas práticas culturais são sistematicamente confrontados pelas exigências de cumprimento de condicionalidades que são definidas ao largo das responsabilidades públicas sobre o sistema de Seguridade Social, ou seja, ao largo da capacidade de cobertura e da qualidade dos serviços sociais necessários à reprodução social na perspectiva de um Estado democrático de direito.

O cotidiano profissional das(os) assistentes sociais está saturado de valorações moralizantes no trato das expressões da questão social, como as exemplificadas, e, do ponto de vista da ética profissional, nosso trabalho é desafiado a romper com a reprodução desses mecanismos de discriminação e opressão. Muitos desses mecanismos comparecem no cotidiano profissional, de modo velado, nas normas e nos procedimentos institucionais, quase sempre incorporados e legitimados pelas equipes profissionais de forma acrítica.

Normas institucionais definem com que roupa e qual comportamento as(os) usuárias(os) dos serviços devem ter para *merecer* o atendimento que, diga-se, neste contexto de sucateamento das políticas sociais públicas, se reduz cada vez mais à chamada, e mal definida, *escuta qualificada* das demandas apresentadas pelas(os) usuárias(os) dos serviços.

Ao formular respostas às expressões da questão social no cotidiano profissional, à/ao assistente social compete investir de modo qualificado e eticamente comprometido no desvelamento das determinações sociais, que contribuem para reproduzir e aprofundar as desigualdades e os mecanismos de opressão e discriminação. Compete, do ponto de vista ético, contribuir para dar visibilidade política ao caráter de classe, às relações sociais de sexo e étnico-raciais das expressões da questão social. A ética profissional é parte desta competência, e sua efetivação, embora receba determinações de ordem estrutural que extrapolam a vontade dos indivíduos sociais, supõe o reconhecimento e o compromisso do agente profissional com a direção social dos produtos de seu trabalho.

Como parte integrante do trabalho profissional, a ética da(o) assistente social é afetada por múltiplas determinações: pelas condições objetivas de realização do trabalho profissional; pela capacidade dos sujeitos coletivos (categoria profissional e classe trabalhadora em geral) de imprimir na processualidade histórica referências valorativas (valores, princípios) que assegurem uma direção social aos produtos concretos do trabalho profissional vinculada às conquistas humano-genéricas; pela capacidade de crítica e de negociação teórica e ético-política, no âmbito de processos de trabalho particulares, e que assegure coerência teórica e ético-política entre a direção social do trabalho profissional e o projeto hegemônico do Serviço Social brasileiro.

O curso do desenvolvimento histórico do ser social, no âmbito das relações desumanizantes instituídas pela produção capitalista, e suas particularidades, no âmbito das sociedades situadas na periferia deste sistema global, oferecem os elementos mais essenciais que merecem disposição analítica e ético-político para identificar as reais possibilidades de realização de valores e princípios vinculados à afirmação prática do humanismo autêntico, inscrito na ética das(os) assistentes sociais.

A ética profissional, como parte do trabalho profissional, pode ser efetivada sempre de forma relativa às possibilidades inscritas na práxis social de afirmação de conquistas e valores que contribuem para a humanização do gênero. Nesse sentido, os valores e os princípios inscritos na ética profis-

SERVIÇO SOCIAL E ÉTICA PROFISSIONAL: FUNDAMENTOS E INTERVENÇÕES CRÍTICAS

sional se realizam e assumem um alcance distinto (particular), em face das possibilidades objetivas do trabalho profissional de vincular seus produtos concretos a conquistas e valores humano-genéricos legitimados pela práxis social no âmbito da luta de classes. Não por acaso, uma das conquistas da consciência ético-política da categoria profissional, possibilitada pela incorporação de referenciais críticos (campo marxista e ontologia do ser social) para a análise da realidade social e profissional, não permite o isolamento do trabalho profissional e da ética profissional, das tendências hegemônicas da processualidade histórica e da luta de classes.

A dificuldade de identificar no solo cotidiano do trabalho profissional as reais possibilidades de realização de valores e princípios inscritos na ética profissional se avoluma na mesma proporção em que o curso histórico de desenvolvimento do ser social avança na direção do aprofundamento da barbárie da ordem do capital.

No entanto, como esta processualidade é contraditória e se realiza num ininterrupto movimento do vir a ser, ou seja, num movimento no qual a teleologia inscrita na práxis histórica dos indivíduos sociais não pode ser eliminada, as decisões alternativas de valor dos indivíduos sociais e, portanto, das(os) assistentes sociais sempre terão um peso de interferência nesse processo, ainda que relativo no que concerne à totalidade do ser social.

Ou seja, a existência de limites objetivos para a realização de modo universal de valores e princípios inscritos na ética das(os) assistentes sociais, em face da barbárie contemporânea do capital e de sua particularidade em solo nacional, não significa, em absoluto, impossibilidade ou nulidade da validade histórica de valores e princípios com os quais a categoria profissional se compromete e procura realizar no cotidiano profissional. Ao contrário, a barbárie contemporânea do capital atesta, a cada dia e com mais vigor, a validade histórica e a urgência pela afirmação de tais valores.

Na particularidade da relação entre as expressões da questão social e a ética, as possibilidades de efetivação de valores e princípios da ética profissional das(os) assistentes sociais vinculam-se especialmente com as exigências de um trabalho especializado, capaz de desvelar o caráter de classe da questão social, identificar e confrontar as mediações valorativas de caráter extraeconômico que servem para a manutenção e o aprofundamento da desigualdade, da opressão e da dominação. Identificar e confrontar as normas, os procedimentos e as valorações moralizantes, que visam naturalizar e criminalizar a pobreza, controlar e oprimir a classe trabalhadora empobrecida.

Atividades complementares

PARA REFLETIR

Exercício 1

Leia o artigo "O preconceito moral contra beneficiárias(os) do Programa Bolsa Família: uma das expressões do neoconservadorismo no Brasil", de Amanda Eufrásio, e reflita sobre os desafios éticos relacionados à moralização da questão social. Artigo disponível em: https://www.pucsp.br/educ/downloads/Etica_direitos_humanos.pdf.

Exercício 2

Considere as análises apresentadas neste capítulo e reflita sobre o significado dos versos da música "Volte para o seu lar", de Arnaldo Antunes: "Aqui nessa casa ninguém quer a sua boa educação/Nos dias que tem comida, comemos comida com a mão/E quando a polícia, a doença, a distância ou alguma discussão nos separam de um irmão/Sentimos que nunca acaba de caber mais dor no coração/Mas não choramos à toa/Não choramos à toa. Aqui nessa tribo ninguém quer a sua catequização/Falamos a sua língua, mas não entendemos seu sermão/Nós rimos alto, bebemos e falamos palavrão/Mas não sorrimos à toa/Não sorrimos à toa/Volte para o seu lar/Volte para lá/Aqui nesse barco ninguém quer a sua orientação/Não temos perspectiva, mas o vento nos dá a direção/A vida que vai à deriva é a nossa condução/Mas não seguimos à toa, não seguimos à toa/Volte para o seu lar/Volte para lá".

TEXTOS DE APOIO

Texto 1

"A questão social é indissociável da sociabilidade da sociedade de classes e seus antagonismos constituintes, envolvendo uma arena de lutas políticas e culturais contra as desigualdades socialmente produzidas, com o selo das particularidades nacionais, presidida pelo desenvolvimento desigual e combinado, onde convivem coexistindo temporalidades históricas diversas. A gênese da 'questão social' encontra-se no caráter coletivo da produção e da apropriação privada do trabalho, de seus frutos e das condições necessárias à sua realização. É, portanto, indissociável da emergência do trabalhador livre, que depende da venda de sua força de trabalho para a satisfação de suas necessidades vitais. Trabalho e acumulação são duas dimensões do mesmo processo, fruto do trabalho pago e não pago da mesma população trabalhadora, como já alertou Marx (1985)" (IAMAMOTO, 2013, p. 330).

Texto 2

"Uma interpretação da questão social como elemento constitutivo da relação entre a profissão e a realidade social na linha adotada pelas diretrizes tem algumas implicações. Trata-se de imprimir historicidade a esse conceito, o que significa observar seus nexos causais, relacionados, como já foi dito, às formas da produção e reprodução sociais capitalistas no capitalismo, com seu metabolismo incessante, como nos chama atenção Mészáros (2002). E o debate deve incorporar, necessariamente, os componentes de resistência e de ruptura presentes nas expressões e na constituição de formas de enfrentamento da questão social, ou seja, este conceito está impregnado de luta de classes, sem o que se pode recair no culto da técnica, numa política social de controle sobre os trabalhadores pobres, e não de viabilização de direitos (BEHRING, 2008). Só com uma atitude teórico-metodológica plena de historicidade é possível compreender, evitando os impressionismos e as perplexidades do senso comum, as demandas renovadas, complexificadas, transformadas que as expressões da questão social contemporânea colocam para a profissão. Nesse sentido, este é um componente decisivo no projeto de formação profissional: preparar profissionais aptos a lidar subjetiva e objetivamente com a tão atual assertiva marxiana de que tudo o que é sólido se esfuma rapidamente, num modo de produção e reprodução social cuja sobrevida depende de revolucionar permanentemente as forças produtivas e as relações sociais de produção. Tal processo se mostra hoje de forma contundente com a crise do capital. A esse desafio do projeto que se propõe, segue o de imprimir a direção social, ou seja, realizar a transformação criativa da matéria-prima do nosso trabalho, na perspectiva de fortalecer o componente de resistência, de ruptura com as expressões dramáticas da questão social na realidade brasileira, com as quais o Serviço Social se depara cotidianamente no exercício profissional" (BEHRING; SANTOS, 2009, p. 273).

Dicas culturais

FILMES

O banheiro do papa (França/Brasil/Uruguai, 2007). Direção: Enrique Fernandes e Cesar Charlone.

Gigante (Uruguai/Argentina/Alemanha/Espanha/Holanda, 2009). Direção: Adrián Biniez.

Privatizações: a distopia do capital (Brasil, 2014). Direção: Silvio Tendler.

LITERATURA

BARRETO, Lima. O caso do mendigo. *In*: BARRETO, Lima. *A crônica militante*. São Paulo: Expressão Popular, 2016.

GALEANO, Eduardo. *As veias abertas da América Latina*. Porto Alegre: L&PM, 2010.

Capítulo 10

Ética profissional, cotidiano e ideologia

1. Observações preliminares

Na sociedade do capital, o debate sobre a ideologia ganha relevância nos contextos de crise de acumulação (de superprodução) que, invariavelmente, são acompanhados de crises de dominação, demandando investidas dos setores dominantes sobre as formas de consciência, subjetivação e valoração da realidade histórica por parte dos indivíduos sociais.

Três episódios recentes da vida pública brasileira são ilustrativos nesse sentido, pois jogaram um peso relevante sobre o debate da ideologia e suas consequências para a vida em sociedade: as manifestações que tomaram as ruas em 2013, o golpe parlamentar de 2016 e a eleição de Jair Messias Bolsonaro à presidência da República.

Nas mobilizações de 2013, recusava-se a ideologia dos movimentos organizados, dos partidos e dos sindicatos, e reivindicava-se a universalidade de uma pauta aglutinadora (preço da passagem do transporte coletivo), que estaria acima de qualquer adesão ideológica, ou seja, partidária ou associativa. A mídia patronal, que não pode deixar de dar cobertura jornalística pela proporção assumida pelas manifestações, tratou logo de introduzir um conteúdo valorativo (ideológico), procurando diferenciar no interior do movimento os seus legítimos representantes, apresentados como pacíficos, dos infiltrados, tratados como baderneiros. No caso do golpe parlamentar de 2016, associava-se, sem mediações, uma legenda partidária supostamente de esquerda — o Partido dos Trabalhadores da presidenta Dilma Rousseff — a práticas sistemáticas de improbidade administrativa e fiscal do Estado. Na campanha eleitoral de 2018 e nos primeiros anos do governo de Jair Messias, assumem-se, deliberada e despudoradamente, posições extremadas de direita e protofascistas como legítimas e abertamente reivindicadas para combater as ideologias comunista e de gênero, defender a família patriarcal, monogâmica e heterossexual e a religião cristã. Tudo o que é identificado no espectro político da esquerda passa a ser taxado como doutrinamento ideológico e estratégia degenerativa da ordem, dos bons costumes e da moralidade.

Na particularidade desses três episódios históricos, cuja complexidade de análise ultrapassa os objetivos deste texto, chama atenção o peso do debate sobre os conteúdos ideológicos que interferiram nos desdobramentos de cada um deles. Ou seja, mesmo sem analisar suas complexidades e particularidades, é possível constatar a presença de fenômenos ideológicos que incidiram sobre as decisões alternativas dos indivíduos sociais para responder a necessidades históricas que envolvem a capacidade humana de conhecer, valorar e agir diante de situações complexas e contraditórias. Necessidades que por múltiplas determinações vinculam, pela afirmação ou pela negação, interesses particulares e universais.

A mera constatação da existência de fenômenos ideológicos que interferem na conformação da consciência dos indivíduos sociais e, consequentemente, no direcionamento de suas ações não é suficiente para esclarecer suas consequências efetivas para a vida em sociedade. Além disso, a acirrada polarização política na realidade brasileira nos desafia a entender o peso dos fenômenos ideológicos na dinâmica da reprodução social.

Reconhecer o caráter histórico dos fenômenos ideológicos e sua interferência na realização de interesses é um primeiro passo na direção desse entendimento. Contudo, para avançar nessa apreensão, também é preciso delimitar o significado teórico, que atribuímos à ideologia, e as preocupações éticas e políticas em torno de seus usos e consequências.

Assim, pretende-se, neste texto, conduzir um debate que contribua para a reflexão sobre os fenômenos ideológicos e sobre algumas mediações entre os fundamentos da ética profissional das(os) assistentes sociais e o papel da ideologia no âmbito da reprodução social.

Pode-se dizer que a disputa em torno do significado teórico do termo ideologia é, sobretudo, uma disputa ideológica. Por isso, nosso propósito neste texto é oferecer alguns elementos de análise sobre a relação entre a concepção histórica de ideologia como complexo social, apresentada neste livro, e sua associação com posicionamentos de valor que produzem consequências éticas no âmbito da atuação profissional de assistentes sociais.

2. Ideologia e ética profissional

A ética profissional das(os) assistentes sociais brasileiras(os) é resultado de um processo coletivo de amadurecimento teórico e ético-político que conquista hegemonia, no âmbito da categoria profissional, a partir de meados da década de 1980. Os fundamentos de seus princípios, valores e normatizações estão ancorados na ontologia, de bases materialistas e históricas, do ser social.

O trabalho profissional, como especialização do trabalho coletivo, realiza-se de modo sempre mediado pelos antagonismos de classe e, portanto, é confrontado no solo cotidiano pelos conflitos decorrentes da desigualdade estrutural da sociabilidade burguesa, pelas expressões particulares da barbárie, pelas mediações valorativas que expressam visões diversas e vinculadas a interesses distintos e por fenômenos ideológicos, cujos fundamentos são dados pela necessidade de enfrentamento dos conflitos sociais decorrentes dessa forma histórica de relação social.

Uma das exigências éticas para o exercício profissional é o rigoroso trato teórico da totalidade social e da particularidade da realidade brasileira como condição para formulação de respostas profissionais coerentes com os princípios e os valores da ética profissional. A fundamentação teórica da ética profissional demonstra que a adesão subjetiva a valores e princípios inscritos na ética das(os) assistentes sociais brasileiras(os) não ocorre de modo mecânico e concorre com outras orientações de valor, decorrentes da socialização que ultrapassa a formação profissional, especialmente daquelas advindas da moralidade dominante e muitas vezes da moralidade religiosa.

Nesse sentido, o *éthos* profissional expressa de forma particular a dinâmica contraditória e complexa da totalidade unitária do ser social.

Além disso, os valores e os princípios da ética profissional das(os) assistentes sociais brasileiras(os), hegemonicamente reconhecidos e afirmados, se vinculam à luta pela construção da emancipação humana. Trata-se, portanto, de valores e princípios que afirmam a liberdade e todas as realizações humanas que contribuem para sua ampliação. Exigem, portanto, o esforço sistemático de crítica ao cotidiano e a reflexão ética sobre o significado das orientações de valor: se afirmam ou negam conquistas e realizações genéricas vinculadas à ampliação da liberdade e da emancipação humana. Por isso, encontram maior resistência e obstáculos à sua realização objetiva, sempre parcial e relativa à totalidade do ser social no contexto da sociabilidade burguesa.

Ou seja, no cotidiano do trabalho profissional, mesmo as(os) profissionais que de modo crítico e consciente reconhecem sua individualidade em princípios e valores da ética profissional e a eles aderem subjetivamente, dados a estrutura ontológica do cotidiano, o trabalho assalariado, as condições objetivas da reprodução social, os mecanismos de alienação e os fenômenos ideológicos, a realização da ética profissional é sempre um desafio teórico--prático e ético-político que ultrapassa a intencionalidade individual das(os) agentes profissionais.

No entanto, esses desafios não eliminam o caráter alternativo das escolhas dos indivíduos sociais, pela teleologia inscrita na práxis social, pela condição de sujeitos históricos e pela vinculação ontológica entre a singularidade e a genericidade humana.

Desse modo, o enfrentamento dos fenômenos ideológicos presentes no cotidiano é um desafio, e uma exigência ética, para o trabalho profissional das(os) assistentes sociais.

Vimos que, para a ontologia do ser social, a ideologia como complexo social, que cumpre a função social de tornar consciente a prática dos indivíduos sociais no enfrentamento de conflitos sociais, não pode ser reduzida à falsa consciência. Ou seja, considera-se que a ideologia é mais ampla do que os processos de alienação e pode, inclusive, configura-se a partir de conhecimentos críticos sobre a realidade social. Lembremos que, para Lukács, a ciência, as artes, a filosofia podem se transformar em ideologia sempre que cumprirem a função social de orientar a prática dos indivíduos sociais no enfrentamento de conflitos. Portanto, na nossa interpretação das formulações de Lukács, o que define a ideologia não é o seu critério de verdade ou falsidade, mas sua função social no enfrentamento de conflitos.

Com essa perspectiva, recusa-se a falácia da separação rigorosa e arbitrária entre conhecimento científico e ideologia e, por conseguinte, a falácia da neutralidade teórica e técnico-operativa.

De que modo, com base nos fundamentos da ética profissional as(os) assistentes sociais, poderiam se posicionar diante das disputas ideológicas em torno do termo ideologia e de seus usos?

Pelos seus fundamentos, pode-se dizer que a ética profissional oferece elementos teóricos e ético-políticos que impelem as(os) assistentes sociais à compreensão histórica e teórica dos mecanismos ideológicos, contribuindo para que se desvele se os interesses afirmados por determinada ideologia correspondem, do ponto de vista ético, aos interesses particulares de uma classe ou de um grupo dominante ou a interesses universais, humano-genéricos.

O que dizer sobre a recente situação histórica da sociedade brasileira, na qual falar em ideologia tornou-se quase um impropério, sinônimo de posições extremadas e parciais que contaminariam instituições e atividades sociais que, supostamente, seriam essencialmente neutras, como a educação, as ciências, as artes e a comunicação? Como se posicionar eticamente diante da noção de que a ideologia deve ser recusada, na medida em que perturba a compreensão dos fatos, produzindo visões tendenciosas?

A abordagem ontológica da ética profissional desvela o caráter ontológico dos valores e da moral, e o caráter alternativo da práxis social. Portanto, permite problematizar a vinculação insuperável entre a valoração, a intencionalidade e as atividades histórico-sociais. Não há, do ponto de vista do ser social, atividade neutra. E, numa sociedade cindida em classes, a valoração e a intencionalidade, ainda que por muitas mediações, expressam interesses e necessidades de classes. Isso vale para a moralidade, laica ou religiosa, para as concepções teóricas, para as expressões artísticas e para todas as realizações humanas que se tornam ideologia. A exigência ética, portanto, é de tomada de posição política diante de tais interesses. Diríamos mais, com base nos fundamentos da ética profissional das(os) assistentes sociais, pode-

-se afirmar que a própria recusa da ideologia já é em si um mecanismo ideológico.

Diante de alguns conflitos candentes na realidade brasileira atual, poderíamos perguntar: De que modo os fundamentos da ética profissional contribuem para fundamentar o posicionamento das(os) assistentes sociais diante das chamadas "ideologias de gênero", da "democracia racial" e da "escola sem partido"?.

Sem a pretensão de esgotar a complexidade desses aspectos da realidade social, podemos dizer que, do ponto de vista da ética profissional, a primeira exigência é o questionamento sobre os conteúdos de cada uma dessas ideologias, procurando identificar se o que afirmam ou negam encontra fundamento na realidade histórica.

No caso das chamadas "ideologias de gênero" e da "escola sem partido",[1] numa primeira aproximação, consta que, nos dois casos, o termo ideologia é utilizado com a pretensão de condensar conteúdos que, por serem ideológicos, promoveriam distorções na apreensão da realidade. Num primeiro momento, há, portanto, em ambos os casos, a recusa da ideologia, considerada explicitação de posicionamentos tendenciosos de grupos particulares.

Nesse caso, para avançar no entendimento dessas realidades, poderíamos perguntar quais são os conflitos sociais que se pretende enfrentar com a denominação ideologias de gênero e escola sem partido, e como se sustentam diante da realidade histórica.

No caso da chamada "ideologia de gênero", pode-se identificar que o uso pejorativo do termo tem sido adotado por segmentos sociais que negam a diversidade sexual e a identidade de gênero. Grupos que, contrariando a diversidade humana, pretendem difundir como universais valores que se vinculam a visões que reduzem a sexualidade humana à sua dimensão bio-

---

1. A origem do movimento escola sem partido tem sido associada à iniciativa do procurador do estado de São Paulo, Miguel Nagib, que, a partir de 2004, buscou mobilizar setores da sociedade, "preocupados com a contaminação político-ideológica nas escolas brasileiras". A partir de 2014, surgem diversos projetos de lei que visam limitar a atuação de professoras(es) em todos os níveis da educação. Entre as iniciativas que visam alterar a Lei de Diretrizes e Bases da Educação, no sentido de impedir que educadoras(es) abordem conteúdos relacionados à educação moral, sexual, religiosa e cidadã, destacam-se o Projeto de Lei nº 7.180/2014 (Escola sem partido) e o Projeto de Lei nº 10.577/2018 (Ideologia de gênero) que, entre ações de inconstitucionalidade, pedidos de arquivamento e desarquivamento, ainda estão em plena disputa política.

SERVIÇO SOCIAL E ÉTICA PROFISSIONAL: FUNDAMENTOS E INTERVENÇÕES CRÍTICAS

lógica. Mas não só, vinculam-se também à legitimação do patriarcado, da monogamia e da heterocisnormatividade e, consequentemente do moralismo. Este último considerado alienação moral, que visa impor como universais valores e comportamentos tidos como moralmente superiores, absolutos e inquestionáveis. Ocorre que a diversidade sexual e a identidade de gênero integram objetivamente a riqueza da realidade humana, portanto, negá-las, afirmando que só existem como ideologia, como distorção, é um mecanismo ideológico cujo critério de verdade não corresponde à realidade.

Ao falar em "ideologia de gênero", esses segmentos pretendem, ideologicamente, ocultar os conflitos e as violências resultantes da violação de direitos que decorrem das relações sociais de sexo, dos comportamentos e das moralidades preconceituosas e intolerantes que legitimam práticas discriminatórias, violentas e de extermínio. Portanto, trata-se de um mecanismo ideológico que é contrário à ética profissional das(os) assistentes sociais, visto que nega a diversidade sexual, promove e legitima violência e violação de direitos.

A chamada "escola sem partido", ou seja, "livre de ideologias", surge como proposta para enfrentar os conflitos decorrentes de concepções teóricas e pedagógicas divergentes e presentes nas comunidades escolares, em todos os níveis da educação. Seus defensores alegam que os posicionamentos políticos são incompatíveis com as práticas educacionais. Como procuramos discutir, do ponto de vista da ontologia do ser social, não existe uma separação rígida e arbitrária entre conhecimento teórico e ideologia, visto que, como toda práxis, a práxis científica também é uma atividade teleológica, ou seja, orientada por finalidades e posições de valor. Nesse sentido, o conhecimento científico pode-se transformar numa ideologia sempre que assumir a função social de tornar consciente a práxis histórica dos indivíduos sociais. Como ideologia, o conhecimento pode contribuir para ocultar ou desvelar a realidade. Desvela quanto maior for sua capacidade de apreensão da realidade em sua objetividade histórica; oculta quando se afasta da materialidade histórica, promovendo mistificações e distorções.

Não por acaso, a chamada "escola sem partido" procura desqualificar exatamente as concepções teóricas, pedagógicas e culturais que valorizam o debate das ideias; a diversidade cultural; o rigor teórico; a crítica sistemática da realidade histórico-social, e que, como resultado de suas investigações e análises, se posicionam em defesa dos interesses dos segmentos sociais subalternizados pelos interesses do capital, pelo patriarcado, pelo racismo, pela heterocisnormatividade e pelos vários fundamentalismos. Concepções que são consideradas pelos defensores da chamada escola sem partido de esquerda e doutrinárias.

Do ponto de vista da ética profissional, cabe perguntar: É possível a existência de uma instituição responsável pela formação cultural e humana, como a escola, isenta de disputas ideológicas em torno de projetos de formação educacional e de projetos de sociedade?. Se sim, quais são os critérios utilizados para definir as concepções teóricas que são isentas de ideologia? Se não, quais são os critérios éticos que deveriam orientar o debate e as disputas teóricas em torno de projetos de formação e projetos de sociedade?

Do ponto de vista dos fundamentos da ética profissional, diante da impossibilidade da neutralidade do conhecimento teórico, as disputas ideológicas não podem ser resolvidas por tentativas de censura, cerceamento ou ocultação. A exigência ética é pela defesa da convivência democrática e plural de ideias, concepções e posicionamentos de valor, do respeito à divergência de opiniões, da autonomia do pensamento, desde que tais posicionamentos não neguem ou violem direitos nem promovam a violência e a discriminação. Do ponto de vista ético, não se trata de negar os mecanismos ideológicos presentes nas comunidades escolares, mas de assegurar que a disputa ideológica possa ser explicitada e encaminhada de modo democrático. Além disso, a explicitação dos posicionamentos de valor, presentes nas concepções teóricas e pedagógicas, é uma exigência ética para que os integrantes da comunidade escolar possam formar de maneira autônoma sua própria consciência, aderindo ou recusando as referências teóricas disponíveis para a análise da realidade.

Ou seja, do ponto de vista ontológico e da ética profissional, o reconhecimento da irredutibilidade do real ao pensamento implica a disposição de crítica e autocrítica sobre os métodos e os conhecimentos elaborados pelas ciências, pelas artes e pela filosofia. Crítica e autocrítica cuja finalidade esteja comprometida com o desvelamento dos fundamentos da realidade sócio-histórica. A autonomia do pensamento, a disputa e o debate democrático em torno dos conhecimentos formulados pelas ciências, pelas artes e pela filosofia se vinculam com a ética profissional, na medida em que são tomados como recursos para desvelar a realidade, o mais próximo possível de sua verdade história, e para orientar ações práticas no horizonte da emancipação humana. Por isso, os conhecimentos científicos, artísticos e filosóficos que mistificam a apreensão da realidade são passíveis de crítica, uma vez que interditam, ou perturbam, as possibilidades de enfrentamento de desigualdades, opressões e dominações.

No caso da ideologia da "democracia racial",[2] o mecanismo é exatamente o oposto.

> No que se refere à ideologia da democracia racial enquanto projeto de inflexão sutil com outros pressupostos deliberadamente racistas, a exemplo de Oliveira Vianna, mas sem romper com o conservadorismo, os trabalhos de Gilberto Freyre permitem tecer reflexões da maior importância. O fato de Freyre (2003) sustentar, em *Casa-grande & senzala*, uma ideia "apaziguadora" das atrocidades produzidas pela dominação senhorial sobre os escravos, e o faz ao dissolver a violência e a opressão em meio a aspectos culturais, de forma a supor uma espécie de balança entre eles — ilustra uma justificativa sócio-histórica claramente vinculada aos anseios da burguesia conservadora brasileira. Seu posicionamento reuniu, ideologicamente, o que a classe dominante tentava transpor (especialmente no tocante à participação negra no mercado de trabalho, à negação do racismo e à imposição de condições de vida e de trabalho degradantes), possuindo, de fato, um alçapão ideológico. Devido a isso, colocar a dita "miscigenação", como realizado por Freyre (2003), enquanto substancialmente positiva numa sociedade opressora alicerçava a pretensão da burguesia de não apenas velar, escamotear, mas de "arrefecer" a identidade negra contestadora e de revolta contra o racismo, por meio do enaltecimento de uma identidade ligada a um rol de costumes e práticas que teriam feito com que o negro "desse certo". Além disso, é conhecido o apelo do governo ditatorial de Getúlio Vargas a essa simbolização pérfida (SANTOS, D., 2021, p. 63).

Aqui a ideologia aparece de modo positivo, ou seja, afirmando a existência de uma "democracia racial" na realidade brasileira, no entanto, igualmente, oferece uma imagem que não corresponde à realidade histórica e social.

> [...] na sociedade abrangente (capitalista) a filosofia de uma "democracia racial" (que conserva e preserva os valores discriminatórios do dominador no nível

---

2. A primeira edição do livro *Casa-grande & senzala*, de Gilberto Freyre, um dos principais ideólogos do mito da democracia racial brasileira, é de 1933, contexto no qual segmentos não negros da elite brasileira defendiam concepções conservadoras e racistas para legitimar seu projeto de nação. Concepções racistas que oscilavam entre o racismo científico e visões culturalistas, como é o caso de Freyre.

das relações interétnicas) se apresentaria como a filosofia vitoriosa e, com isso, teríamos a unidade orgânica da sociedade brasileira e uma nação civilizada, ocidental, cristã, branca e capitalista. No entanto, o que significaria concretamente esta conclusão? Basicamente, manter a sujeição de classes, segmentos e grupos dominados e discriminados. Na sociedade de capitalismo dependente que se estabeleceu no Brasil, após a Abolição, necessitou-se de uma filosofia que desse cobertura ideológica a uma situação de antagonismo permanente, mascarando-a como sendo uma situação não competitiva. Com isto, o aparelho de dominação procuraria manter os estratos e classes oprimidas no seu devido espaço social e, para isto, havia necessidade de se neutralizar todos os grupos de resistência, ideológico, sociais, culturais, políticos e religiosos — dos dominados. Como a grande maioria dos explorados no Brasil é constituída de afro-brasileiros, criou-se, de um lado, a mitologia da "democracia racial" e, de outro, continuou-se o trabalho de desarticulação das suas religiões, transformando-as em simples manifestações de laboratório. Na sequência da passagem da escravidão para a mão-de-obra livre, o aparelho de dominação remanipula as ideologias de controle e as instituições de repressão dando-lhes uma funcionalidade dinâmica e instrumental. Saímos, então, da mitologia do bom senhor e de toda a sua escala de simbolização do passado para a democracia racial, estabelecida pelas classes dominantes que substituíram a classe senhorial (MOURA, 1988, p. 55-56).

Nesse sentido, afirmar a "democracia racial" (ainda pujante no pensamento social brasileiro) é um mecanismo ideológico que pretende ocultar a desigualdade étnico-racial e o racismo presente em todas as estruturas da realidade. Do ponto de vista da ética profissional, a recusa da ideologia da "democracia racial" pressupõe conhecer os dados da realidade que confirmam a desigualdade étnico-racial e o enfrentamento do racismo em todas as suas expressões, bem como todas as formas de violência que atingem, de modo diferenciado e seletivo, a comunidade negra.

A recusa da ideologia da "democracia racial" assume um caráter ético no cotidiano do trabalho profissional de assistentes sociais, na medida em que permite desvelar os mecanismos estruturais e institucionais que contribuem para ocultar ou mistificar as desigualdades étnico-raciais presentes na realidade. A ideologia da "democracia racial" tem contribuído para a perpetuação e a naturalização de práticas discriminatórias, opressoras e preconceituosas contra a população negra em várias dimensões da vida social e nos espaços de trabalho profissional. O fenômeno ideológico da "democracia racial" tem servido, de modo emblemático, para a banalização da supremacia branca e, portanto, para o apagamento da memória social das inúmeras contribuições das pessoas negras na constituição do patrimônio material e imaterial da sociabilidade brasileira. Da mesma forma, tem contribuído para o banimento sistemático das pessoas negras dos espaços de produção do conhecimento e de tomada de decisão econômica e política que estruturam a vida social.

Obviamente, essas considerações pontuais não esgotam a complexidade dos três fenômenos ideológicos que foram apresentados de modo ilustrativo, mas se espera que tenham permitido concretizar o debate sobre as possíveis mediações entre os fundamentos da ética profissional das(os) assistentes sociais e o enfrentamento crítico dos fenômenos ideológicos presentes no cotidiano social e profissional.

Atividades complementares

PARA REFLETIR

Exercício 1

Assista ao vídeo "O que é identitarismo burguês?", da professora Virgínia Fontes, produzido pela TV Boitempo, e reflita sobre os mecanismos ideológicos presentes no cotidiano. Vídeo disponível em: https://www.youtube.com/watch?v=5YwBBRN_mL8.

Exercício 2

Considere as análises desenvolvidas e os componentes ideológicos explorados na crônica "Os ninguéns", de Eduardo Galeano (transcrita a seguir). Reflita sobre como são "vistos" e "atendidos" os segmentos da classe trabalhadora empobrecida que procuram pelos serviços sociais públicos.

"As pulgas sonham com comprar um cão, e os ninguéns com deixar a pobreza, que em algum dia mágico a sorte chova de repente, que chova a boa sorte a cântaros; mas a boa sorte não chove ontem, nem hoje, nem amanhã, nem nunca, nem uma chuvinha cai do céu da boa sorte, por mais que os ninguéns a chamem e mesmo que mão esquerda coce, ou se levantem com o pé direito, ou comecem o ano mudando de vassoura. Os ninguéns: os filhos de ninguém, os donos de nada. Os ninguéns: os nenhuns, correndo soltos, morrendo a vida, fodidos e mal-pagos: Que não são, embora sejam/Que não falam idiomas, falam dialetos/Que não praticam religiões, praticam superstições/Que não fazem arte, fazem artesanato/Que não são seres humanos, são recursos humanos/Que não têm cultura/e sim folclore/Que não têm cara, têm braços/Que não têm nome, têm número/Que não aparecem na história universal, aparecem nas páginas policiais da imprensa local/Os ninguéns, que custam menos do que a bala que os mata" (GALEANO, 2005, posição 612).

TEXTOS DE APOIO

Texto 1

A ideologia como falsa consciência

"O primeiro motivo para que a experiência da vida social e política reforce a ideologia (isto é, a recusa da divisão social das classes) decorre do caráter *imediato* da experiência, fazendo-a permanecer calcada no desconhecimento da realidade concreta, isto é, do *processo de constituição* da sociedade e da política, portanto da realidade *mediata* que engendra o social e o político nas suas divisões. Porém, não é apenas o caráter imediato e abstrato da experiência que a leva a fortalecer a ideologia e dá a ambas uma força recíproca. Há um outro componente, mais importante, que se exprime na experiência imediata, mas que não vem dela, e que outorga força à ideologia: com efeito, a ideologia responde a uma exigência metafísica dos sujeitos sociais e políticos que vivem em sociedades fundadas na luta de classes e na divisão entre a sociedade e o poder do Estado oferecendo-lhes uma imagem capaz de anular a existência efetiva da luta, da divisão e da contradição, qual seja, a da sociedade como una, idêntica, homogênea e harmoniosa e, dessa maneira, *fornece aos sujeitos uma resposta para o desejo metafísico de identidade e para o temor metafísico da desagregação*. [...] Essa experiência da racionalidade administrada e organizada e do lugar 'natural' de cada ser humano faz com que a experiência cotidiana e a ideologia ganhe força total" (CHAUI, 2013, p. 129-130, grifos do original).

Texto 2

"Parece-me importante destacar dois traços, entre muitos, caracterizadores do pensamento conservador que matrizou o Serviço Social no Brasil. O primeiro diz respeito à própria concepção de profissão — entendida como profissão da prática, como atividade essencialmente executiva-interventiva. Esta autorrepresentação do fazer profissional captura uma das suas várias determinações — aquela segundo a qual o Serviço Social, enquanto profissão, implica intervenção. Todavia, concebê-lo como 'profissão da prática' — procedimento tipicamente conservador — não somente absolutiza aquela determinação: confere à profissão, objetiva e efetivamente, um estatuto subalterno, estritamente técnico-operativo em face da formação de nível acadêmico-universitário, subalternidade que se estende a sua inserção na estrutura sócio-ocupacioal, onde a profissão se vê forçada pelas disputas entre corporações profissionais de maior tradição e imagem social mais consolidada — por exemplo, o chamado 'poder médico'. Uma implicação óbvia de tal concepção consiste no desestímulo às dimensões mais claramente intelectuais do exercício profissional. A reflexão sobre as atividades do assistente social tende fortemente a limitar-se a um mero descritivismo, que não ultrapassa a aparência imediata das operações que lhe competem na estrutura organizacional em que está inserido" (NETTO, 2011, p. 147-148).

Dicas culturais

FILMES

A bolsa ou a vida (Brasil, 2021). Direção: Silvio Tendler.

O dilema das redes (EUA, 2020). Direção: Jeff Orlowski.

No (Chile/EUA, 2012). Direção: Pablo Larraín.

LITERATURA

BUARQUE, Chico. *Essa gente*. São Paulo: Companhia das Letras, 2019.

MÃE, Valter Hugo. *A máquina de fazer espanhóis*. São Paulo: Cosac Naify, 2011.

Capítulo 11

Ética profissional, relações sociais de sexo e étnico-raciais

1. Unidade de diversos

A constituição do ser social como totalidade unitária não anula o fato ontológico de que, na nossa individualidade, somos seres únicos, tampouco cancela o gênero humano como unidade de diversos. A diversidade do gênero humano resulta de articulações dialéticas que envolvem dimensões biológicas, étnicas, sexuais, econômicas, políticas e culturais. Dimensões que não podem ser tomadas de modo isolado, existem como realidade histórico--social produzida e reproduzida na totalidade do gênero.

Portanto, não há nada no âmbito do ser social, do gênero humano, seja na sua dimensão universal, seja na singular, que expresse uma constituição essencial ou natural apartada das condições históricas e sociais da totalidade unitária do gênero. Importante destacar que esse pressuposto tem validade histórica inclusive para os aspectos biológicos e da sexualidade, que costumeiramente são tomados pelo senso comum de forma isolada da constituição histórico-social do gênero humano.

Além disso, a diversidade humana, que, como afirmamos, inclui aspectos biológicos, de sexo, de orientação sexual, de identidade de gênero e étnicas, não confere qualquer determinação sobre as estruturas de desigualdade e opressão que conhecemos. Ao contrário, tais estruturas, que respondem a interesses dominantes, se apropriam da diversidade humana para perpetuar mecanismos de dominação e opressão, produzindo desigualdades e assimetrias no interior da totalidade unitária do ser social. Por isso, a apreensão das complexas mediações dialéticas existentes entre a singularidade e a genericidade é um desafio teórico e ético-político, para decifrar a totalidade unitária do ser social no capitalismo contemporâneo. Totalidade contraditória que, sistematicamente, revela desafios ético-políticos de enfrentamento da violação de direitos no cotidiano profissional, marcados pelas estruturas fundantes do modo de vida burguês e das particularidades da formação sócio-histórica brasileira.

Partindo-se do fundamento ontológico do trabalho, da complexidade do ser social, da relação dialética entre singularidade e genericidade e da particularidade da formação social brasileira, pretende-se discutir alguns desafios éticos para o trabalho profissional das(os) assistentes sociais relacionados às estruturas de dominação e opressão marcadas pelos antagonismos de classe, pelas relações sociais de sexo e étnico-raciais, que se expressam na totalidade unitária do ser social.

A escolha metodológica por um tratamento articulado entre essas estruturas de dominação e opressão, que marcam as relações sociais de classe, de sexo e étnico-raciais, pretende assegurar sua vinculação histórica com a totalidade unitária do ser social. Ao mesmo tempo, tal escolha visa demarcar a importância de apreensão de cada uma dessas estruturas opressoras para desvelar os tensionamentos e a desumanização que se manifestam na complexidade do ser social no capitalismo. Embora se pretenda assegurar uma abordagem articulada, para facilitar a exposição, optou-se por divisões internas no texto, nas quais algumas particularidades dessas estruturas opressivas são apresentadas separadamente.

2. Rupturas e continuidades

Nas suas origens, o modo de produção capitalista suplantou a economia feudal vigente em grande parte da Europa ocidental, beneficiando-se diretamente da expropriação do mundo colonial dinamizada pelo mercantilismo e pela escravização dos povos originários e africanos. A consolidação do capitalismo representou a superação radical das estruturas econômicas, políticas e culturais do feudalismo. Desde sua emergência, num processo que comporta rupturas radicais e continuidades, a estrutura desigual da sociabilidade burguesa revelou-se capaz de aprofundar e *perpetuar* mecanismos de dominação e opressão que, herdados das sociedades precedentes ao modo de produção capitalista, tornaram-se, no evolver histórico da sociabilidade do capital, funcionais e, em muitos casos, imprescindíveis à manutenção da exploração e à dominação burguesas.

A continuidade da divisão da sociedade em classes fundada na propriedade privada dos meios de produção ganha, no capitalismo, complexidade e conteúdos inéditos em decorrência da divisão social, sexual, racial e técnica do trabalho, da separação do indivíduo social que trabalha daquilo que produz com seu esforço vital — por meio do trabalho assalariado —, da conversão incessante do valor de uso em valor de troca e do caráter cada vez mais social de todas as atividades humanas. No capitalismo, o(a) trabalhador(a), *livre* e assalariado(a), é submetido(a) à exploração e à dominação pela mediação de um sistema inédito e sofisticado de mecanismos econômicos, jurídicos, políticos e ideológicos, que afirmam uma igualdade formal e abstrata, e realizam a desigualdade.

À medida que se acentua o caráter social das atividades humanas, mais complexa, contraditória e mediada se torna a relação entre o indivíduo social e o gênero humano. Ao hegemonizar a processualidade histórica das relações sociais, a ordem do capital tende a submeter todas as dimensões da vida social à legalidade das relações mercantis. O *fetichismo* da mercadoria, forma particular de alienação no capitalismo, explicita, como tendência universal, o conteúdo aparente das relações sociais, que passam a ser percebidas como relações entre coisas, ocultando seus conteúdos históricos e sociais.

Uma das consequências desse processo é o sistemático ocultamento dos fundamentos materiais e histórico-sociais da exploração, da desigualdade e da opressão necessários à dominação burguesa. Ocultamento que, entre outros elementos, opera na naturalização da desumanização produzida pelas relações mercantis e na essencialização de desigualdades e assimetrias historicamente produzidas nas relações sociais de classe, de sexo e étnico-raciais.

Além de aprofundar a continuidade e ressignificar a divisão da sociedade em classes com base na propriedade privada dos meios de produção, o capitalismo se apropriou e imprimiu novas dinâmicas a duas outras estruturas de opressão, que são imprescindíveis para a apreensão dos fundamentos de desigualdades e assimetrias no âmbito da totalidade unitária do ser social na ordem do capital: o patriarcado e o racismo.

3. O patriarcado como sistema de opressão

O patriarcado como sistema de opressão masculina sobre o feminino, ou seja, como um sistema que impõe a supremacia masculina sobre as mulheres e sobre tudo o que é identificado com o feminino, não surge com o capitalismo. O patriarcado, assim como a divisão da sociedade em classes, é uma estrutura que (re)produz desigualdades e opressões, e que, por ser funcional à dominação e à exploração burguesas, não só não foi superado, como também reconfigurado, na transição da ordem feudal à ordem do capital.

Autoras vinculadas à crítica da econômica política feminista têm alertado para a importância de apreensão do patriarcado como sistema de opressão extremamente funcional à acumulação capitalista.

A filósofa feminista italiana Silvia Federici,[1] em seu livro *Calibã e a bruxa: mulheres, corpo e acumulação primitiva* (2017), apresenta uma análise ácida e instigante sobre a necessidade de a luta anticapitalista reconhecer a importância do trabalho reprodutivo realizado por mulheres para o processo de exploração, dominação e acumulação capitalista. Demonstra, com base em uma rica pesquisa histórica, a concomitância da emergência do capitalismo, na sua fase de acumulação primitiva, e da guerra travada contra as mulheres.

Na avaliação de Federici, com a qual concordamos, a construção de uma alternativa à sociedade capitalista não pode prescindir da crítica e do enfrentamento das estruturas que produzem divisões, desigualdades e opressões no interior da classe trabalhadora. Por isso, sua perspectiva feminista de análise da acumulação primitiva lança luzes sobre a estruturação de um novo

---

1. A referência direta ao trabalho de Federici não é casual, dada a importância de suas elaborações no campo da crítica da economia feminista contemporânea. No entanto, tal referência deve ser considerada à luz do legado de inúmeras cientistas feministas, muitas referendadas pela própria autora e tantas outras de importância singular que, pelos limites de nossa abordagem, não estão diretamente citadas neste trabalho. De todo modo, para a síntese proposta neste texto, destacamos as contribuições de: Saffioti (1987; 2004; 2013); Beauvoir (1980); Davis (2016); Cisne (2014; 2015a); Cisne e Santos (2018); Carneiro (2003); e Delphy (2009).

patriarcado, e de uma nova divisão sexual e racial do trabalho nas origens do capitalismo.

Daí que a minha descrição da acumulação primitiva inclui uma série de fenômenos que estão ausentes em Marx e que, no entanto, são extremamente importantes para a acumulação capitalista. Entre esses fenômenos estão: i) o desenvolvimento de uma nova divisão sexual do trabalho; ii) a construção de uma nova ordem patriarcal, baseada na exclusão das mulheres do trabalho assalariado e em sua subordinação aos homens; iii) a mecanização do corpo proletário e sua transformação, no caso das mulheres, em uma máquina de produção de novos trabalhadores. E, o que é mais importante, coloquei no centro da análise da acumulação primitiva a caça às bruxas dos séculos XVI e XVII: sustento aqui que a perseguição às bruxas, tanto na Europa quanto no Novo Mundo, foi tão importante para o desenvolvimento do capitalismo quanto a colonização e a expropriação do campesinato europeu de suas terras (FEDERICI, 2017, p. 26).

Do ponto de vista da tradição marxista, podem-se polemizar algumas análises empreendidas por Federici, quando, por exemplo, recusa o caráter revolucionário do desenvolvimento das forças produtivas no modo de produção capitalista, chegando mesmo a afirmar que o capitalismo "foi a contrarrevolução que destruiu as possibilidades que haviam emergido da luta antifeudal" (FEDERICI, 2017, p. 44); e quando, de maneira quase visionária, considera que as possibilidades contidas nas lutas antifeudais "teriam evitado a imensa destruição de vidas e de espaço natural que marcou o avanço das relações capitalistas no mundo" (FEDERICI, 2017, p. 44).

Há outros elementos nas análises de Federici que suscitam polêmicas, por exemplo, quanto ao trato teórico de algumas categorias vinculadas ao legado marxiano, como a relação entre as esferas da produção e da reprodução social; quanto ao trato histórico das lutas antifeudais ou mesmo em relação às contundentes cobranças que dirige às análises de Marx e da tradição marxista sobre a invisibilidade do trabalho reprodutivo realizado pelas mulheres, num sistema que a autora denomina como patriarcado do salário. Além da defesa impertinente sobre os *comuns,* ou seja, da retomada de bens comuns, não mercantis, necessários à reprodução social. Polêmicas que escapam aos nossos objetivos neste texto. No entanto, é inegável sua contribuição nas análises sobre as mudanças operadas pela acumulação primitiva na estrutura do patriarcado e na conformação de novas relações sociais de sexo, que respondem às necessidades da acumulação capitalista.

Arrancando de uma tradição crítica no interior das produções feministas, as análises de Federici são enfáticas para demonstrar a configuração de um novo patriarcado no contexto da acumulação primitiva. Nas análises da autora, o patriarcado é um sistema que não é apenas funcional, mas também imprescindível à consolidação da ordem burguesa. Para a autora, assim como para a tradição marxista, a acumulação primitiva foi essencial para a consolidação do capitalismo. No entanto, para Federici (2007), a apreensão da formação e da acumulação de um proletariado mundial, da concentração de trabalhadoras(es) exploráveis e de capital, assim como sua continuidade até os dias de hoje, não pode prescindir de análises que articulem, na fase da acumulação primitiva, a expropriação dos meios de subsistência dos trabalhadores europeus e a escravização dos povos originários da América e da África; a transformação do corpo em uma máquina de trabalho e a sujeição das mulheres para a reprodução da força de trabalho.

Federici (2007, p. 119) defende que a acumulação primitiva:

> Foi também uma acumulação de diferenças e divisões dentro da classe trabalhadora, em que hierarquias construídas sobre o gênero, assim como sobre a "raça" e a idade se tornaram constitutivas da dominação de classe da formação do proletariado moderno.

As análises propostas por Federici, que, como dissemos, arranca de uma ampla tradição de cientistas feministas, permitem avançar na compreensão da importância para o capital de tornar invisível o trabalho realizado majoritariamente por mulheres para assegurar a reprodução da vida, em especial as tarefas de cuidados e da reprodução daquilo que denomina como a mercadoria mais importante para o capital: a força de trabalho. Demonstra como, na fase da acumulação primitiva, a expropriação dos meios de subsistência das comunidades feudais, que antes dos cercamentos estavam fora do alcance da propriedade privada e que tinham uso comum, foi acompanhada de uma violenta expropriação do saber e do poder das mulheres. A criação de uma massa de trabalhadores exploráveis por meio do assalariamento, a colonização e a escravização dos povos do Novo Mundo foram acompanhadas de uma verdadeira *guerra contra as mulheres*, que permitiu transformar radicalmente o lugar e o papel atribuído às mulheres e, consequentemente, ao feminino, pela sociedade do capital.

Entre as pistas analíticas oferecidas por Federici, tendo em vista nossos propósitos neste texto, destacam-se suas contribuições para a apreensão da Caça às Bruxas como uma guerra contra as mulheres, cujo sentido histórico se deve muito mais aos interesses e às estratégias dominantes do estágio de acumulação primitiva nas origens do capitalismo do que às práticas e ao imaginário obscurantista usualmente atribuído, exclusivamente, à Idade Média e à Inquisição.

> Foi depois de meados do século XVI, nas mesmas décadas em que os conquistadores espanhóis subjugaram as populações americanas, que começou a aumentar a quantidade de mulheres julgadas como bruxas. Além disso, a iniciativa da perseguição passou da Inquisição às cortes seculares (Montes, 1976, p. 26). A caça às bruxas alcançou seu ápice entre 1580 e 1630, ou seja, numa época em que as relações feudais já estavam dando lugar às instituições econômicas e políticas típicas do capitalismo mercantil. Foi neste longo Século de Ferro que, praticamente por meio de um acordo tácito entre países que a princípio estavam em guerra, se multiplicaram as fogueiras, ao passo que o Estado começou a denunciar a existência de bruxas e a tomar a iniciativa de persegui-las (FEDERICI, 2017, p. 297).

E ainda:

> A Igreja Católica forneceu o arcabouço metafísico e ideológico para a caça às bruxas e estimulou sua perseguição da mesma forma que anteriormente havia estimulado a perseguição aos hereges. Sem a Inquisição, sem as numerosas bulas papais que exortavam as autoridades seculares a procurar e castigar as "bruxas" e, sobretudo, sem os séculos de campanhas misóginas da Igreja contra as mulheres, a caça às bruxas não teria sido possível. Mas, ao contrário do que sugere o estereótipo, a caça às bruxas não foi somente um produto do fanatismo papal ou das maquinações da Inquisição Romana. No seu apogeu, as cortes seculares conduziram a maior parte dos juízos, enquanto nas regiões onde a Inquisição operava (Itália e Espanha), a quantidade de execuções permaneceu comparativamente mais baixa (FEDERICI, 2017, p. 301).

De modo detalhado e documentado, demonstra que essa guerra contra as mulheres funda um patriarcado de novo tipo, que contribui para que as opressões masculina, de classe e étnico-raciais, mediadas pelo poder político do Estado, fomentem o amálgama que dá unidade ao sistema capitalista-patriarcal-racista. Um patriarcado que para nutrir a unidade desse sistema e, sempre de forma violenta, expropria o saber e o poder feminino — por exemplo, proibindo e criminalizando uma série de conhecimentos e ofícios que eram realizados majoritariamente por mulheres no contexto anterior à acumulação primitiva —, avança sobre o controle de seus corpos e sua sexualidade, e promove a sistemática desvalorização do trabalho doméstico e de cuidados pelos mecanismos de ocultamento de seu significado e importância social. Trabalho que, a partir do que Federici denomina como patriarcado do salário, é realizado majoritariamente pelas mulheres e, no contexto de urbanização e industrialização, é de maneira acentuada empurrado para a esfera privada e ideologicamente naturalizado como atributo feminino sentimentalizado, desvinculado da esfera produtiva e socialmente desvalorizado.

Pode-se, também, seguindo-se essas mesmas pistas, identificar o poder de dominação e opressão do patriarcado como sistema que estrutura o capitalismo, e reconhecer suas feições contemporâneas na atual fase de acumulação por espoliação do capitalismo. Não é preciso muito esforço para verificar que, em todos os contextos de crise estrutural do capitalismo e, portanto, de crise de dominação, a violência avança sobre os corpos femininos e sobre os territórios, nos quais o protagonismo e os saberes femininos ainda são valorizados, e nem todos os valores de uso foram suplantados pela conversão em valor de troca, como é o caso das comunidades ribeirinhas, quilombolas e indígenas.

Sem qualquer pretensão de esgotar a complexidade da análise sobre o patriarcado como sistema de opressão às mulheres e ao feminino, que se torna imprescindível à acumulação capitalista, é possível afirmar, com base na crítica da economia política feminista, que a Caça às Bruxas foi fundamental para suplantar a força dos movimentos de resistência à consolidação das relações mercantis na passagem do sistema feudal ao capitalismo, dado o protagonismo exercido pelas mulheres nesses movimentos, e para expropriar o saber e o papel social das mulheres, submetendo sua capacidade produtiva e seus corpos às exigências da acumulação do capital e, portanto, transformando radicalmente o lugar social ocupado pelas mulheres. Lugar que, em resposta aos interesses de acumulação do capital, é legitimado pela construção ideológica de imagens sobre as mulheres e o feminino que tran-

SERVIÇO SOCIAL E ÉTICA PROFISSIONAL: FUNDAMENTOS E INTERVENÇÕES CRÍTICAS

sitam, no contexto da Caça às Bruxas, de seres vistos como naturalmente selvagens, indomáveis, rebeldes e demoníacos, para, no contexto de consolidação da ordem do capital, seres naturalmente dóceis, frágeis, passivos. Imagem última que permitirá à ordem do capital hegemonizar o lugar da mulher no ideário da família burguesa, com base na monogamia feminina, no patriarcado e na heterocisnormatividade.

Embora não se esgotem, esses elementos permitem situar as bases históricas que marcam as relações sociais de sexo no sistema capitalista-patriarcal-racista, e pretendem contribuir com a superação de visões essencialistas e a-históricas sobre o lugar da mulher e sobre o patriarcado como estrutura opressora, fundamentais para pavimentar as análises que serão encaminhadas ao final deste texto sobre alguns desafios éticos que se apresentam ao trabalho profissional de assistentes sociais.

4. Racismo

A racialização do ser humano, que está na base do racismo e da escravização dos povos originários das Américas, Caribe e África, é um fenômeno típico da modernidade burguesa, que encontra suas bases históricas e materiais no momento originário da ordem do capital, ou seja, no contexto da acumulação primitiva.

A ciência já refutou amplamente a ideia de diferenças biológicas que possam sustentar qualquer noção de raças distintas entre seres humanos. No âmbito do ser social só existe uma raça, a humana.

No século XX, descobriu-se, graças aos progressos da Genética Humana, que haviam no sangue critérios químicos mais determinantes para consagrar definitivamente a divisão da humanidade em raças estancas. Grupos de sangue, certas doenças hereditárias e outros fatores na hemoglobina eram encontrados com mais frequência e incidência em algumas raças do que em outras, podendo configurar o que os próprios geneticistas chamaram de marcadores genéticos. O cruzamento de todos os critérios possíveis (o critério da cor da pele, os critérios morfológicos e químicos) deu origem a dezenas de raças, sub-raças e sub-sub-raças. As pesquisas comparativas levaram também à conclusão de que os patrimônios genéticos de dois indivíduos pertencentes a uma mesma raça podem ser mais distantes que os pertencentes a raças diferentes; um marcador genético característico de uma raça pode, embora com menos incidência, ser encontrado em outra raça. Assim, um senegalês pode, geneticamente, ser mais próximo de um norueguês e mais distante de um congolês, da mesma maneira que raros casos de anemia falciforme podem ser encontrados na Europa etc. Combinando todos esses desencontros com os progressos realizados na própria ciência biológica (genética humana, biologia molecular, bioquímica), os estudiosos desse campo de conhecimento chegaram à conclusão de que a raça não é uma realidade biológica, mas sim apenas um conceito, aliás cientificamente inoperante para explicar a diversidade humana e para dividi-la em raças estancas. Ou seja, biológica e cientificamente, as raças não existem (MUNANGA, [201-], n. p.).

Na mesma direção, estudos genéticos publicados há mais de 30 anos refutam a validade biológica da racialização do ser humano.

Richard Lewontin, utilizando polimorfismos genéticos clássicos (grupos sangüíneos, proteínas séricas e isozimas), publicou, há mais de três décadas, um estudo seminal que testou a validade do conceito de "raça" dentro da nossa espécie (Lewontin, 1972). Ele determinou que 85,4% da variação era encontrada entre indivíduos de uma mesma população, 8,3% entre populações dentro de uma mesma raça e apenas 6,3% entre as chamadas raças, o que inviabilizaria a utilização do termo para a espécie humana em um contexto biológico. Inúmeras investigações posteriores corroboraram estes achados iniciais e esta idéia (por exemplo, Rosenberg e cols. 2002) e mostraram ainda que não há saltos quânticos nas distribuições alélicas entre as diferentes regiões da Terra, mas apenas gradientes. Uma exceção à regra de que a maior parte da variabilidade genética humana está concentrada dentro das populações é a cor da pele: 88% da variação pode ser encontrada entre regiões geográficas e apenas 12% dentro das regiões (Relethford, 2002). A explicação para este fato é de que a cor da pele está sujeita à ação imperiosa da seleção natural e o resultado é uma adaptação notável das populações aos diferentes níveis de radiação ultravioleta vigentes nos diferentes continentes (Relethford, 1994). A cor da pele é determinada pela quantidade e tipo do pigmento melanina na derme e sua variação é controlada por apenas quatro a seis genes, dos quais o mais importante parece ser o gene do receptor do hormônio melanotrópico (Sturm e cols.; 1998; Rees, 2003). Esse número de genes é insignificantemente pequeno no universo dos cerca de 35 mil genes que existem no genoma humano. Da mesma maneira, acredita-se que outras características físicas externas (textura do cabelo, formato dos lábios e nariz etc.) devam estar sujeitas a fatores seletivos que ainda não foram claramente identificados. Sabemos que, assim como a cor da pele, estas características físicas das porções expostas do corpo dependem da expressão de um número pequeno de genes. Em resumo, as diferenças icônicas de "raças" correlacionam-se bem com o continente de origem (já que são selecionadas), mas não refletem variações genômicas generalizadas entre os grupos. Desta forma, deve ficar claro que se e quando a expressão "raça" for utilizada, ela irá representar uma construção social, política ou cultural, e não uma entidade biológica (PENA; BORTOLINI, 2004, p. 34-35).

E mesmo o conceito de etnia, o qual se baseia na noção de ancestralidade que agrega grupos humanos que compartilham uma mesma língua, religião, cosmovisão, território e referências culturais, e que, portanto, ultrapassa a noção equivocada sobre diferenças biológicas que caracterizariam as *diferentes raças*, pode contribuir com visões racistas quando adotado na perspectiva conservadora, e com a finalidade de naturalização e hierarquização de atributos humanos que são histórico-sociais.

Mesmo sendo uma impossibilidade objetiva, a racialização imprimiu suas marcas na longa história da luta de classes que atravessa o processo de autoconstrução do ser social. A racialização serviu, e serve, para a construção de estereótipos e estigmas que legitimam processos de desumanização, entre eles, a escravização do homem pelo homem.

O escravismo, assim como o patriarcado, não surgiu com o capitalismo. Ao contrário, era a base do modo de produção da Antiguidade, manteve-se como experiência histórica mesmo durante a vigência do trabalho servil na Idade Média e, absurdamente, ainda hoje pode ser encontrado em situações criminosas e clandestinas, nas modalidades de trabalho forçado, tanto em áreas rurais como urbanas.

O escravismo moderno difere das modalidades históricas que o antecedem, todos igualmente expressões de desumanização no âmbito do ser social, por ser baseado nas *"diferenças étnico-raciais"*, mais especialmente na cor da pele. A escravização na Antiguidade, e mesmo a que persistiu durante a Idade Média, estava relacionada à submissão dos derrotados nas guerras ou, no caso da escravidão na África durante a Idade Média, à punição aos endividados e por tempo determinado (SILVA, 2012).

A escravização moderna, aparentemente paradoxal em relação ao trabalho livre e assalariado do modo de produção capitalista nascente no continente europeu, é dirigida à expropriação de bens comuns da natureza e à opressão dos povos originários das terras invadidas e colonizadas nas Américas, Caribe e África, acompanhada de tentativas de justificação "científica" por meio das chamadas *teorias raciais* típicas da modernidade burguesa.

Nem mesmo um pensador racionalista que figura entre os grandes, como Hegel, escapou da desrazão na abordagem da escravização de negros, como analisa Mészáros (1993a, p. 184):

> Nas raízes de tal filosofia da história, clamorosamente contraditória, encontramos não apenas o arrogante "princípio do norte dos povos germânicos", dominando a maior parte do mundo mesmo hoje em dia, mas, novamente, a glorificação do estado moderno, pois é em relação à "racionalidade inerente" deste que Hegel tem a audácia de afirmar que os "negros" estão muito melhor na escravidão do estado germânico do que em sua "condição natural" inferior, entre eles mesmos.

E ainda:

> E isso não é tudo, pois, no quadro de referência da pretensa racionalidade superior do estado germânico, tudo pode ser virado de cabeça para baixo toda vez que o interesse em justificar ideologicamente o injustificável assim o exigir. Hegel nos diz que se os europeus exterminam milhares de africanos, a responsabilidade e a culpa devem ser atribuídas à "falta de respeito pela vida" daqueles que resistem a seus invasores (MÉSZÁROS, 1993a, p. 184).

As justificativas ideológicas sobre o injustificável, mesmo quando cunhadas por grandes pensadores, como no caso de Hegel de acordo com Mészáros (1993a), no que diz respeito ao escravismo moderno, encontram suas bases históricas e materiais na violenta expropriação operada pela acumulação primitiva. O capitalismo, no contexto originário da acumulação primitiva, só pôde suplantar o modo de produção feudal e hegemonizar as relações sociais ao se estruturar no tripé colonização-racismo-patriarcado.

A racialização serviu para justificar o colonialismo e a escravização dos povos originários e africanos que, por sua vez, serviram como base para a acumulação primitiva e a consolidação do capitalismo.

> A descoberta das terras do ouro e da prata, na América, o extermínio, a escravização e o enfurnamento da população nativa nas minas, o começo da conquista

SERVIÇO SOCIAL E ÉTICA PROFISSIONAL: FUNDAMENTOS E INTERVENÇÕES CRÍTICAS

e pilhagem das Índias Orientais, a transformação da África em um cercado para a caça comercial às peles negras marcam a aurora da era de produção capitalista. Esses processos idílicos são momentos fundamentais da acumulação primitiva (MARX, 1996, p. 370).

E ainda:

O sistema colonial fez amadurecer como plantas de estufa o comércio e a navegação. As "sociedades monopolia" (Lutero) foram alavancas poderosas da concentração de capital. Às manufaturas em expansão, as colônias asseguravam mercado de escoamento e uma acumulação potenciada por meio do monopólio de mercado. O tesouro apresado fora da Europa diretamente por pilhagem, escravização e assassinato refluía à metrópole e transformava-se em capital [...] Daí o papel preponderante que o sistema colonial desempenhava então. Era o "deus estranho" que se colocava sobre o altar ao lado dos velhos ídolos da Europa e que, um belo dia, com um empurrão e um chute, jogou-os todos por terra. Proclamou a extração de mais-valia como objetivo último e único da humanidade (MARX, 1996, p. 372-373).

Portanto, além da racialização, o escravismo moderno só pode ser compreendido quando situado como um dos pilares que dão sustentação à consolidação e à expansão capitalista.

Apenas uma parcela do excedente gerado nas colônias permanecia ali, para a continuidade dos empreendimentos, das transações e das estruturas de administração e controle(s). Essas relações econômicas, organizadas segundo as exigências do mercantilismo, foram a base sobre a qual se formaram as sociedades coloniais. Em essência, pois, foi o capital comercial que comandou a constituição e o desenvolvimento das formações sociais baseadas no trabalho compulsório nas colônias europeias do Novo Mundo. A exploração do trabalho compulsório, em especial do escravo, estava subordinada aos movimentos do capital comercial europeu. Este capital comandava o processo de acumulação sem preocupar-se com o mando do processo de produção (IANNI, 1978, p. 7-8).

Da mesma forma, é fundamental para a compreensão de suas marcas estruturais na formação social de todos os países colonizados.

Note-se, pois, que o funcionamento e a expansão do capital mercantil criam, mantêm e desenvolvem o paradoxo representado pela coexistência e interdependência do trabalho escravo e trabalho livre, no âmbito do mercantilismo. No limite, o escravo estava ajudando a formar-se o operário. Isto é, a escravatura, nas Américas e Antilhas, estava dinamicamente relacionada com o processo de gestação do capitalismo na Europa, e principalmente na Inglaterra. Esse "paradoxo" começa a tornar-se cada vez mais explícito à medida que o mercantilismo passa a ser suplantado pelo capitalismo. Esse paradoxo, ou melhor, essa contradição, não seria sustentável se se apoiasse apenas na acumulação primitiva, no comércio de mercadorias, ou no monopólio colonial. Por mais decisivas que tenham sido as relações comerciais externas, no âmbito do mercantilismo, a referida contradição somente pode manter-se porque haviam-se constituído, nas colônias, formações sociais amplamente articuladas internamente. Isto é, as formações sociais escravistas tornaram-se organizações político-econômicas altamente articuladas, com os seus centros de poder, princípios e procedimentos de mando e execução, técnicas de controle e repressão. Independentemente dos graus e maneiras de vinculação e dependência das colônias, em face da metrópole, é inegável que em cada colônia organizou-se e desenvolveu-se um sistema internamente articulado e movimentado de poder político-econômico (IANNI, 1978, p. 12-13).

No Brasil, o colonialismo e o racismo, marcas estruturais de nossa formação social, impuseram e impõem o lugar social subalternizado e desvalorizado que a dominação branca e colonial designa aos não brancos.

Por isso, mesmo diante da impossibilidade científica de racialização do ser social, a construção histórica e teórica do componente étnico-racial, como categoria analítica e elemento político de identificação das lutas subalternas, se torna imprescindível para denunciar e dar visibilidade econômica, cultural, política e ética para as estruturas de dominação e opressão sobre os segmentos não brancos. Ou seja, o componente étnico-racial nas análises sobre as estruturas produtoras de desigualdade, dominação e opressão assume, na perspectiva crítica, anticolonial e antirracista, um registro diametralmente oposto à noção sobre a existência de diferenças biológicas que sustentam a racialização. Trata-se de uma chave analítica crítica que desnaturaliza as desigualdades e as opressões de caráter étnico-racial e, portanto, contribui para demonstrar como o racismo estrutura o capitalismo e serve à acumulação do capital, à dominação e à produção de desigualdades no interior da classe.[2]

---

2. No informativo "Desigualdades sociais por cor ou raça no Brasil" (IBGE, 2019), encontram-se alguns indicadores que confirmam essa realidade: em 2018, 68,6% dos cargos gerenciais eram ocu-

O colonizador português estabeleceu no Brasil, conforme já afirmamos, como filosofia étnica uma escala de valores no processo miscigenatório que ordenou a sociedade escravista de forma quase impermeável a uma mobilidade aberta que correspondesse à sua composição étnica. A miscigenação, fato biológico, ficou subordinada aos diversos valores étnico-sociais decorrentes dessa filosofia de ordenação social via qualificação por ela estabelecida, criando desigualdades decorrentes não da capacidade ou incapacidade de cada um, mas da sua cor e da sua origem de nascimento (MOURA, 1994, p. 149).

5. Ética profissional, feminismo e antirracismo

A ética profissional inscrita no projeto hegemônico do Serviço Social brasileiro representa uma das conquistas do processo de enfrentamento ao conservadorismo no interior da profissão. Resulta do amadurecimento intelectual e ético-político da categoria profissional, que permitiu superar o ideário metafísico e conservador do humanismo abstrato que fundamentava o conservadorismo ético-profissional, cujo marco de ruptura se dá primeiro com o Código de Ética de 1986 e, posteriormente, ganhando em densidade teórica e ético-política, com o atual Código de Ética da(o) Assistente Social, aprovado em 1993.

O reconhecimento do caráter histórico e dos fundamentos ontológicos dos valores, das determinações histórico-sociais que incidem sobre as condições de vida das(os) usuárias(os) dos serviços prestados pelas(os) assistentes sociais, pode ser considerado uma das expressões de superação do conservadorismo ético, na medida em que rompe com a absolutização e a naturalização de valores e princípios éticos que normatizam o exercício profissional, com a falsa perspectiva de neutralidade, e situa os indivíduos sociais e suas necessidades na totalidade da vida social considerando, portanto, particularidades objetivas determinadas pelas relações sociais de classe, de sexo e étnico-raciais.

---

pados por brancos e 29,9% por pretos ou pardos; entre as pessoas vivendo abaixo da linha da pobreza, 32,9% eram pretas ou pardas contra 15,4% de brancas; em 2017, a taxa de homicídio por 100 mil jovens era de 98,5 entre pessoas pretas ou pardas, contra 34 de brancas. Em 2018, entre os 10% com menores rendimentos, 75,2% dos indivíduos eram pretos ou pardos. Disponível em: https://biblioteca.ibge.gov.br/visualizacao/livros/liv101681_informativo.pdf. Acesso em: 1º jul. 2022.

Do ponto de vista da ética profissional, o empenho *na eliminação de todas as formas de preconceito; o respeito e a valorização da diversidade; a defesa da democracia como forma de socialização da participação política e da riqueza socialmente produzida; a defesa dos direitos humanos e a recusa do arbítrio e do totalitarismo; o compromisso com a equidade, a justiça social e a qualidade dos serviços prestados à população*, a partir da incorporação crítica dos fundamentos da atual normatização ética do trabalho profissional de assistentes sociais, só ganham materialidade nas respostas profissionais cotidianas se as marcas de desigualdades e opressões nas relações sociais de classe, sexo e étnico-raciais forem identificadas e enfrentadas em cada espaço sócio-ocupacional (CFESS, 2012, p. 23-24, grifos nossos).

No caso das opressões das relações sociais de sexo e étnico-raciais, o modo como são naturalizadas e legitimadas no cotidiano social e profissional é malicioso, sutil e muitas vezes suas consequências objetivas passam despercebidas. Comparecem em afirmações e convicções de que o machismo é produzido pelas próprias mulheres, uma vez que são elas que criam e educam filhos machistas. Na certeza, muitas vezes inconfessa, de que a violência contra as mulheres só existe porque há mulheres que gostam de apanhar ou se comportam de maneira que merecem esse tratamento; de que o machismo e o racismo são episódicos, e podem ser enfrentados com mudanças culturais e valorativas, negando-se, portanto, sua determinação sistêmica sobre a totalidade social e contribuindo para empurrar sua abordagem para a esfera privada, individual e subjetiva, despolitizando seu enfrentamento;[3] na afirmação acrítica da heterocisnormatividade como "normalidade", pautada na essencialização do feminino e do masculino a partir do sexo biológico, desconsiderando-se que toda orientação sexual é uma construção social. A afirmação acrítica da heterocisnormatividade contribui, ao mesmo tempo, para o desrespeito da diversidade de orientação sexual e para reforçar a noção patriarcal de que homens e mulheres são essencialmente diferentes; na erotização e objetificação das mulheres, especialmente das mulheres negras; na vulgata satanização do saber popular e das religiões africanas. Ou seja, formas

---

3. No ano de 2021, 1.319 mulheres foram vítimas de feminicídio e 56.098 de estupro (incluindo vulneráveis), de acordo com o Fórum Brasileiro de Segurança Pública. Disponível em: https://forumseguranca.org.br/wp-content/uploads/2022/03/violencia-contra-mulher-2021-v5.pdf. Acesso em: 1º jul. 2022.

de pensar e de agir que reproduzem no cotidiano social e profissional as opressões patriarcais e racistas, num movimento perverso que, além de não enfrentar tais estruturas opressoras, responsabiliza individualmente mulheres e a população negra pela violação de direitos a que estão submetidas(os).

Uma das exigências éticas do trabalho profissional de assistentes sociais é dar visibilidade institucional e política aos mecanismos de desigualdade e opressão, que marcam as relações sociais de sexo e étnico-raciais na sociabilidade burguesa e na particularidade da realidade brasileira.

A população atendida pelo Serviço Social nas diferentes Políticas Sociais é majoritariamente composta por mulheres e, entre elas, mulheres negras. Só esse dado já seria suficiente para demonstrar a falácia do mito da democracia racial e da igualdade nas relações sociais de sexo. Mesmo diante de muitas evidências, como: desvalorização e desigualdade salarial entre homens brancos, mulheres, negras(os) e população LGBTQIA+, extermínio e empobrecimento da população negra, feminicídio, estupros, desigualdades sexistas e étnico-raciais no acesso ao ensino formal e no mercado de trabalho, ainda encontramos entre os profissionais de Serviço Social, resistência para incorporar como exigências teóricas e ético-políticas as análises críticas e as pautas políticas dos movimentos de mulheres, feministas, negros e LGBTQIA+.[4]

O fastio que, muitas vezes, se expressa de modo espontâneo no torcer de narizes ou na *pecha de mimimi*, diante das deliberações das entidades profissionais que dão visibilidade às pautas feministas, LGBTQIA+ e antirracistas, a nosso ver, revela que ainda é preciso muito investimento teórico e ético-político para assegurar uma incorporação crítica do significado de valores e princípios da ética profissional em face das desigualdades e opressões das relações sexuais de sexo e étnico-raciais que se manifestam, de forma particular, no cotidiano profissional.

Particularidades que incluem a apreensão crítica sobre a importância do registro profissional dos dados de autodeclaração das(os) usuárias(os)

---

4. De acordo com dossiê organizado pelo Grupo Gay da Bahia e a Aliança LGBTI+, em 2021, 300 LBGTI+ sofreram morte violenta no Brasil, mantendo a triste estatística de ser o país com maior número de assassinatos da população LGBTQIA+, contabilizando uma morte a cada 29 horas. Disponível em: https://grupogaydabahia.files.wordpress.com/2022/02/mortes-violentas-de-lgbt-2021--versao-final.pdf. Acesso em: 1º jul. 2022.

atendidas(os) sobre seu pertencimento étnico-racial; das concepções e do tipo de atendimento oferecido às mulheres e à população LGBTQIA+, vítimas de violência sexual e doméstica; do enfrentamento ao sexismo, ao machismo e ao racismo, que se manifestam em normas institucionais e em critérios de elegibilidade preconceituosos, estigmatizantes e discriminatórios para acesso a serviços e programas sociais; do moralismo que cerceia a liberdade e viola direitos ao pretender se impor como modelo único e correto de se comportar, se vestir e se expressar nos espaços públicos; da condenação moralista que pretende controlar os corpos, os direitos reprodutivos e a sexualidade alheia; da pseudodefesa da laicidade do Estado, que só é acionada para vetar as manifestações religiosas de origem africana.

A lista de exemplos que expressam particularidades das opressões nas relações sociais de sexo e étnico-raciais, e que se manifestam no cotidiano profissional, é quase inesgotável, atravessa nossas relações profissionais no interior das equipes multiprofissionais, com a população atendida, com gestores e com colegas de profissão. Podem ser identificados nos olhares lançados para um decote, para o tamanho de uma saia, para a quantidade de filhos de uma mulher, para a cor da pele e o tipo de penteado de um cabelo, para a crença religiosa, para a composição familiar e as orientações sexuais. Mas, do ponto de vista ético, é preciso atenção e crítica, pois os olhares nunca se manifestam livremente, não fossem os mecanismos institucionais e sociais que os legitimam, os quais vêm sempre acompanhados de interdições institucionais e objetivas que discriminam e violam direitos, reforçando o lugar subalternizado e oprimido que se pretende atribuir às mulheres, à população negra e à população LGBTQIA+.

Atividades complementares

PARA REFLETIR

Exercício 1

Com base nos elementos apresentados neste capítulo, procure identificar os mecanismos de opressão e discriminação sexual e étnico-raciais presentes no seu cotidiano social e profissional (ou de estágio). Após a identificação, pense de que modo a sua atuação profissional (ou de estágio) poderia provocar mudanças nessa realidade.

Exercício 2

Reflita de que modo a perspectiva feminista e antirracista está presente no planejamento do trabalho da(o) assistente social ou da(o) estagiária(o) supervisionado em Serviço Social realizado no seu local de trabalho/estágio.

TEXTOS DE APOIO

Texto 1

"O racismo se manifesta de diferentes formas, desde atitudes no âmbito das relações individuais a relações estruturais e institucionalizadas. Manifesta-se tanto em ações concretas de discriminação racial, como em atitudes de omissão frente a injustiças decorrentes da condição étnico-racial. É gerador de múltiplas violências, guerras, desigualdade racial, perseguição religiosa, extermínio. E pode estar subjacente a ideias preconceituosas e a práticas de discriminação, segregação, isolamento social e aniquilamentos. Uma das expressões do racismo, também conhecido como discriminação indireta, é o institucional. O racismo institucional está presente em diversos espaços públicos de atitudes discriminatórias e de violação de direitos. Por estar, muitas vezes, naturalizado nas práticas cotidianas institucionais, naturaliza comportamentos e ideias preconceituosas, contribuindo, fortemente, para a geração e/ou manutenção das desigualdades étnico-raciais" (ROCHA, 2016, p. 11).

Texto 2

"Vários veículos de imprensa publicaram com destaque fotos dos candidatos que vão concorrer às vagas para negros na Universidade de Brasília (UnB).

Veículos que se posicionam contra essa política percebem, no largo espectro cromático desses alunos, mais uma oportunidade de desqualificar o critério racial que a orienta. Uma das características do racismo é a maneira pela qual ele aprisiona o outro em imagens fixas e estereotipadas, enquanto reserva para os racialmente hegemônicos o privilégio de ser representados em sua diversidade. Assim para os publicitários, por exemplo, basta enfiar um negro no meio de uma multidão de brancos em um comercial para assegurar suposto respeito à diversidade étnica e racial e livrar-se de possíveis acusações de exclusão racial das minorias. Um negro ou japonês solitários em uma propaganda povoada de brancos representa o conjunto de suas coletividades. Afinal, negro e japonês são todos iguais, não é mesmo? Brancos, não. São individualidades, são múltiplos, complexos, e assim devem ser representados. Isso é demarcado também no nível fenotípico, em que se valoriza a diversidade da branquitude: morenos de cabelos castanhos ou pretos, loiros, ruivos são diferentes matizes da branquitude que estão perfeitamente incluídos no interior da racialidade branca, mesmo quando apresentam alto grau de morenice, como ocorre com alguns descendentes de espanhóis, italianos ou portugueses, os quais, nem por isso, deixam de ser considerados ou de se sentir brancos. A branquitude é, portanto, diversa e policromática. A negritude, no entanto, padece de toda sorte de indagações" (CARNEIRO, 2011, p. 65-66).

Texto 3

"Se, por um lado, os direitos humanos revelam limites, por outro, também resultam de avanços e conquistas advindas de lutas legítimas, como bem elucida Silvana Santos (2010). [...] Nesse sentido, apesar de também ser utilizados como um instrumento ideológico para legitimação do capitalismo, os direitos humanos ganham notável relevância ao denunciarem historicamente situações de barbáries, explorações e opressões que negam a igualdade substantiva, a liberdade e a diversidade humana. [...] Os direitos humanos relativos às mulheres merecem uma especial atenção. No capitalismo, todas as pessoas não privilegiadas, do ponto de vista da classe social, demandam direitos humanos, já que nesse sistema é ineliminável a exploração e, por conseguinte, as injustiças, desigualdades e opressões. Todavia, às mulheres há uma outra dimensão da desigualdade: o patriarcado. O patriarcado, aqui entendido como um sistema de opressão, apropriação e exploração sobre as mulheres, fora fundido com o capitalismo e o racismo. Como sistema, ele se faz presente em todas as relações sociais, inclusive nas relações entre uma mesma classe. Dito de uma maneira diferente, é possível afirmar que as pessoas não pertencentes às classes dominantes têm direitos violados, mas, às mulheres, além da exploração/opressão de classe que também afeta os homens trabalhadores, pesa também as relações de sexagem, termo elaborado por Guillaumin, entendido como um prologamento dos conceitos de escravidão e servidão (FALQUET, 2012). Por meio da sexagem, as mulheres são apropriadas não apenas no que diz respeito a sua força de trabalho, mas, também, ao seu corpo e a sua vida. A sexagem denota a apropriação material concreta da individualidade corporal das mulheres, em um processo que as tira da condição de sujeito e as torna 'coisas' (GUILLAUMIN, 2005)" (CISNE, 2015b, p. 142-144).

Dicas culturais

FILMES

Menino 23: infâncias perdidas no Brasil (Brasil, 2016). Direção: Belisário Franca.

Quase dois irmãos (Brasil, 2006). Direção: Lúcia Murat.

Tatuagem (Brasil, 2013). Direção: Hilton Lacerda.

Girl (Bélgica, 2018). Direção: Lukas Dhont.

Roma (México/EUA, 2018). Direção: Alfonso Cuarón.

Pelo malo (Venezuela/Argentina/Peru/Alemanha, 2013). Direção: Mariana Rondón.

LITERATURA

BARRETO, Lima. *Recordações do escrivão Isaías Caminha*. São Paulo: Escala, 1999.

JESUS, Carolina Maria de. *Pedaços da fome*. São Paulo: Áquila, 1963.

VIEIRA JÚNIOR, Itamar. *Torto arado*. São Paulo: Todavia, 2019.

Capítulo 12

Ética profissional e o abortamento seguro

1. Em defesa da vida

Se há algum argumento comum entre as pessoas que são favoráveis e aquelas que são contrárias à universalização do acesso ao abortamento seguro, é a defesa da vida. As divergências começam nas referências e nas concepções que embasam tal defesa.

As pessoas contrárias quase sempre constroem seus argumentos com base na ideia de que a vida é sagrada, uma dádiva divina e que, portanto, pertence a um ser transcendental, invariavelmente um Deus cristão. Essa defesa, legítima do ponto de vista de convicções religiosas individuais, revela limites quando se pretende tomá-la como um princípio de validade legal e universal na vigência de um Estado laico.

Outro argumento, digamos laico, é a defesa da dignidade humana, que, segundo essa lógica, deveria ser considerada desde a concepção. Argumento que encontra limites nas ciências médicas quando se consideram os diferentes estágios que envolvem a geração de uma nova vida humana, que se tratado de modo potencial e abstrato, poderia ser estendido até a vida biológica presente nas células sexuais humanas, tanto que algumas religiões são contrárias aos métodos contraceptivos.

Do ponto de vista da ética profissional da(o) assistente social, deve-se questionar que, nessas duas linhas argumentativas, a defesa da vida ocorre de modo abstrato e enfaticamente voltada para a vida em processo de formação. Desconsideram-se nessa defesa abstrata da vida os direitos sexuais e reprodutivos das mulheres, suas condições objetivas e subjetivas, seus projetos de futuro, sua vontade e autonomia.

Nas duas linhas de argumentação, a mulher, sua sexualidade e seu corpo são tomados como meios para a realização de valores, princípios e vontades que devem prevalecer, independentemente de seus anseios e decisões. Em defesa da vida, excluem-se dessas duas linhas argumentativas a vida das mulheres e sua autonomia.

Avançando um pouco mais nas análises dessa lógica, chega-se, invariavelmente, a outras concepções que estão na base desses argumentos, mas que não se revelam de imediato na defesa abstrata da vida e, por isso, não são percebidas em suas contradições. Uma delas diz respeito à ideia de que a universalização do acesso ao abortamento seguro não é um direito das mulheres que não pretendem manter a gestação, uma vez que elas deveriam ter pensado sobre isso antes de fazer sexo.

Nesse caso em especial, revela-se outra concepção que está submersa na posição contrária à universalização do acesso ao abortamento seguro: a ideia de que às mulheres só é possível uma vida sexual com parceiros homens se associada compulsoriamente à concepção e à maternidade, já que os métodos contraceptivos disponíveis podem falhar.

A defesa abstrata da vida ganha em complexidade e contradições quando outros aspectos relevantes da vida das mulheres que não têm acesso ao abortamento seguro são considerados: as opressões raciais e patriarcais que impõem às mulheres — especialmente às mulheres negras da classe trabalhadora empobrecida — várias formas de violência, ausência de autonomia, condições precárias de vida e de saúde, responsabilidade sobre o trabalho doméstico e de cuidados dos filhos e da família.

A defesa abstrata da vida impõe às mulheres que não têm acesso ao abortamento seguro discriminação e tratamento desigual, na medida em que as mulheres que dispõem de recursos financeiros podem realizar o abortamento com assistência médica especializada e tecnologia de ponta.

Essa mesma defesa abstrata é também reivindicada na tentativa de separar a gestação da maternidade, quando se defende que a mulher pode perfeitamente manter a gestação sem estar obrigada à maternidade, pois a criança, após o nascimento, pode ser entregue para a adoção, ignorando-se os impactos físicos e emocionais que envolvem uma gestação, planejada ou não.

Na defesa abstrata da vida, também se desconsideram os dilemas, os sofrimentos e os impactos que o abortamento provoca sobre as mulheres, pois se ignora que o debate sobre a universalização do acesso ao abortamento seguro é também uma defesa da vida, mas de uma vida historicamente situada que envolve condições e decisões complexas e realidades desiguais que não podem ser menosprezadas.

Da mesma forma, a defesa da universalização do acesso ao abortamento seguro não tem qualquer relação com a banalização desse procedimento, tampouco sua utilização como método contraceptivo. Ao contrário, a maioria das pessoas que compartilha dessa defesa o faz de modo articulado à necessidade de fortalecimento da autonomia das mulheres, de acesso às políticas sociais, à educação em saúde e aos métodos contraceptivos.

A defesa da vida, do ponto de vista da ética profissional de assistentes sociais, não pode ignorar o solo histórico que determina as condições objetivas e subjetivas das mulheres, as quais, por desigualdades econômicas e opressões étnico-raciais e patriarcais, não têm acesso ao abortamento seguro e são criminalizadas por decisões que dizem respeito à sua autonomia.

2. Moral e ética

Grande parte dos dilemas presentes no debate sobre a universalização do acesso ao abortamento seguro é de caráter moral. Isso não seria um problema *a priori*, uma vez que a moral, ao expressar nossa capacidade de consciência e de julgamento valorativo, atende a necessidades de sociabilidade. Ou seja, não existe vida social sem moralidade. As tensões e os conflitos começam quando, no plano da moralidade, dada sua importância para a vida social, são incorporados e reproduzidos juízos de valor que aparecem sendo de validade universal, mas, em sua essência, correspondem a interesses e necessidades de grupos particulares.

Esse mecanismo, universalização de interesses particulares no plano da moralidade, gera uma distorção que se expressa em duas dimensões: na condenação moral dos comportamentos que destoam dos parâmetros dos interesses particulares que se pretendem universais; e na absolutização desses valores que, uma vez que são particulares, para aparecer como universais, são tomados de modo abstrato, isolados das condições histórico-sociais e dos conflitos de interesses. O resultado dessa distorção no plano da moralidade se expressa como moralismo. Ou seja, quando os critérios morais são tomados como referência primeira e exclusiva para o julgamento de situações concretas, cujo fundamento não é dado pela moral, mas sim por determinações, por exemplo, de caráter econômico, político ou cultural.

Com isso, queremos reforçar que o plano da moralidade pode comportar uma diversidade de julgamentos de valor, sem que disso decorra a impossibilidade da convivência democrática e livre. A convivência democrática e livre só é interditada pela mediação da moralidade quando esta se transforma em moralismo e contribui para a dominação e a coerção social.

Como assegurar, então, que juízos morais diversos promovam a convivência democrática e livre? No nosso entendimento, essa mediação é assegurada pela ética, como modalidade de práxis interativa que visa à ampliação das possibilidades de liberdade, esta última considerada um valor ético central.

Um caminho didático para entender essa relação entre a diversidade de juízos morais e a universalidade da ética (que sempre afirma a liberdade, ainda que de modo relativo em face da totalidade social e de outras determinações que não são de ordem moral, mas materiais) pode ser trilhado pela compreensão da moralidade como expressão de valores, convicções e juízos, o quais não impedem a convivência democrática e livre, ou seja, ao serem legitimados, não ferem direitos nem desumanizam a relação entre os indivíduos sociais, mesmo quando expressam necessidades e interesses particulares. E, quando no plano da moralidade algum valor, convicção ou juízo interdita as possibilidades de ampliação da liberdade ou contribui para a desumanização, tais referências devem ser questionadas do ponto de vista ético. A ética, que pode se expressar na moralidade livre, seria a mediação entre as escolhas e as necessidades individuais orientadas por valores e aquelas conquistas do gênero humano (do ser social) que contribuem para a ampliação da liberdade.

O caminho proposto anteriormente não guarda qualquer relação com o relativismo ético, visto que a ética supõe critérios e valores de validade universal. No entanto, a validade dessa universalidade ética está assentada naqueles valores e realizações do ser social que contribuem para a humanização e a ampliação das possibilidades de liberdade, como dito antes. Isso significa que, nessa concepção de ética, a universalidade de valores e princípios éticos é dada pelo significado histórico que assumem no processo de humanização do ser social, e seus fundamentos são dados pela práxis histórica dos indivíduos sociais. A universalidade da ética associa-se, portanto, à humanização das relações sociais, quando os valores criados pela práxis são capazes de ultrapassar o imediatismo e a particularidade de necessidades e interesses, e ascender ao gênero humano.

Entende-se, portanto, que os dilemas sobre a universalização do acesso ao abortamento seguro se configuram como dilemas de caráter moral e, por isso, a reflexão ética e as particularidades da ética profissional podem contribuir com suas análises e superação.

3. Dilemas morais e as exigências da ética profissional

Considera-se que o caminho proposto antes é coerente com os fundamentos da ética profissional da(o) assistente social, na medida em que os valores e os princípios da ética profissional encontram significado e validade na práxis histórica dos indivíduos sociais. Particularizam-se em face das exigências do trabalho profissional, mas seus fundamentos ganham universalidade no processo de humanização do ser social.

Muito já foi dito sobre a heterogeneidade e a dinamicidade do *éthos* profissional (BARROCO, 2001; BARROCO; TERRA, 2012), que comporta tensões e contradições decorrentes da inserção sociocultural, da socialização e da consciência moral das(os) agentes profissionais. O *éthos* profissional, nesse sentido, pode expressar, no plano da moralidade individual das(os) profissionais, conflitos, tensões e antagonismos, que marcam a experiência histórica da vida social dividida em classes e hegemonizada por interesses mercantis, pela desigualdade material e pelas opressões nas relações sociais de sexo e étnico-raciais.

Assim considerado, o *éthos* profissional é uma das dimensões que integram a ética profissional, cuja dinâmica, heterogeneidade e contradições só podem ser adequadamente matizadas em face da unidade assegurada por sua dimensão filosófica (ontologia do ser social que dá fundamento teórico e significado histórico a seus princípios, valores, deveres e direitos) e por sua dimensão normativa (o Código de Ética de 1993, que normatiza as exigências éticas do trabalho profissional em consonância com a ontologia do ser social).

A unidade dessas três dimensões (*éthos*, concepção filosófica e normatização) assegura que o trabalho profissional seja realizado com base em parâmetros éticos comuns e universalmente compartilhados entre os indivíduos que integram a categoria profissional, permitindo, entre outros elementos, a visibilidade e o reconhecimento público das orientações de valor, que são materializadas nas respostas profissionais nos diferentes espaços sócio-ocupacionais. Ou seja, a ética profissional oferece, ao mesmo tempo, para as(os) profissionais e para a sociedade, os parâmetros éticos que devem orientar o trabalho profissional.

Nesse sentido, a incorporação crítica de valores e princípios da ética profissional, normatizados no seu Código de Ética e que expressam uma dada concepção filosófica de homem e de sociedade, é uma das exigências para a realização de um trabalho eticamente fundamentado. Incorporação crítica que pressupõe capacidade teórica de análise da realidade e competência teórico-metodológica, técnico-operativa e ético-política, a fim de assegurar que os princípios e os valores da ética profissional se efetivem nas respostas profissionais dirigidas ao atendimento de necessidades sociais das(os) usuárias(os) dos serviços prestados pela categoria profissional.

A ética profissional se realiza, portanto, por meio das respostas profissionais objetivadas no atendimento da população usuária das Políticas Sociais. Ou seja, por meio do trabalho profissional que, por sua vez, se realiza em espaços institucionais tensionados pelos antagonismos de classe e pelas opressões das relações sociais de sexo e étnico-raciais.

Esses tensionamentos e antagonismos confrontam a consciência ética das(os) agentes profissionais que, na efetivação do seu trabalho, fazem escolhas de valor, na medida em que respondem às demandas institucionais que requisitam seu trabalho especializado sempre pela mediação de juízos valorativos e escolhas de valor. Dadas as contradições e as desigualdades da realidade social, a heterogeneidade e a dinâmica do *éthos* profissional, bem como o caráter histórico-social dos valores, podem ocorrer tensões e conflitos entre a moralidade do agente individual e as referências universais da ética profissional.

Quanto mais próxima for a moralidade individual da(o) profissional dos princípios e valores da ética profissional, menores e menos complexos serão os dilemas éticos. Ou seja, quanto mais crítica, fundamentada e autônoma for a incorporação por parte do agente individual das exigências éticas de sua profissão, alterando inclusive a moralidade incorporada na socialização anterior à formação profissional, maiores são as chances de a(o) profissional se identificar subjetivamente com as exigências éticas do seu trabalho. Por outro lado, se essa identificação subjetiva não for assegurada — por diversas mediações que incluem alienação, divergências teóricas e políticas, convicções religiosas etc. —, maiores são as chances de dilemas e conflitos entre a moralidade individual do agente profissional e as exigências éticas da profissão.

Uma vez que não existe atuação profissional neutra, tampouco a possibilidade de separação entre moralidade individual e ética profissional, pela impossibilidade de cisão do sujeito que faz escolhas e age, no caso o agente profissional, os dilemas ético-morais experimentados no cotidiano profissional devem ser analisados à luz de valores e princípios da ética profissional, pois é ela que assegura os parâmetros comuns e universais que orientam o trabalho profissional.

No caso da universalização do acesso ao abortamento seguro, quais seriam os parâmetros da ética profissional que deveriam ser considerados para enfrentar os dilemas ético-morais das(os) profissionais que se posicionam contrárias(os) a essa universalização?

Comecemos pelo dilema moral decorrente de convicções religiosas, que se expressam no cotidiano profissional não apenas no que concerne ao abortamento seguro, mas também no que diz respeito à diversidade de comportamentos e práticas que envolvem moralidades religiosas conservadoras com relação às religiões de matriz africana, à homossexualidade, à transexualidade, ao amor livre, ao consumo de psicoativos, à adoção de crianças por casais homoafetivos, entre tantas outras condições e situações históricas que mobilizam juízos de valor e sobre as quais as instituições religiosas se posicionam, predominantemente, de modo conservador.

A moralidade religiosa pode conviver com as exigências da ética profissional, desde que as convicções e os dogmas religiosos sejam incorporados pelo agente profissional como uma escolha individual que oferece parâmetros de conduta para sua vida e não para o seu trabalho profissional. Os conflitos morais e os riscos de práticas antiéticas, do ponto de vista da ética da(o) Assistente Social, ocorrem quando a experiência religiosa da(o) profissional é baseada no dogmatismo religioso e na intolerância, que impede que sua consciência moral identifique e problematize o conservadorismo presente no *éthos* religioso; reconheça e respeite a diversidade humana, comportamentos e práticas que comportam orientações de valor distintas daquelas afirmadas pela moralidade religiosa; reconheça e respeite as convicções religiosas diferentes da sua e também pessoas que não possuem convicções religiosas.

Nesse sentido, atribuir um valor sagrado à gestação com base em convicções religiosas não é um parâmetro ético para o trabalho profissional; é uma convicção que pode ser reconhecida e adotada na vida pessoal da(o) profissional, mas jamais poderia ser um parâmetro ético do trabalho profissional, já que a ética profissional legitima valores universais, e a moralidade religiosa expressa dogmas e convicções de instituições e grupos particulares. É importante enfatizar que não se trata de imaginar a possibilidade de que o agente profissional deixe suas convicções religiosas em casa. Trata-se de respeitar sua convicção religiosa individual, desde que tenha consciência das exigências éticas de seu trabalho, que impedem que tais convicções sejam acionadas no trabalho profissional. Essa impossibilidade de deixar os valores pessoais em casa, certamente, coloca limites concretos para as moralidades conservadoras, dogmáticas e intolerantes, uma vez que toda moralidade comporta uma visão de homem e de sociedade; e se ela não for democrática e aberta ao diferente, ao moldar, ainda que involuntariamente, o modo de ser moral do agente profissional pode contribuir com práticas profissionais passíveis de questionamentos e sanções éticas.

Diante desse conflito moral, com base numa convicção religiosa, as perguntas éticas que se colocam são as seguintes: Quais parâmetros devem ser adotados na análise da universalização do acesso ao abortamento seguro? Quais critérios devem ser considerados para avaliar se os valores legitimados na defesa da universalização do abortamento seguro possuem de fato validade ética, ou seja, validade universal, na perspectiva de ampliação da liberdade e da humanização?.

Do ponto de vista da ética profissional das(os) assistentes sociais, falar em liberdade significa assegurar as possibilidades históricas para o desenvolvimento da individualidade autêntica, ou seja, condições que assegurem que o indivíduo social amplie suas possibilidades de liberdade, autonomia,

SERVIÇO SOCIAL E ÉTICA PROFISSIONAL: FUNDAMENTOS E INTERVENÇÕES CRÍTICAS

alteridade e responsabilidade diante da vida social. Individualidade autêntica implica condições objetivas para ampliar as possibilidades de liberdade diante do atendimento de necessidades sociais, numa relação não alienada, responsável e autônoma.

Por que podemos considerar que essa concepção de liberdade pode ser vista como um valor ético central e, portanto, assumida em sua validade universal e ética? Em primeiro lugar, porque se trata de uma concepção de liberdade historicamente situada, ou seja, concebida como uma capacidade humana de criar alternativas para o atendimento de necessidades sociais. Em segundo lugar, porque as alternativas que contribuem para a ampliação da capacidade de liberdade do indivíduo social também são historicamente situadas, ou seja, consideradas em termos de suas consequências, responsabilidade, alteridade e autonomia.

Com base nessa concepção, pode-se inferir que a capacidade de criar respostas alternativas às necessidades sociais se configura como capacidade livre, quando se objetiva pela vontade autônoma do indivíduo social e não impede que outros indivíduos sociais sejam igualmente livres para responder às mesmas necessidades de modo distinto.

Considera-se que essa concepção de liberdade se expressa como conquista do ser social no seu processo de autoconstrução e humanização e, por isso, figura como valor ético central e um dos princípios da ética profissional da(o) assistente social.

Tomando-a como referência, voltemos aos critérios de análise da defesa da universalização do acesso ao abortamento seguro: O fato de mulheres terem convicções religiosas distintas ou mesmo não pautarem suas decisões sobre seu corpo e sua sexualidade em convicções religiosas impede a universalidade dos direitos sexuais e reprodutivos das mulheres? Essa alternativa fere o direito à maternidade ou desumaniza outras mulheres que optam pela manutenção da gestação, mesmo quando ela não foi planejada?. A resposta é negativa para as duas situações, por isso pode-se afirmar que a universalização do acesso ao abortamento seguro não fere o direito nem desumaniza as mulheres que pensam de modo contrário e não fariam esse procedimento em nenhuma situação.

Por seu turno, sabemos que o inverso não é verdadeiro, uma vez que convivemos com a imposição do abortamento inseguro para as mulheres que não querem ou não podem manter uma gestação não planejada. Imposição pautada em convicções morais e religiosas que ferem a autonomia, geram violência, impactam a saúde das mulheres e amplificam o número de mortes delas, que seriam totalmente evitáveis num contexto de segurança jurídica aos direitos sexuais e reprodutivos e de laicidade do Estado.

A essa altura, alguém poderia argumentar que não se trata apenas de convicção moral ou religiosa, portanto, particular, mas da defesa universal da dignidade da vida humana que deve ser estendida ao embrião. Contra esse argumento pesam, de modo inexorável, elementos históricos e concepções científicas que revelam seu conteúdo abstrato e metafísico. Seja porque a defesa metafísica (abstrata) da dignidade humana em nada contribui para alterar as situações concretas de opressão e desigualdade que, objetivamente, ferem a dignidade da vida das mulheres que estão impedidas de ter acesso do abortamento seguro; seja porque a defesa metafísica (abstrata) da dignidade humana num processo de gestação serve muito mais como elemento perturbador do debate do que como um dado objetivo, visto que não há, do ponto de vista da ciência, da filosofia, e mesmo da religião,[1] qualquer parâ-

---

1. De modo ilustrativo, reproduzimos algumas passagens da *Suma teológica* de São Tomás de Aquino que comprovam que, nem no âmbito da tradição judaico-cristã, há consenso sobre a questão. As passagens podem ser encontradas em Aquino (1980). Para responder à questão 118: Da geração da alma humana, no artigo 2 — Se a alma intelectiva é causada pelo sêmen —, Aquino diz: "Ora, pela operação do intelecto, a alma nada tem de comum com o corpo. Por onde, a virtude do princípio intelectivo, como tal, não pode provir do sêmen. E por isso, diz o Filósofo: Conclui-se que o intelecto só pode vir de fora. E semelhante mente, a alma intelectiva, cuja operação vital é independente do corpo, é subsistente, como já se estabeleceu; e, portanto, deve ter existência e ser feita. Mas, como é uma substância imaterial, não pode ser causada por geração, senão só por criação de Deus. Ensinar, pois, que a alma intelectiva é gerada, é considerá-la não subsistente, e, por consequência, como havendo de corromper-se com o corpo. Por onde, é herético dizer que a alma intelectiva é gerada do sêmen". Quanto à forma humana, afirma na questão 76: Da união da alma e do corpo: "Ora, é necessário que o homem pertença a uma espécie determinada pelo princípio dessa operação; pois cada ser pertence à espécie que lhe é determinada pela forma da mesma. Resulta daí, portanto, que o princípio intelectivo é a forma própria do homem". E, por fim, também no artigo 2 da questão 118, considera que a união do corpo e da alma é uma liberalidade de Deus, "no último termo da geração humana", como segue: "Por onde, deve dizer-se que, sendo a geração de um ser a corrupção de outro, necessário é admitir que, tanto no homem como nos animais, advindo uma mais perfeita forma, corrompe-se a anterior; de modo que a forma consequente tem tudo o que tinha a antecedente, e ainda mais. E assim, depois de muitas gerações e corrupções, é que vem a existir a última forma substancial, tanto no homem como nos animais. O que aparece sensivelmente nos animais gerados da putrefação. Por onde, deve-se dizer que a alma intelectiva é criada por Deus, no último termo da geração humana, e é simultaneamente sensitiva e nutritiva, uma vez corruptas as formas preexistentes".

metro confiável que defina o início da vida. Vimos, por exemplo, que a radicalidade desse argumento poderia ser levada até a vida biológica existente nas células sexuais humanas. Por óbvio, poderíamos acrescentar uma série de fatos históricos, os quais confirmam que a defesa abstrata da dignidade humana nunca foi impedimento para a desumanização, uma vez que tal defesa figura entre os argumentos que justificam as guerras santas, a caça às bruxas e uma infinidade de violências e extermínios praticados contra as mulheres e sua autonomia em relação à sexualidade e à maternidade.

Insistimos no debate sobre as convicções morais de caráter religioso, porque são elas que efetivamente têm impedido a universalização do acesso ao abortamento seguro, impactado a vida das mulheres da classe trabalhadora empobrecida — especialmente as mulheres negras —, aprofundado a violação dos direitos sexuais e reprodutivos das mulheres e criado um sério problema de saúde pública.

Como última observação a esse respeito, nos reportamos a uma passagem de Jane Hurst, num texto originalmente publicado em 1989, que oferece elementos históricos que contribuem para reflexões sobre as controvérsias existentes no âmbito da teologia e da infalibilidade da autoridade da Igreja para o ensino cristão.

> As razões pelas quais a Igreja não adotou uma postura infalível não são difíceis de perceber. Em primeiro lugar, a história da perspectiva católica romana sobre o aborto, como vimos, é marcada por contradições de vários tipos. Uma doutrina pode ser objeto de ensino infalível *ex cathedra* somente se "sempre foi ensinada na Igreja Católica Romana como artigo de fé". Uma tradição contínua, constante do aborto como homicídio em qualquer circunstância não existe na Igreja. Uma declaração infalível sobre o aborto é impossível, apesar da aura de infalibilidade de que parece se revestir as declarações papais, qualquer que seja seu status formal. Os elementos consistentes são os seguintes: o aborto praticado para ocultar fornicação e adultério tem sido quase que universalmente considerado; a noção de abordo como escolha nunca teve respaldo. Em segundo lugar, vários problemas teológicos relacionados ao aborto não foram resolvidos: a doutrina do hilemorfismo, o momento da hominização do embrião e a relação entre sexualidade e procriação. Esses problemas devem receber solução satisfatória antes que o ensino da Igreja sobre o aborto possa ser esclarecido sem ambiguidades (HURST, 2006, p. 43).

4. Breve retrato do abortamento no Brasil

No Brasil, o abortamento seguro está previsto em lei em três situações: risco de vida para a gestante, anencefalia fetal e estupro. O procedimento, nas situações previstas em lei, deveria ser realizado em serviços de saúde credenciados e por meio de atendimento especializado conduzido por equipe multiprofissional, pautado nos direitos e nos princípios da atenção humanizada à saúde.

O peso das convicções morais e religiosas de caráter conservador é tão forte em nossa sociedade que o direito ao abortamento legal — seguro e nas situações previstas em lei — tem sido negado de modo extremamente violento e traumático.

A imagem assustadora e inaceitável, do ponto de vista ético e dos direitos humanos, de grupos religiosos assediando e hostilizando familiares e profissionais que prestavam atendimento a uma criança violentada por um familiar e que precisou viajar do Espírito Santo para Pernambuco para assegurar seu direito ao abortamento legal é a expressão mais brutal da violência simbólica, física e psíquica a que estão submetidas as mulheres que não têm acesso ao abortamento seguro em nosso país.

Situações de violação de direitos como essa, que teve repercussão midiática, são recorrentes, como demonstra a pesquisa "Serviços de aborto legal no Brasil, um estudo nacional", de 2016 (MADEIRO; DINIZ, 2016). A pesquisa Serviços de aborto legal no Brasil — um estudo nacional constatou que foram solicitados boletim de ocorrência, laudo pericial e alvará judicial por 14%, 8% e 8% dos 68 serviços de aborto legal avaliados.

Os dados anteriores demonstram que, mesmo nos serviços de referência para realização do abortamento legal, criam-se mecanismos que dificultam ou impedem o acesso ao serviço, violando-se o direito das mulheres, uma vez que as exigências citadas não estão normatizadas na lei que autoriza o abortamento nas situações de risco à saúde da mulher, anencefalia fetal e estupro.

Esse quadro se tornou ainda mais dramático com as investidas regressivas do governo Bolsonaro[2] sobre os direitos sexuais e reprodutivos das

---

2. No Brasil, especialmente a partir da eleição de Jair Bolsonaro, a perseguição, as tentativas de detratação e as ameaças de morte às lideranças de coletivos de mulheres, feministas e pesquisadoras(es)

SERVIÇO SOCIAL E ÉTICA PROFISSIONAL: FUNDAMENTOS E INTERVENÇÕES CRÍTICAS

mulheres, por exemplo, a publicação da Portaria n. 2.561, do Ministério da Saúde, de 23 de setembro de 2020. Mesmo sendo publicada em substituição à Portaria n. 2.282, de 27 de agosto de 2020, ainda mais regressiva e muito criticada, a Portaria n. 2.561 amplia os obstáculos à efetivação do direito ao abortamento legal. Contrariando evidências científicas, exige a presença de médico anestesista para que o procedimento seja realizado e atentando, ao mesmo tempo, contra a autonomia das mulheres, ao direito de privacidade e ao sigilo profissional, orienta que a equipe comunique à autoridade policial as situações de estupro. Ou seja, exigências que dificultam ainda mais o acesso ao abortamento legal.

A pesquisa também demonstrou que a postura de alguns médicos dos serviços de referência para o abortamento legal é incompatível com a natureza, a qualidade do atendimento e com a ética médica, impactam a saúde das mulheres e violam seus direitos, uma vez que, em muitas situações, o médico questiona e julga moralmente as mulheres, retarda o atendimento ou pede boletim de ocorrência, laudo pericial ou alvará judicial, que são exigências ilegais para o procedimento (MADEIRO; DINIZ, 2016). Ou define, arbitrariamente e sem respaldo legal, o grau de risco que permitiria a interrupção da gestação (MADEIRO; DINIZ, 2016).

E ainda alegam objeção de consciência[3] para não realizar o procedimento, mesmo exercendo sua profissão num serviço de referência para o abortamento legal credenciado junto ao Ministério da Saúde para assegurar o direito das mulheres ao abortamento seguro nas situações previstas em lei.

> As normas técnicas do Ministério da Saúde não reconhecem o direito à objeção de consciência se existir risco de morte, se não houver outro médico ou se a omissão médica causar danos à mulher, mas casos concretos mostram o descumprimento desses critérios normativos (DINIZ, 2011, p. 982).

---

que publicamente se posicionam favoráveis à universalização do acesso ao abortamento seguro têm sido uma realidade aterrorizante. A professora e pesquisadora Debora Diniz, que participou de audiência pública sobre o tema, em 2018, precisou deixar o país naquele ano, num autoexílio, em decorrência de ameaças de morte dirigidas a ela, seus familiares, alunas(os) e colegas de trabalho.

3. Diniz (2011) discute três teses sobre a objeção de consciência: integridade, incompatibilidade e justificação. Defendemos esta última na perspectiva de dar visibilidade pública às justificativas sobre a objeção de consciência. Justificativas que devem ser analisadas pelo poder público e em face dos direitos sexuais e reprodutivas das mulheres.

Contribui também para a violação do direito ao abortamento legal o número restrito e centralizado dos serviços de referência credenciados em todo o território nacional.

> Dos 68 serviços avaliados, 37 informaram que realizam interrupção da gravidez por estupro (37/37), por risco de morte da mulher (27/37) e por anencefalia (30/37). Apesar de realizarem a interrupção da gravidez, 2 hospitais informaram que encaminhavam o caso para outro serviço quando a gestação era acima de 14 semanas. Dos serviços inativos, 28 disseram que deixaram de fazer o aborto legal e 4 informaram que nunca fizeram. Entre os serviços em atividade, 29 foram implementados até 2005, tendo apenas 8 sido estruturados após essa data e, destes, somente 2 nos últimos 2 anos. Os serviços são distribuídos em 20 unidades da Federação (5 na região Norte, 11 no Nordeste, 3 no Centro-Oeste, 6 no Sul e 12 no Sudeste), mas em 7 estados não há serviço ativo (1 na região Sul, 1 no Centro-Oeste, 2 no Nordeste e 3 no Norte). Apenas em 6 estados há mais de 1 serviço, e em 4 deles existem serviços localizados fora das capitais (8 cidades) (MADEIRO; DINIZ, 2016, p. 566).

Esses são apenas alguns entre muitos dados que comprovam que, mesmo nas situações garantidas por lei, o direito das mulheres ao abortamento seguro tem sido violado e, muitas vezes, por mecanismos que revelam o peso das convicções morais e religiosas de caráter conservador.

A obstrução à universalização do acesso ao abortamento legal também impede o real dimensionamento de mortes e agravos à saúde que poderiam ser evitados se as mulheres não fossem obrigadas à maternidade compulsória ou a recorrer ao abortamento inseguro, inclusive aquelas que, mesmo tendo direito, são impedidas de realizar o abortamento legal.

Mesmo com a subnotificação, decorrente do contexto de insegurança jurídica, os dados sobre a mortalidade feminina e os agravos à saúde em decorrência do abortamento inseguro relevam um grave problema de saúde pública. Estima-se que entre 8% e 18% das mortes maternas no mundo sejam resultantes do abortamento inseguro e cerca de 40% das mortes maternas em decorrência de doenças agravadas pela gestação. No Brasil, estima-se que metade das mulheres que abortam precisa de internação, aproximadamente 250 mil mulheres a cada ano (ANIS, 2019).

De acordo com o relatório *Aborto: por que precisamos descriminalizar? Argumentos apresentados ao Supremo Tribunal Federal na Audiência Pública de*

2018, publicado em 2019 pelo Instituto de Bioética Anis, 4,7 milhões de mulheres entre 18 e 39 anos já realizaram aborto, 88% possuem religião e 67% têm filhos. Entre 2008 e 2017, ocorreram 1.613.903 hospitalizações em decorrência de complicações do abortamento inseguro. Em 2016, foram 203 óbitos resultantes do abortamento inseguro. O Nordeste é a região com o maior número de abortamento inseguro, e a proporção entre mulheres negras dobra quando comparada com os dados nacionais (ANIS, 2019).

O retrato do abortamento no Brasil é de sistemática violação dos direitos sexuais e reprodutivos das mulheres, de insegurança jurídica e de aprofundamento de desigualdades e opressões nas relações sociais de sexo e étnico-raciais. A universalização do acesso ao abortamento seguro é a única saída ética diante da gravidade dessa questão de saúde pública.

5. Universalização do acesso ao abortamento seguro e as exigências da ética profissional

Entre tantos dados alarmantes dessa realidade de violação de direitos, há um em especial que nos convoca a refletir sobre as exigências da ética da(o) assistente social:

> Em 70% dos casos de mulheres indiciadas entre 2004 e 2016 no estado de São Paulo, o denunciante foi um profissional de saúde (Defensoria Pública do Estado de São Paulo *apud* ANIS, 2019).

Esse dado é alarmante porque revela que profissionais da saúde estão se valendo de informações sigilosas que envolvem o atendimento à saúde de mulheres para, com base em convicções morais particulares, agir como polícia, ferindo assim o direito à privacidade das mulheres e os princípios da ética profissional.

A intimidade e a vida privada são direitos constitucionais invioláveis e, no caso do Código de Ética da(o) Assistente Social, estabelecem relação com todos os seus princípios fundamentais e com vários direitos e deveres profissionais. Destacadamente, pode-se estabelecer relação direta com *o reconhecimento da liberdade como valor ético central e com a defesa intransigente dos direitos humanos, e recusa do arbítrio e do autoritarismo* (princípios fundamentais

I e II); com o dever de *abster-se, no exercício da profissão, de práticas que caracterizam a censura, o cerceamento da liberdade, o policiamento dos comportamentos, denunciando sua ocorrência aos órgãos competentes* (artigo 3º, c); com o veto de *exercer sua autoridade de maneira a limitar ou cercear o direito do(a) usuário(a) de participar e decidir livremente sobre seus interesses* (artigo 6º, a); com o respeito ao sigilo profissional, como um direito profissional (artigo 15) e como um dever, na medida em que *o sigilo protegerá (o)(a) usuário(a) em tudo aquilo de que o(a) assistente social tome conhecimento, como decorrência do exercício da atividade profissional* (artigo 16).

As atitudes moralistas e policialescas dos profissionais da saúde que integram os 70% de denunciantes estão vinculadas ao atendimento dos agravos à saúde decorrentes do abortamento inseguro, revelando que, diante de uma demanda de saúde pública, determinada por uma realidade de desigualdade e de insegurança jurídica, as mulheres estão submetidas a uma infinidade de violação de direitos, seja pelo uso de uma informação sigilosa de sua intimidade para transformá-la em criminosa, seja pelas violências e torturas praticadas durante o atendimento, realidade constatada em diversas pesquisas e pelo próprio Ministério da Saúde.

> [...] faz-se necessário superar a discriminação e a desumanização do atendimento às mulheres em situação de abortamento, ainda uma realidade de muitos serviços públicos no País. São expressões disso não só a recusa da internação em certos hospitais ou a longa espera para atendimento, como também a demora na resposta às demandas das mulheres, seja por desqualificação dos sintomas, seja por tomá-los como expressão de suposto sentimento de culpa por terem provocado o abortamento (BRASIL, 2005, p. 8-9).

Em pesquisa realizada junto a 78 mulheres internadas em hospital público de referência na cidade de Teresinha, Piauí, entre 2012 e 2013, Madeiro e Rufino (2017) constatam a persistência de situações, reiteradamente denunciadas por movimentos de mulheres e feministas, de violação de direitos e de violência praticadas por profissionais da saúde às mulheres em situação de abortamento:

> [...] uma em cada três mulheres entrevistadas sofreu alguma forma de violência institucional durante a hospitalização. Das categorias utilizadas para caracterizar violência institucional somente a detenção não foi observada. Foram re-

veladas práticas discriminatórias (como julgamento moral), tratamento não digno (ameaças de denúncia à polícia, uso de linguagem ríspida e grosseira e internação conjunta com puérperas), negligência (longa espera para realização do esvaziamento uterino), ausência de consentimento (procedimentos médicos realizados sem explicação), além de violação da privacidade e confidencialidade (entrevista e exame físico realizados com outras pacientes). Houve sobreposição de categorias de violência em 11 relatos, sendo a mais comum a associação de julgamento moral e longa espera para a curetagem. O itinerário de julgamento moral e/ou ameaças de denúncia à autoridade policial foi majoritariamente concentrado em todas as mulheres (17) que confessaram a indução do aborto à equipe de saúde. Por outro lado, mesmo entre as 44 mulheres que consideraram seu tratamento "bom" ou "dentro dos conformes", em 13 casos foram descritas formas de assistência à saúde que podem ser caracterizadas como discriminatórias (MADEIRO; RUFINO, 2017, p. 2.775).

Em face dessa realidade de desigualdade e violência, não restam dúvidas de que a ética da(o) assistente social exige que o(a) profissional realize o atendimento de mulheres em situação de abortamento inseguro ou legal em consonância com os princípios, os deveres e os vetos destacados, bem como observe que figura entre seus deveres: *garantir a plena informação e discussão sobre as possibilidades e consequências das situações apresentadas, respeitando democraticamente as decisões das(os) usuárias(os), mesmo que sejam contrárias aos valores e às crenças individuais das(os) profissionais, resguardados os princípios deste Código* (artigo 5º, *b*); e lhe é vedado *bloquear o acesso das(os) usuárias(os) aos serviços oferecidos pelas instituições, através de atitudes que venham coagir e/ou desrespeitar aqueles que buscam o atendimento de seus direitos* (artigo 6º, *c*).

Destaca-se a validade da universalidade de valores e princípios da ética da(o) assistente social para orientar o trabalho profissional, sendo a referência primeira e comum para análise de dilemas e conflitos que possam surgir no confronto com a moralidade individual do agente profissional. Objeções de consciência não são justificativas válidas do ponto de vista da ética profissional e, como procuramos demonstrar, elas não têm servido para assegurar a integridade moral do profissional, mas sim para aprofundar desigualdades, opressões e violação de direitos.

Salienta-se que os fundamentos da ética profissional da(o) assistente social estão ancorados na realidade histórica, desse modo, seu significado e sua realidade objetiva devem ser analisados à luz das consequências práticas que provocam na vida das(os) usuárias(os) das políticas sociais; usuárias(os) que devem ser reconhecidas(os) em sua inserção nas relações sociais de classe, sexo e étnico-raciais.

Por fim, destaca-se que a defesa da universalização do acesso ao abortamento seguro está pautada na defesa da vida, nos direitos sexuais e reprodutivos das mulheres, consonantes com a laicidade do Estado Democrático de Direito; e com sua responsabilidade sobre a equidade e a justiça social e os pressupostos da saúde pública. Nesse sentido, em consonância com os princípios fundamentais da ética profissional, especialmente no que tange aos seguintes aspectos (CFESS, 2012):

> I — Ao reconhecimento da liberdade como valor ético central e das demandas políticas a ela inerentes — autonomia, emancipação e plena expansão dos indivíduos sociais;
>
> [...]
>
> V — Posicionamento em favor da equidade e justiça social, que assegure universalidade de acesso aos bens e serviços relativos aos programas e políticas sociais, bem como sua gestão democrática;
>
> VI — Empenho na eliminação de todas as formas de preconceito, incentivando o respeito à diversidade, à participação de grupos socialmente discriminados e à discussão das diferenças;
>
> [...]
>
> X — Compromisso com a qualidade dos serviços prestados à população e com o aprimoramento intelectual, na perspectiva da competência profissional;
>
> XI — Exercício profissional sem ser discriminado(a), nem discriminar, por questões de inserção de classe social, gênero, etnia, religião, nacionalidade, orientação sexual, identidade de gênero, idade e condição física.

Atividades complementares

PARA REFLETIR

Exercício 1

A reflexão sobre o abortamento seguro integra ou já integrou alguma pauta de reunião de sua equipe de trabalho/estágio? Essa reflexão foi incorporada na condução dos atendimentos realizados às(aos) usuárias(os) atendidas(os)? Se a equipe nunca fez essa reflexão, quais são os parâmetros adotados pela equipe na abordagem sobre o tema? Se fez, qual sua reflexão sobre a abordagem da equipe e as necessidades das mulheres em situação de abortamento inseguro?

Exercício 2

Realize uma pesquisa sobre os posicionamentos das Entidades Profissionais do Serviço Social brasileiro e dos Coletivos Feministas acerca do abortamento seguro, e reflita sobre os fundamentos e os dados que sustentam tais posicionamentos.

TEXTOS DE APOIO

Texto 1

"Considerar a religiosidade de meninas e mulheres também é incluir uma extensa parcela da população brasileira. Nos movimentos sociais progressistas, a invisibilidade de mulheres religiosas tem se dissipado. Lentamente, temos conquistado espaço nos debates sociais e políticos para denunciar as inúmeras violações de direitos provocadas por uma fé cristã distorcida. É uma luta que **Católicas pelo Direito de Decidir** do Brasil, e de outros países da América Latina, vem pautando e reforçando há mais de duas décadas. O fundamentalismo religioso é cúmplice da violência contra meninas e mulheres, da morte por abortos inseguros e clandestinos, e de tantas outras violações de direitos. Os setores fundamentalistas proferem uma suposta 'defesa da vida' em abstrato, desconsiderando as realidades sociais e econômicas de milhares de meninas e mulheres brasileiras. Além disso, o discurso cristão embasa a formulação e orientação de políticas públicas, promovendo um verdadeiro esfacelamento da laicidade do Estado. Todavia, não é verdade que a questão religiosa tenha que ser afastada do debate público. Pelo contrário: é por meio de ampla discussão e reflexão sobre religião, Direitos Humanos e Estado laico, que teremos a possibilidade de reconstruir a nossa laicidade e democracia. Nesses mais de vinte anos de atuação na América Latina, **Católicas pelo Direito de Decidir** vem disputando outras narrativas na Igreja Católica, de forma a denunciar o fundamentalismo, a violência clerical e tantos outros problemas. Para nós, os direitos sexuais e reprodutivos são sagrados" (Nota pública da Organização Católica pelo Direito de Decidir, disponível em: https://catolicas.org.br/notas/o-feminismo-tambem-e-sobre-a-vida-das-mulheres-cristas/).

Texto 2

"No Brasil, o sistema de saúde é a principal força de criminalização das mulheres por abortamento. Levantamento feito em 2017 mostrou que a maior parte das mulheres criminalizadas por aborto no país são negras e pauperizadas; o sistema de saúde, ao invés de desempenhar sua função de acolhimento, muitas vezes atua como órgão acusador e punitivo. O estigma e a discriminação de mulheres que realizam o abortamento, mesmo aquele previsto em lei, expressam-se na reprovação sociocultural, moral e religiosa. Às mulheres que abortam atribui-se uma carga negativa que as marcas como inferiores, sujas, más, cruéis e imorais, especialmente por rejeitarem a maternidade. No caso da assistência prestada em situações de abortamento, a violência obstétrica é uma violação de direitos em que o profissional de saúde se apropria do processo reprodutivo da mulher de quem deveria cuidar, negando sua autonomia e capacidade decisória. Nesse caso, a violência obstétrica cumpre uma função específica: serve como instrumento de disciplinamento de corpos gestantes que se recusam a obedecer às normas morais sobre o aborto e o mandato social da maternidade compulsória" (SANTOS, L., 2021, p. 35-36).

Texto 3

"Em geral, dois argumentos são utilizados para a defesa da legalização do aborto. Um refere-se à comprovação de que a sua proibição vem propiciando um enorme problema de saúde pública e o outro argumento se refere à liberdade da mulher sobre seu próprio corpo. Assim, ambos os argumentos buscam demonstrar que as mulheres, independentemente da lei criminalizadora, recorrem ao aborto e por se submeterem aos trâmites da ilegalidade, correm sérios riscos de morte, doença e prisão. Tais riscos são distintos entre as classes sociais, pois as mulheres dos estratos mais qualificados da classe trabalhadora e as da burguesia vêm podendo realizar o mesmo procedimento pagando um preço maior, onde os riscos são residuais. Parece-nos que a defesa, tanto da liberdade da mulher como um problema de saúde pública, são argumentos suficientemente marxistas, conforme buscou se demonstrar nesse artigo. Entendemos [que] a luta pela legalização do aborto deveria estar inscrita — e está, mas não em todas — nas lutas da esquerda revolucionária. Com o aborto é um tema polêmico, muitas pessoas tentam fugir desse debate. Tal ação precisa ser mudada. O debate do aborto deve ser público. Pois, em nome da lei que criminaliza, muitas mulheres vêm sofrendo, pagando com a vida, com o medo, com a vergonha, com a prisão, com a falta de sua saúde etc. E se isso atinge a uma mulher, ou melhor a muitas, deve atingir a todos aqueles e aquelas que querem revolucionar o mundo" (MATOS, 2018, p. 249-250).

Dicas culturais

FILMES

Clandestinas (Brasil, 2014). Direção: Fádhia Salomão.

O aborto dos outros (Brasil, 2008). Direção: Carla Gallo.

Homem grávido? (Brasil, 2011). Direção, concepção e roteiro por Elisa Gargiulo, Alessandra Cavagna e Valéria Melki Busin. Disponível em: https://www.youtube.com/watch?v=tfNV0tcLYCg.

Nunca, raramente, às vezes, sempre (EUA/Reino Unido, 2020). Direção: Eliza Hittman.

LITERATURA

TELLES, Lygia Fagundes. *As meninas*. São Paulo: Companhia das Letras, 2009.

PIÑEIRO, Claudia. *Tua*. Rio de Janeiro: Record; Campinas: Verus, 2015.

Capítulo 13
Ética profissional, Estado laico e direitos

1. O Estado burguês

O campo teórico da tradição marxista oferece uma rica constelação de elementos para análise do Estado e da práxis política. Nessa constelação, encontram-se pontos convergentes, divergentes e complementares, que expressam tanto as formas particularidades de interlocução com as análises de Marx sobre a sociedade capitalista, quanto a ênfase dada às particularidades assumidas pelo Estado e pela práxis política no desenvolvimento histórico da ordem do capital.

Sem qualquer pretensão de realizar uma síntese capaz de transpor as diferentes contribuições do campo marxista para a análise do Estado na sociedade burguesa, procurou-se resgatar alguns elementos que integram esse debate, a fim de elucidar as conexões entre os fundamentos da ética profissional da(o) assistente social e a defesa do Estado laico e de direitos. Defesa que deve ser considerada à luz das críticas formuladas aos limites da emancipação política na sociabilidade burguesa e à impossibilidade da emancipação humana nessa sociedade.

Coutinho (1996) sustenta em suas análises que há uma "concepção restrita" do Estado nas formulações de Marx, Engels e Lênin, e uma "concepção ampliada" em Gramsci. Considera que Marx, Engels e Lênin:

[...] insistem na natureza de classe do fenômeno estatal: por um lado, o Estado teria sua gênese na divisão da sociedade em classes, existindo somente quando e enquanto existir essa divisão; e, por outro, a sua função seria precisamente a de conservar essa divisão, assegurando que os interesses particulares de uma classe possam se impor como o interesse universal da sociedade (COUTINHO, 1996, p. 51).

Segundo Coutinho, a concepção "restrita" do Estado nesses pensadores, ao explicitar *o aspecto repressivo como aspecto principal do fenômeno estatal,* corresponde à particularidade histórica do Estado restrito com a qual se confrontaram.

Numa época de escassa participação política, quando a ação do proletariado se exercia sobretudo através de vanguardas combativas mas pouco numerosas, atuando quase sempre na clandestinidade, era natural que esse aspecto coercitivo do Estado se colocasse em primeiro plano na própria realidade: o Estado moderno ainda não explicitara plenamente suas múltiplas determinações e, desse modo, a teoria "restrita" do Estado correspondia à existência de um Estado "restrito" (e, mais geralmente, de uma esfera pública "restrita") (COUTINHO, 1996, p. 51-52).

A concepção "ampliada" do Estado, desenvolvida por Gramsci, é possível pela *intensa socialização da política,* com a qual o pensador italiano se confronta.

A esfera política "restrita" que era própria dos Estados oligárquicos, tanto autoritários como liberais, cede progressivamente lugar a uma nova esfera pública "ampliada", caracterizada pelo crescente protagonismo de amplas organizações de massa. É a percepção dessa socialização da política que permite a Gramsci elaborar uma teoria marxista *ampliada* do Estado. Mas cabe lembrar que se trata de uma ampliação *dialética*: os novos elementos aduzidos por Gramsci não eliminam o núcleo fundamental da teoria "restrita" de Marx, Engels e Lenin (ou seja, o caráter de *classe* e o momento *repressivo* de todo poder de Estado), mas o *repõem* e *transfiguram ao desenvolvê-lo* através do acréscimo de novas determinações (COUTINHO, 1996, p. 52-53, grifos do original).

Na avaliação de Coutinho (1996), a originalidade do conceito ampliado de Estado do pensador italiano aparece na sua definição de "sociedade civil", ou Estado ampliado, que:

Designa, mais precisamente, o conjunto das instituições responsáveis pela representação dos interesses de diferentes grupos sociais, bem como pela elaboração e/ou difusão de valores simbólicos e de ideologias: ela compreende assim o sistema escolar, as Igrejas, os partidos políticos, as organizações profissionais, os meios de comunicação, as instituições de caráter científico e artístico etc. (COUTINHO, 1996, p. 53-54).

Neste ponto, cabe observar que o conceito de sociedade civil em Gramsci não tem qualquer relação com as tendências conservadoras que ganham terreno no pensamento social hegemônico do capitalismo mundial e que, na perspectiva de legitimar a ordem do capital e as ofensivas neoliberais, procuram despolitizar o seu significado original.

Contudo, trata-se sobretudo de recordar que Gramsci é Gramsci precisamente porque supera dialeticamente os conceitos de seus interlocutores e constrói uma originalíssima noção de sociedade civil, que aparece como eixo articulador de uma *nova* teoria *marxista* do Estado. A correta definição do estatuto teórico da sociedade civil e do Estado é dos mais importantes debates ideológico-políticos da atualidade. Com efeito, demonstrar a dimensão nitidamente política do conceito gramsciano de sociedade civil, revelando sua articulação dialética com a batalha pela hegemonia e pela conquista do poder por parte das classes subalternas, é parte integrante da luta pela desconstrução de uma das mais insidiosas vertentes da ideologia neoliberal, precisamente aquela que — valendo-se de uma terminologia supostamente "de esquerda" — herdada dos combates contra a ditadura — tem como base este novo conceito apolítico e asséptico de sociedade civil. Um conceito que, como tentamos demonstrar, nada tem a ver com o pensamento revolucionário de Antonio Gramsci (COUTINHO, 2006, p. 54-55, grifos do original).

As funções estatais, *de hegemonia ou consenso e de dominação ou coerção*, realizam-se de forma articulada e assumem maior ou menor preponderância, de acordo com as particularidades históricas do movimento real da ordem do capital e da correlação de forças no interior da luta de classes.

Assim como a particularidade da sociabilidade burguesa examinada por Marx e Engels e, posteriormente por Lênin, que está na base da concepção restrita do Estado, a processualidade histórica examinada por Gramsci, que alimenta sua concepção ampliada do Estado, foi profundamente transformada pela crise estrutural do atual estágio do capitalismo mundial.

Pense-se nas profundas transformações no mundo do trabalho; nos impactos deletérios da acumulação e da concentração privada da riqueza socialmente produzida sobre a expressiva maioria da humanidade e sobre o meio ambiente; na ofensiva neoliberal sobre as formas clássicas de organização política da classe trabalhadora, como partidos, sindicados e movimentos sociais; e nas investidas ideológicas para inflar o espaço privado e esvaziar o espaço público, que tanto contribuem para exacerbar o individualismo burguês e despolitizar a esfera pública e as relações sociais de classe, de sexo e étnico-raciais.

Transformações profundas e inéditas que corroboram a validade histórica das análises críticas sobre o caráter de classe e as funções assumidas pelo Estado burguês no processo de *valorização do valor*[1], que sustenta a reprodução da ordem do capital.

A ampliação ou a redução da *socialização da política* corresponde às necessidades históricas forjadas no interior da luta de classes e à complexidade e à heterogeneidade na composição da sociedade civil, no sentido gramsciano. Essa determinação da realidade histórico-social desafia nossa capacidade teórico-prática e ético-política para a compreensão do papel assumido pelo Estado para assegurar a *valorização do valor* e manter a hegemonia da dominação burguesa. Consequentemente, do ponto de vista do trabalho, desafia nossa capacidade para apreender na legalidade objetiva aquelas tendências históricas que, forjadas pela luta de classes, contribuem para fortalecer os interesses democráticos e populares.

Uma determinação concreta, criticamente analisada pela tradição marxista, que torna essa compreensão e a práxis política ainda mais desafiantes, refere-se à forma política tipicamente capitalista do Estado. O Estado burguês caracteriza-se pela *"separação entre o domínio econômico e político"*,

---

1. "Observando-se o processo de produção do ponto de vista do processo de trabalho, o trabalhador se relaciona com os meios de produção não como capital, mas como mero meio e material de sua atividade produtiva orientada para um fim. Num curtume, por exemplo, ele trata as peles como seu mero objeto de trabalho. Não é para o capitalista que ele curte a pele. Diferentemente de quando observamos o processo de produção do ponto de vista do processo de valorização. Os meios de produção convertem-se imediatamente em meios para a sucção de trabalho alheio. Não é mais o trabalhador que emprega os meios de produção, mas os meios de produção que empregam o trabalhador. Em vez de serem consumidos por ele como elementos materiais de sua atividade produtiva, são eles que o consomem como fermento de seu próprio processo vital, e o processo vital do capital não é mais do que seu movimento como valor que valoriza a si mesmo" (MARX, 2013a, p. 264).

visto que *"o burguês não é necessariamente o agente estatal"* (MASCARO, 2013, p. 16, grifos nossos).

Essa separação, necessária à reprodução social no capitalismo, se sustenta pelo fundamento da troca de mercadorias:

> No capitalismo, a apreensão do produto da força de trabalho e dos bens não é mais feita a partir de uma posse bruta ou da violência física.[2] Há uma intermediação universal das mercadorias, garantida não por cada burguês, mas por uma instância apartada de todos eles. O Estado, assim, se revela como um aparato necessário à reprodução capitalista, assegurando a troca das mercadorias e a própria exploração da força de trabalho sob forma assalariada. As instituições jurídicas que se consolidam por meio do aparato estatal — o sujeito de direito e a garantia do contrato e da autonomia da vontade, por exemplo — possibilitam a existência de mecanismos apartados dos próprios exploradores e explorados (MASCARO, 2013, p. 16-17).

A separação estrutural entre domínio econômico e domínio político, pela mediação da forma política do Estado e das instituições jurídicas típicas do capitalismo, desvela o caráter burguês do Estado na ordem do capital, pois se trata de uma forma histórica particular de regulação dos antagonismos de classe hegemonizada pelos interesses burgueses.

> A luta de classes revela a situação específica da política e da economia dentro da estrutura do capitalismo. Mas, para além da luta de classes, as formas sociais do capitalismo lastreadas no valor e na mercadoria revelam a natureza de forma política estatal. Na forma, reside o núcleo da existência do Estado no capitalismo (MASCARO, 2013, p. 20).

E ainda:

> O caráter terceiro do Estado em face da própria dinâmica da relação entre capital e trabalho revela a sua natureza também afirmativa. Não é apenas um aparato de repressão, mas sim de constituição social. A existência de um nível

---

2. Entende-se que esta análise deve ser tomada como tendência geral, o que não anula a compreensão das formas típicas de violência e opressão no âmbito da totalidade capitalista, por exemplo, a acumulação primitiva, o colonialismo, o escravismo moderno, o patriarcado e os mecanismos de acumulação por espoliação do capitalismo contemporâneo.

político apartado dos agentes econômicos individuais dá a possibilidade de influir na constituição de subjetividades e lhes atribuir garantias jurídicas e políticas que corroboram para a própria reprodução da circulação mercantil e produtiva [...]. O Estado é, na verdade, um momento de condensação de relações sociais específicas, a partir das próprias formas dessa sociabilidade. O seu aparato institucionalizado é um determinado instante e espaço dessa condensação, ainda que se possa considerá-lo fulcro de sua identificação. Mas esse aparato só se implanta e funciona em uma relação necessária com as estruturas de valorização do capital. Nessa rede de relações na qual se condensa o Estado, é no capital que reside a chave de sua existência (MASCARO, 2013, p. 18-19).

Com esses elementos, ainda que sumariamente apresentados, reafirma-se o pressuposto de que a sociabilidade burguesa supõe a existência do Estado e que sua forma política (e suas funções sociais e jurídicas) se estrutura para assegurar a valorização do valor, vital para a reprodução da ordem burguesa.

Da mesma forma, reafirma-se a importância da crítica teórica sobre os limites da democracia e da cidadania burguesas, por sua impossibilidade de realização da igualdade substantiva entre os indivíduos sociais, sobre os limites e o significado das funções sociais do Estado e sobre as conquistas arrancadas no âmbito da luta de classes pela práxis política das classes subalternas organizadas coletivamente.

2. O Estado Social[3]

Vê-se que as particularidades históricas do Estado burguês só podem ser apreendidas na processualidade contraditória e complexa da luta de

---

3. "[...] o termo Welfare State origina-se na Inglaterra e é comumente utilizado na literatura anglo-saxônica. Mas há outras designações, que nem sempre se referem ao mesmo fenômeno e não podem ser tratadas como sinônimo de Welfare State. É o caso do termo État-Providence (Estado-providência), que tem origem no Estado social na França e o designa, enquanto na Alemanha o termo utilizado é Sozialstaat, cuja tradução literal é Estado social" (BEHRING; BOSCHETTI, 2007, p. 96-97). No Brasil e na literatura profissional, o termo Estado de Bem-Estar Social é amplamente utilizado para enfeixar as características que o Estado burguês assume nos "anos de ouro" do capitalismo, ou seja, no contexto de expansão capitalista do pós-Segunda Guerra Mundial. Não é nosso objetivo analisar as particularidades históricas do Estado burguês nos vários países na fase do capitalismo maduro (MANDEL, 1982). Adotamos o termo Estado Social no sentido de ressaltar o caráter capitalista do Estado, concordando com as formulações de Boschetti (2018, p. 77-78): "o uso do termo

SERVIÇO SOCIAL E ÉTICA PROFISSIONAL: FUNDAMENTOS E INTERVENÇÕES CRÍTICAS

classes. A constituição e a movimentação das classes em relação, como *classe em si* e como *classe para si*, incidem de modo determinante sobre o papel regulador do Estado e sobre suas funções em face dos antagonismos de classe e, de maneira hegemônica, em face dos interesses da acumulação capitalista.

A configuração inicial da cidadania e dos direitos na sociedade burguesa corresponde ao período de mudanças no padrão de acumulação capitalista e de crescimento do movimento operário, entre finais do século XIX e as primeiras décadas do século XX.

> [...] a passagem do século XIX ao século XX foi marcada, de um lado, por uma sociedade capitalista em pleno processo de restruturação e reificação, apoiado em um novo padrão de acumulação regulado por uma visão de mundo positivista sobreposta ao velho liberalismo individualista do século XIX. De outro lado, por um renovado movimento político dos trabalhadores, ainda movido por difusos compromissos com a emancipação social, mas sem as condições objetivas (sobretudo no plano político e cultural) de superar as forças cegas da ordem e suas estratégias hegemônicas (ABREU, 2008, p. 164).

A ampliação do reconhecimento formal de direitos e a experiência histórica do Estado Social (MANDEL, 1982) ocorrem de modo mais generalizado após a Segunda Guerra Mundial, num contexto que combinava *pacto* entre as classes fundamentais e uma onda longa de expansão capitalista. Sua possibilidade foi determinada, entre outros elementos, pela crescente participação política dos segmentos organizados da classe trabalhadora na luta pelo reconhecimento de seus direitos, pela busca de legitimidade da ordem burguesa num contexto de disputas (abertas e veladas) com o socialismo real e pelas necessidades de acumulação do capital.

> Todas as ilusões subsequentes relativas a um "Estado social" baseavam-se numa extrapolação arbitrária dessa tendência, na falsa crença em uma redistribuição crescente da renda nacional, que tiraria do capital para dar ao trabalho. Na verdade, é claro que a queda da taxa média de lucros, resultante de qualquer redistribuição num modo de produção capitalista, arriscaria não apenas a

---

Estado social não atribui a priori nenhuma avaliação valorativa sobre sua condição de 'bem-estar' ou de 'mal-estar'. Apenas informa que se refere à ação do Estado na esfera social [...]. Situa-se, portanto, nas relações entre a economia, a política e o social, e não pode ser compreendido em sua totalidade se for dissociado da dinâmica própria do capital".

reprodução ampliada, mas também a reprodução simples: detonaria uma greve dos investidores, a fuga do capital e o desemprego em massa. As ilusões quanto à possibilidade de "socialização através da redistribuição" não passam, tipicamente, de estágios preliminares do desenvolvimento de um reformismo cujo fim lógico é um programa completo para a estabilização efetiva da economia capitalista e de seus níveis de lucro. Esse programa incluirá habitualmente restrições periódicas ao consumo da classe operária, a fim de aumentar a taxa de lucro e assim "estimular investimentos" (MANDEL, 1982, p. 339).

Sem qualquer ilusão idealista ou reformista (social-democrata), o fato é que a experiência histórica do Estado Social, realizada de modo desigual no mundo capitalista do pós-Segunda Guerra, permitiu a ampliação das funções sociais do Estado burguês na regulação dos antagonismos de classe e, consequentemente, a ampliação dos direitos de cidadania, alargando o acesso de parcela da classe trabalhadora (em especial nos países centrais do sistema capitalista) a bens e serviços que incidiram positivamente sobre suas condições de vida e de trabalho.

Nos países de capitalismo central, a classe trabalhadora experimentou — não sem contradições ou desigualdades entre os países e no interior da própria classe trabalhadora — a ampliação do acesso a bens e serviços de educação, saúde e previdência social, e o aumento da capacidade de consumo. Período que corresponde aos *anos de ouro* do capitalismo, do imediato pós-Segunda Guerra a meados da década de 1970, quando se instala uma nova crise estrutural de longa duração.

No Brasil, tardiamente, o esboço da experiência de um Estado Social só foi possível após uma intensa mobilização dos setores democráticos e progressistas no processo de abertura e redemocratização do Estado e da sociedade brasileiros na década de 1980, após a derrocada da ditadura militar implantada pelo golpe empresarial-militar de 1964. Um dos marcos da experiência inconclusa do Estado Social brasileiro se traduz nas garantias e nos direitos inscritos na Constituição Federal de 1988.

Um outro aspecto de destaque nos anos 1980 foi a redefinição das regras políticas do jogo, no sentido da retomada do Estado democrático de direito. Esta foi a tarefa designada para um Congresso Constituinte, e não para uma Assembleia Nacional livre e soberana, como era a reivindicação do movimento dos trabalhadores e sociais. Ainda assim, a Constituinte tornou-se uma grande arena de disputas e de esperança de mudanças para os trabalhadores brasileiros [...].

Assim, a Constituinte foi um processo duro de mobilizações e contramobilizações de projetos e interesses mais específicos, configurando campos definidos de forças. O texto constitucional refletiu a disputa de hegemonia, contemplando avanços em alguns aspectos, a exemplo dos direitos sociais, humanos e políticos, pelo que mereceu a caracterização de Constituição Cidadã, de Ulisses Guimarães. Mas manteve fortes traços conservadores, como a ausência de enfrentamento da militarização do poder no Brasil (as propostas de construção de um Ministério da Defesa e do fim do serviço militar obrigatório foram derrotadas, dentre outras), a manutenção de prerrogativas do Executivo, como as medidas provisórias, e na ordem econômica. Os problemas essenciais do Brasil depararam-se com uma espécie de híbrido entre o velho e o novo (sempre reiterado em nossas paragens): uma Constituição programática e eclética, que em muitas ocasiões foi deixada ao sabor das legislações complementares (BEHRING, 2008, p. 142-143).

Como todas as funções estatais, econômicas ou extraeconômicas (política e social) só ganham significado pelo papel que desempenham na valorização do valor para assegurar a reprodução das relações capitalistas, não surpreende que, a partir dos anos 1970, no contexto da crise estrutural do capitalismo, a ofensiva neoliberal volte-se deliberadamente ao ataque das formas clássicas de organização da classe trabalhadora e ao desmonte do que se configurou como Estado Social nas economias capitalistas mundo afora.

O esgotamento do pacto entre as classes que forjou a curta e desigual experiência histórica do Estado Social no mundo capitalista derivou da crise de superprodução iniciada em finais dos anos 1960, responsável pelas significativas mudanças no padrão de acumulação capitalista, no mundo do trabalho e nas tendências hegemonizadas pela forma política do Estado neoliberal. Mudanças, que alteraram significativamente a composição da classe trabalhadora, aprofundaram a regressão dos direitos e encontraram pouca resistência, em razão do enfraquecimento da capacidade organizativa da classe trabalhadora nos espaços coletivos (sindicatos e partidos) e do esgotamento da experiência do socialismo real.

A partir de então, o que restou do Estado Social tem sido acentuadamente substituído pelas formas contemporâneas do Estado burguês capturado pela razão neoliberal: Estado Mínimo (para o social), Estado Penal (criminalização da pobreza e encarceramento em massa) e Estado Teocrático (avanço do poder político-teológico sobre as esferas pública e estatal).

Formas contemporâneas do Estado que atendem às exigências da acumulação por espoliação, nos termos de Harvey (2005, p. 121):

> Todas as características da acumulação primitiva que Marx mencionou permanecem fortemente presentes na geografia histórica do capitalismo até os nossos dias. A expulsão de populações camponesas e a formação de um proletariado sem terra têm se acelerado em países como o México e a Índia nas três últimas décadas, muitos recursos antes partilhados, como a água, têm sido privatizados (com frequência por insistência do Banco Mundial) e inseridos na lógica capitalista da acumulação; formas alternativas (autóctones e mesmo, no caso dos Estados Unidos, mercadorias de fabricação caseira) de produção e consumo têm sido suprimidas. Indústrias nacionalizadas têm sido privatizadas. O agronegócio substituiu a agropecuária familiar. E a escravidão não desapareceu (particularmente no comércio sexual).

E ainda:

> Foram criados também mecanismos inteiramente novos de acumulação por espoliação. A ênfase nos direitos de propriedade intelectual nas negociações da OMC (o chamado Acordo TRIPS) aponta para maneiras pelas quais o patenteamento e licenciamento de material genético, do plasma de sementes e de todo tipo de outros produtos podem ser usados agora contra populações inteiras, cujas práticas tiveram um papel vital no desenvolvimento desses materiais. A biopirataria campeia e a pilhagem do estoque mundial de recursos genéticos caminha muito bem em benefício de umas poucas grandes companhias farmacêuticas. A escalada da destruição dos recursos ambientais globais (terra, ar, água) e degradações proliferantes de hábitats, que impedem tudo exceto formas capital-intensivas de produção agrícola, também resultaram na mercadificação por atacado da natureza em todas as suas formas. A transformação em mercadoria de formas culturais, históricas e da criatividade intelectual envolve espoliações em larga escala (a indústria da música é notória pela apropriação e exploração da cultura e da criatividade das comunidades). A corporativização e privatização de bens até agora públicos (como as universidades), para não mencionar a onda de privatizações (da água e de utilidades públicas de todo gênero) que tem varrido o mundo, indicam uma nova onda de expropriação das terras comuns. Tal como no passado, o poder do Estado é com frequência

usado para impor esses processos mesmo contrariando a vontade popular. A regressão dos estatutos regulatórios destinados a proteger o trabalho e o ambiente da degradação tem envolvido a perda de direitos. A devolução de direitos comuns de propriedade obtidos graças a anos de dura luta de classes (o direito a uma aposentadoria paga pelo Estado, ao bem-estar social, a um sistema nacional de cuidados médios) ao domínio privado tem sido uma das mais flagrantes políticas de espoliação implantadas em nome da ortodoxia neoliberal (HARVEY, 2005, p. 123).

Nessas duas longas passagens de Harvey (2005), encontram-se elementos importantes que permitem caracterizar a acumulação por espoliação do atual estágio do capitalismo mundial e, ao mesmo tempo, elementos para analisar as tendências regressivas que se expressam de modo virulento na sociedade e no Estado burgueses da atualidade.

A contraface da acumulação por espoliação do capitalismo mundial se revela na destruição socioambiental; no desemprego estrutural; nos deslocamentos humanos forçados; na violência urbana e rural; no extermínio da população negra e dos povos originários; no feminicídio; no encarceramento em massa; na intensa regressão no campo dos direitos; na crescente manifestação aberta de práticas neofascistas, de intolerância, de fundamentalismo religioso e de crise da democracia burguesa.

No atual estágio do capitalismo mundial, a *face contemporânea da barbárie* (NETTO, 2012) desvela o esgotamento do *projeto civilizatório da ordem burguesa* (NETTO, 2012) e desafia os segmentos sociais comprometidos com as conquistas democráticas e com o humanismo à construção de forças políticas capazes de frear a destruição conduzida pela ordem do capital.

3. Ética profissional da(o) assistente social e a defesa do Estado laico e de direitos

Vê-se que o aprofundamento da democracia e o reconhecimento de direitos resultam dos tensionamentos gestados no âmbito da luta de classes e encontram limites objetivos na sociabilidade burguesa, além de o Estado burguês cumprir um papel central para assegurar a reprodução das relações sociais capitalistas.

[...] o Estado Social se situa na relação estrutural entre Estado e economia no capitalismo, ou seja, não pode ser dissociado do modo de produção capitalista e de sua essência: o processo de constituição do valor e do mais valor (mais-valia) determinado pela exploração da força de trabalho (BOSCHETTI, 2018, p. 81).

No entanto, o caráter contraditório da ordem do capital demonstra que, mesmo diante da impossibilidade da emancipação humana na sua vigência, a práxis política dos segmentos subalternizados conseguiu arrancar conquistas que se tornaram referências incontornáveis na luta pela humanização do ser social, entre elas, o Estado laico e de direitos (mesmo nos limites da cidadania e da democracia burguesas).

O esgotamento da experiência do Estado Social e seu sequestro pela razão neoliberal vêm assegurando a ampliação de suas funções de controle e coerção, a regressão no campo dos direitos e de socialização da política, e a solvência dos limites impostos à dominação e à exploração do capital, conformando, assim, a barbárie contemporânea.

Se, por um lado, não se vislumbra qualquer tendência objetiva que possa revolucionar essa realidade, por outro, transigir diante dela não é uma alternativa àquelas(es) que resistem e recusam a barbárie.

A luta contra a barbárie contemporânea é, ao mesmo tempo, uma forma de resistência e uma aposta na potencialidade revolucionária da práxis. Se a práxis política revolucionária está interditada pelas tendências regressivas do atual estágio do capitalismo mundial, é preciso, sem abandoná-la, reafirmar aquelas conquistas que contribuem para a humanização do ser social.

Do ponto de vista da ética profissional da(o) assistente social, é necessário, e urgente, o confronto das expressões cotidianas da barbárie que avançam insidiosamente sobre o que ainda resta dos padrões civilizatórios[4] conquistados com muita luta.

A *defesa da liberdade como valor ético central, do aprofundamento da democracia, como socialização da participação política e da riqueza socialmente produzida,*

---

4. Entende-se por padrão civilizatório as conquistas do ser social que contribuem para sua humanização. Incluem-se nessas conquistas a razão crítica e dialética, a esfera pública como espaço legítimo de disputa de projetos coletivos, a práxis política, os valores humano-genéricos, a liberdade como valor ético central, o respeito à diversidade humana (sexual, de gênero e étnico-racial) e a democratização do poder político e da riqueza socialmente produzida. Ou seja, ao se falar aqui em padrão civilizatório, não há qualquer relação com concepções eurocêntricas, coloniais ou supremacistas.

e *a recusa do arbítrio e do autoritarismo* (CFESS, 2012) são princípios éticos do trabalho profissional, uma vez que se configuram como valores fundamentais para o processo de humanização do ser social.

As transformações nas funções do Estado burguês sinalizadas anteriormente não retiram a validade histórica e a importância ético-política da defesa desses valores. Ao contrário, sua validade histórica assume importância ainda maior em face da barbárie.

Os valores que contribuem para uma vida autenticamente humana não perdem validade histórica, mesmo quando as condições objetivas impedem seu aprofundamento e universalização, a perda é sempre relativa. Além disso, a defesa dos valores autenticamente humanos implica situar seus fundamentos e significados no solo histórico da práxis social, como resultado da ação concreta dos indivíduos sociais. Essa defesa é, portanto, a afirmação de sua viabilidade histórica e de sua possibilidade ética e política.

> [...] pode-se considerar valor tudo aquilo que, em qualquer das esferas e em relação com a situação de cada momento, contribua para o enriquecimento daquelas componentes essenciais;[5] e pode-se considerar desvalor tudo o que direta ou indiretamente rebaixe ou inverta o nível alcançado no desenvolvimento de uma determinada componente essencial (HELLER, 1992, p. 4-5).

Com relação à validade histórica dos valores autênticos, aqueles que contribuem para o enriquecimento da essência humana e para a humanização do ser social, Heller (1992, p. 9, grifos nossos) afirma que *"o critério de desenvolvimento dos valores não é apenas a realidade objetiva dos mesmos, mas também sua possibilidade"*.

A defesa dos valores humano-genéricos que são afirmados pela ética profissional da(o) assistente social é também uma convocação à consciência ético-política das(os) profissionais para a compreensão de que a legitimidade das respostas dominantes para a crise estrutural do capitalismo, ou seja, a legitimação da barbárie contemporânea ocorre em grande medida pela afirmação cotidiana de desvalores.

---

5. Com base em György Márkus, Heller (1992, p. 4) faz a seguinte afirmação: "Segundo essa análise, as componentes da essência humana são, para Marx, o trabalho (a objetivação), a socialidade, a universalidade, a consciência e a liberdade".

A atual crise estrutural do capitalismo é também uma crise política de dominação, tanto que, à medida que se acentuam as desigualdades, as opressões e as violências produzidas pela ordem do capital, a dominação burguesa não pode prescindir do aparato repressivo do Estado para conter os movimentos que denunciam as injustiças ou contestam a ordem social, tampouco prescindir de mecanismos ideológicos que servem para legitimar a barbárie contemporânea, deslocando a compreensão de seus fundamentos histórico-sociais para explicações irracionalistas e transcendentais.

Destacam-se nesse contexto de aprofundamento da barbárie capitalista e de crise política da dominação burguesa duas tendências históricas que têm se propagado de modo avassalador sobre os direitos fundamentais e sobre a laicidade do Estado.

A primeira tendência, que envolve mecanismos ideológicos de *satanização* do Estado, da esfera pública e da política, é a conversão de direitos fundamentais — duramente conquistados no interior da luta de classes — em bens e serviços de consumo mercantil, ou seja, em mercadorias. Nas análises anteriores, indicou-se que a universalização dos direitos e a generalização do Estado social são impossibilitadas pela acumulação capitalista, por isso direitos fundamentais como moradia, educação e saúde nunca foram universalizados. No entanto, na atual fase do capitalismo mundial, o que está em jogo não é apenas o caráter restritivo do acesso a alguns direitos, mas também a supressão de todos os direitos duramente conquistados e, igualmente, o apagamento da consciência sobre a possibilidade da existência de direitos.

> Mais precisamente, é pela desmoralização que se é capaz de provocar na população a opinião de que a política do "Estado de bem-estar" se tornou particularmente onerosa. O grande tema neoliberal afirma que o Estado burocrático destrói as virtudes da sociedade civil: a honestidade, o sentido do trabalho bem feito, o esforço pessoal, a civilidade, o patriotismo. Não é o mercado que destrói a sociedade civil com sua "sede de lucro", porque ele não poderia funcionar sem essas virtudes sociedade civil; é o Estado que corrói as molas da moralidade individual (DARDOT; LAVAL, 2016, posição 4.403-4.408).

> Os reformadores neoliberais não só se serviram do argumento da eficácia e do custo, como também alegaram a superioridade moral das soluções dadas ou inspiradas pelo mercado. Essa crítica repousa sobre um postulado que diz respeito à relação do indivíduo com o risco. O "Estado de bem-estar", querendo promover o bem-estar da população por meio de mecanismos de solidariedade, eximiu os indivíduos de suas responsabilidades e dissuadiu-os de procurar

trabalho, estudar, cuidar de seus filhos, prevenir-se contra doenças causadas por práticas nocivas. A solução, portanto, é pôr em ação, em todos os domínios e em todos os níveis, sobretudo no nível microeconômico do comportamento dos indivíduos, os mecanismos do cálculo econômico individual. O que deveria ter dois efeitos: a moralização dos comportamentos e uma maior eficiência dos sistemas sociais (DARDOT; LAVAL, 2016, posição 4.420-4.425).

A ortodoxia neoliberal avança para limitar a função social do Estado à função gerencialista de bens e serviços ofertados por organizações empresariais, pela mediação de contratos privados com recursos do fundo público, para atender às necessidades de consumidores. Nesta *nova razão do mundo* (DARDOT; LAVAL, 2016), são suprimidos a um só tempo a esfera pública como o espaço da cidadania, o sujeito de direitos e os direitos.

> Em uma palavra, a novidade consiste em promover uma "reação em cadeia", produzindo "sujeitos empreendedores" que, por sua vez, reproduzirão, ampliarão e reforçarão as relações de competição entre eles, o que exigirá, segundo a lógica do processo autorrealizador, que eles se adaptem subjetivamente às condições cada vez mais duras que eles mesmos produziram (DARDOT; LAVAL, 2016, posição 7.097-7.103).

> A única guerra contra a pobreza que se sustenta é a volta aos valores tradicionais: trabalho, família e fé são os únicos remédios para a pobreza (DARDOT; LAVAL, 2016, posição 4.444).

A segunda tendência que avança sobre o controle do Estado e das instituições sociais e políticas é a configuração de um poder político-teológico que, assim como os movimentos de extrema-direita e neofascistas, encontra uma realidade de desigualdades, violências, inseguranças e medos sobre a qual deita suas raízes.

> [...] a contingência, a insegurança, a incerteza e a violência são as marcas da condição pós-moderna ou da barbárie neoliberal e do decisionismo da "razão do Estado", e [que] são elas responsáveis pela despolitização (sob a hegemonia da ideologia da competência e do encolhimento do espaço público) e pelo ressurgimento dos fundamentalismos religiosos, não somente na esfera moral, mas também na esfera da ação política (CHAUI, 2004, p. 166).

No Brasil, e em várias partes do mundo, assistimos a verdadeiras cruzadas de representantes de igrejas neopentecostais cavando espaços de poder (executivo, legislativo, judiciário, conselhos de direitos, mídia, indústria fonográfica e, até mesmo, no tráfico de psicoativos ilícitos)[6] para assegurar pautas reacionárias na regulação moral e política da vida social.

As pautas da bancada evangélica no parlamento brasileiro e a atuação do núcleo de poder do governo federal voltam-se, especialmente, para barrar e retroceder sobre os direitos humanos; os direitos sexuais e reprodutivos das mulheres; os direitos da comunidade LGBTQIA+ e dos povos indígena e negro, e, cada vez mais, para imprimir as marcas confessionais sobre os poderes federativos. Há inúmeros exemplos nesse sentido, desde o *slogan* do atual governo federal: *"O Brasil acima de todos, Deus acima de tudo"*; cultos realizados no plenário do Congresso; crescente nomeação de militantes evangélicos a ministros, embaixadores, reitores, secretários, até as ações orquestradas para interferir nas políticas públicas: inclusão das Comunidades Terapêuticas no Sistema Nacional de Políticas Públicas sobre Drogas — contrariando os princípios da Reforma Psiquiátrica; censura de material didático sobre educação sexual; extinção massiva de Conselhos e Comissões Sociais de Direitos sob a alegação de ausência de normatização legal,[7] entre outras tantas iniciativas regressivas, posicionamentos públicos que atacam direitos, decretos e notas técnicas que incidem especialmente sobre conquistas democráticas das mulheres e das comunidades LGBTQIA+, indígena e negra.

As investidas sobre a laicidade do Estado têm sido uma constante entre as propostas de parlamentares evangélicos, como as que tramitavam no Congresso em 2018.

> Entre as proposições de cunho religioso tramitando no Congresso Nacional estão, por exemplo, a alteração da redação do parágrafo único do art. 1º da Constituição Federal, de "Todo o poder emana do povo, que o exerce por meio de representantes eleitos ou diretamente, nos termos desta Constituição" para "Todo o poder emana de Deus". Há também o projeto que prevê a concessão de visto especial a estrangeiros que venham ao país desenvolver atividades religiosas; muitos outros determinando a isenção de impostos, taxas e multas aos templos. E existem aqueles pedindo que doações feitas às Igrejas possam ser descontadas do Imposto de Renda e da folha de pagamento (DIP, 2018, posição 1412).

---

6. Ver Vital da Cunha (2015).

7. Ver matéria disponível em: https://cee.fiocruz.br/?q=ANALISE-DE-CONJUNTURA. Acesso em: 14 out. 2021.

É nesse contexto extremamente regressivo do ponto de vista dos direitos, da participação política e de investidas contra a laicidade do Estado que os valores e os princípios da ética profissional da(o) assistente social devem ser observados de modo rigoroso, pois é, no cotidiano da vida social, que a legitimação de desvalores ocorre de forma mais sistemática.

A barbárie produzida pelo capitalismo contemporâneo oferece as bases materiais para a emergência e a reprodução de desvalores, para a busca de saídas transcendentais e, consequentemente, para o fortalecimento de manifestações neofascistas, fundamentalistas, bem como para o fortalecimento do poder político-teológico que ameaça a laicidade do Estado. Nas palavras de Chauí (2004, p. 152):

> Mais profundamente, a fugacidade do presente, a ausência de laços com o passado objetivo e de esperança de um futuro emancipador suscitam o reaparecimento de um imaginário da transcendência. Os fundamentalismos religiosos e a busca da autoridade decisionista na política são os casos que melhor ilustram o mergulho na contingência bruta e a construção de um imaginário que não a enfrenta nem a compreende, mas simplesmente se esforça por contorná-la, apelando para duas formas inseparáveis de transcendência: a divina (à qual apela o fundamentalismo religioso) e a do governante (à qual apela o elogio da autoridade política forte). E não é casual que essa dupla transcendência apareça unificada na figura do chefe político travestido de chefe militar e religioso, uma vez que define sua ação como a luta do bem contra o mal.

Nessa conjuntura, a afirmação da ética profissional e sua observância em cada resposta profissional cotidiana conectam-se de modo extremamente significativo à urgente e necessária luta pela defesa intransigente dos direitos e da laicidade do Estado.

No entanto, do ponto de vista da ética profissional da(o) assistente social, é preciso explicitar que tal defesa é estratégica, em face da luta de classes e das particularidades do trabalho profissional, uma vez que o valor *de caráter humano-genérico mais central do Código de Ética é a emancipação* (BARROCO; TERRA, 2012, p. 58), e a emancipação humana é irrealizável no âmbito da sociedade burguesa.

Assim, a defesa dos direitos e da laicidade do Estado coloca-se no horizonte da manutenção da emancipação política conquistada na luta de classes, e o sentido de tal defesa supõe seu tensionamento, na perspectiva de superação da ordem do capital e da conquista da emancipação humana.

A pauta é de nenhum direito a menos — serviços e benefícios — e a disputa do fundo público para a proteção social aos que necessitam da política social numa sociedade que não oferta (e nunca ofertará) emprego para todos/as, o que se combina com a precarização, combinada à diminuição progressiva da jornada de trabalho, ampliando o acesso ao emprego. Esses são apenas exemplos. O fundamental é que há um enorme campo aberto de tensão a ser estrategicamente trabalhado, com base na materialidade que os direitos e políticas sociais adquirem na vida de bilhões de trabalhadores/as do Brasil e do mundo, tendo em vista forjar as bases da consciência de classe para a superação da lógica do valor, da mercadoria, do capital e, nos termos de Marx, para a superação da pré-história da humanidade, pavimentando o caminho para a emancipação humana (BEHRING, 2021, p. 269-270).

A compreensão crítica sobre a articulação entre emancipação política e emancipação humana, inscrita na ética profissional da(o) assistente social, é imprescindível para a apreensão do significado da defesa dos direitos e da laicidade do Estado nos limites da sociabilidade burguesa, uma vez que o "Código de Ética da(o) Assistente Social articulou duas dimensões da profissão: a do exercício profissional institucional à da ação política coletiva vinculada aos processos de luta contra hegemônicos da sociedade brasileira" (BARROCO; TERRA, 2012, p. 59). Por isso, a explícita defesa no âmbito da ética profissional de dois projetos: "o projeto profissional e a projeção de uma nova sociedade, que supõe a superação radical da sociedade burguesa" (BARROCO; TERRA, 2012, p. 59).

Para que não restem dúvidas, é preciso reiterar que a conexão entre os fundamentos da ética profissional e a defesa dos direitos e da laicidade do Estado funda-se na compreensão de que a emancipação política não se confunde com a emancipação humana; de que a emancipação humana não se realiza nos limites da sociedade burguesa, tampouco nos limites do trabalho profissional, e de que os valores e os princípios da ética profissional estão conectados com o horizonte da emancipação humana:

> Assim, o Código articulou dois níveis de orientação ética profissional que se vinculam organicamente: o presente e o devir mediado pelo trabalho profissional na perspectiva de seu alargamento e no horizonte de sua superação (BARROCO; TERRA, 2012, p. 60).

SERVIÇO SOCIAL E ÉTICA PROFISSIONAL: FUNDAMENTOS E INTERVENÇÕES CRÍTICAS

Atividades complementares

PARA REFLETIR

"É uma antiga lenda chinesa. Na hora de ir para o trabalho, um lenhador dá falta do machado. Observa seu vizinho: tem o aspecto típico de um ladrão de machados, o olhar e os gestos e o modo de falar de um ladrão de machados. Mas o lenhador encontra sua ferramenta, que estava caída por ali. E quando torna a observar seu vizinho, constata que não se parece nem um pouco com um ladrão de machados, nem no olhar, nem nos gestos, nem no modo de falar" (GALEANO, 2013, posição 1.079).

Exercício 1

Identifique e analise possíveis relações entre o conto anterior, de Galeano, e os elementos de análise apresentados neste capítulo.

Exercício 2

Quais relações você estabelece entre os princípios e os valores da ética profissional da(o) assistente social, o Estado laico e os direitos?

Exercício 3

Reflita sobre as expressões da barbárie contemporânea e do fundamentalismo religioso a partir de sua realidade de trabalho/estágio. Reflita sobre as estratégias profissionais de enfrentamento dessa realidade.

TEXTOS DE APOIO

Texto 1

"Desde o golpe parlamentar, judiciário e midiático de 2016, há um novo momento do neoliberalismo no Brasil, adequado aos desdobramentos da crise do capitalismo que se agudizou nos últimos anos, com seus impactos deletérios para o Brasil. Apesar de algumas semelhanças discursivas e de medidas concretas com o projeto contrarreformista de FHC, não se trata mais da fase fundacional do neoliberalismo entre nós, mas de um novo, mais profundo e violento momento. Desde as mobilizações de junho de 2013, ficaram expostos os limites da gestão petista do Estado brasileiro, com seus governos de coalização e de conciliação de classes (DEMIER, 2017), tendo como agravante um ambiente internacional desfavorável desde a eclosão da crise de 2008/2009 nos países centrais, mas cujos impactos maiores chegaram ao Brasil poucos anos depois. O desfecho desse desgaste foi o golpe parlamentar midiático com o suporte da Operação Lava-jato, já comentado anteriormente. Essa foi a saída burguesa para forçar a entrada nesse difícil terceiro momento do neoliberalismo no Brasil, em conexão com as exigências do ambiente internacional quanto ao ritmo, à intensidade e à extensão do ajuste (DEMIER, 2017)" (BEHRING, 2021, p. 190-191).

Texto 2

"Ao discursar na 26ª Conferência das Nações Unidas sobre as Mudanças Climáticas (COP26), em Glasgow, na Escócia, a ativista indígena Txai Suruí, coordenadora do Movimento da Juventude Indígena de Rondônia, levou o Brasil que o governo Bolsonaro insiste em esconder. Do povo Paiter Suruí, a jovem de 24 anos é da Terra Indígena (TI) Sete de Setembro, que fica localizada entre os municípios de Cacoal e Espigão d'Oeste, em Rondônia, e avança até Mato Grosso, no município de Rondolândia. Segundo o Instituto Socioambiental (ISA), o território é alvo de garimpeiros e madeireiros. Em julho deste ano, a Polícia Federal realizou uma operação no local de combate ao desmatamento ilegal. Segundo a PF, foram encontrados no local pontos de desmate com árvores derrubadas, uma serraria, radiocomunicadores, motosserras e motos. Em outubro do ano passado, uma operação do mesmo tipo também localizou pontos de desmate, serraria móvel, tratores, um caminhão carregado de toras, motosserras, radiocomunicadores e motos. A TI fica próximo à Terra Indígena Uru-Eu-Wau-Wau, a maior do estado de Rondônia, uma das três TIs mais ameaçadas entre fevereiro e abril de 2021, segundo o Sistema de Alerta de Desmatamento (SAD), feito por meio do monitoramento trimestral Ameaça e Pressão do Instituto Imazon. As outras duas foram a TI Trincheira *Bacajá (PA) e a TI Parakanã (PA). Segundo o documento, a ameaça é o risco iminente de ocorrer desmatamento. Frente ao avanço das ameaças, que por vezes foram concretizadas, indígenas da região criaram a Equipe de Vigilância Indígena para monitorar a ação de invasores e proteger os limites da reserva.* [...] *Para lideranças da região, a criação e atuação da equipe motivaram* o assassinato de um dos guardiões do território, Ari Uru-Eu-Wau-Wau, *lembrado por Txai Suruí em seu discurso na COP26. Ari, com 33 anos, foi encontrado sem vida e com sinais de espancamento na linha 625 de Tarilândia, distrito de Jaru (RO), perto de uma das entradas da Terra Indígena. 'Enquanto vocês estão fechando os olhos para a realidade, o guar-*

dião da floresta Ari Uru-Eu-Wau-Wau, meu amigo de infância, foi assassinado por proteger a natureza. Os povos indígenas estão na linha de frente da emergência climática, por isso devemos estar no centro das decisões que acontecem aqui. Nós temos ideias para adiar o fim do mundo', afirmou a jovem" (OLIVEIRA, 2021), grifos nossos).

Texto 3

"A laicidade do Estado supõe sua indiferença em relação às manifestações e convicções religiosas presentes na sociedade, supõe que as instituições, as relações de poder, as políticas sociais e o ordenamento jurídico estatais não manifestem ou sejam baseados em convicções religiosas. A liberdade de manifestação e a diversidade de convicções religiosas presentes na sociedade supõem o Estado Laico. Este, por sua vez, não supõe uma sociedade laica, mas a liberdade de manifestação religiosa, as liberdades individuais e os direitos de cidadania supõem um Estado democrático e laico" (BRITES, 2016).

Dicas culturais

FILMES

O dançarino do deserto (Reino Unido, 2013). Direção: Richard Raymond.

A igualdade é branca (Polônia/França/Suiça, 1994). Direção: Krzysztof Kieslowski.

Bacurau (Brasil/França, 2019). Direção: Klebber Mendonça Filho e Juliano Dornelles.

Boy erased (EUA, 2018). Direção: Joel Edgerton.

LITERATURA

SARAMAGO, José. *As intermitências da morte*. São Paulo: Companhia das Letras, 2005.

AMADO, Jorge. *Capitães da areia*. São Paulo: Companhia de Bolso, 2009.

Capítulo 14

Ética profissional e demandas institucionais

1. Breve visada histórica

A ética profissional da(o) assistente social brasileira(o) pode ser considerada uma das mais avançadas e críticas no cenário do Serviço Social mundial. É herdeira de um processo coletivo que articulou determinações histórico-sociais, amadurecimento intelectual e participação política da categoria profissional nas frentes de luta em defesa de valores democráticos e dos interesses da classe trabalhadora. A ética profissional inscrita no projeto hegemônico do Serviço Social brasileiro, bem como sua normatização no atual Código de Ética, homologado em 1993, expressa uma abordagem ontológica, histórica e de totalidade sobre o gênero humano e suas atividades; sobre os valores; e sobre as exigências éticas do trabalho profissional, em face da totalidade social, das necessidades sociais, dos antagonismos de classe, das opressões nas relações sociais de sexo e étnico-raciais, e das requisições institucionais dirigidas a essa especialização do trabalho coletivo para responder às expressões da questão social.

Representa a consolidação da ruptura com o conservadorismo ético.[1] Ruptura iniciada no processo de renovação do Serviço Social brasileiro,[2]

---

1. Para apropriação desse debate, ver especialmente Barroco (2001) e Barroco e Terra (2012).
2. Uma análise apurada desse processo encontra-se em Netto (1991).

entre as décadas de 1960 e 1980, do qual alguns avanços já se encontravam inscritos no Código de Ética anterior, de 1986. As conquistas teóricas e ético-políticas da atual ética profissional da(o) assistente social, entre elas a ruptura com o conservadorismo ético, resultam de um processo histórico relativamente longo, que articula determinações de caráter econômico, político e cultural, as quais, forjadas na totalidade da vida social, incidem de modo particular sobre a profissão.

Entre as determinações que incidiram sobre o processo de renovação do Serviço Social brasileiro, destaca-se a erosão das bases tradicionais da profissão, impulsionada pela laicização da profissão, pela crise do padrão de acumulação capitalista do pós-Segunda Guerra, pelas demandas do projeto de modernização conservadora em curso no país naquele contexto e pela emergência de um pluralismo profissional determinado pela movimentação política e cultural dos anos 1960.

O pluralismo profissional configurou-se naquele contexto pela disputa por hegemonia entre três vertentes, sendo a vertente mais crítica aquela que ofereceria as bases do atual projeto ético-político profissional: a vertente de intenção de ruptura, vinculada ao campo marxista.

> Esse processo favoreceu o surgimento de um pluralismo profissional, no interior do qual surgiu a possibilidade de questionamentos em relação ao Serviço Social tradicional. Para isso, foi fundamental a politização de setores profissionais, seja por sua vinculação com os movimentos populares, seja sua participação cívica e política no período que antecede o golpe militar no Brasil, em 1964, na resistência à ditadura e no contexto de redemocratização da sociedade, nos anos 1980. Também, contribuiu para o acúmulo teórico, a permanência de setores profissionais na universidade durante a ditadura, em projetos de pesquisa de caráter crítico, a exemplo da experiência realizada em Belo Horizonte, no Estado de Minas Gerais, conhecida como Método BH (BARROCO; TERRA, 2012, p. 41).

A conquista da hegemonia pelo projeto profissional crítico em meados da década de 1980 ocorre num contexto de lutas pela redemocratização da sociedade e do Estado brasileiros, que favorece a ampliação da base de legitimidade social desse projeto crítico e, consequentemente, da ética profissional como uma de suas componentes.

No entanto, no contexto de formulação e aprovação do atual Código de Ética profissional, na década de 1990, os ventos neoliberais já provocavam alterações nos rumos da acumulação capitalista e no papel regulador do Estado burguês sobre os antagonismos de classe. No Brasil, o debate público sobre a ética assume contornos idealistas, contribuindo para sua desqualificação e banalização.

> Sua história é perpassada por um fenômeno que tem se intensificado na sociedade brasileira nos últimos anos: a popularização do discurso ético e seu uso ideológico para legitimar praticas antiéticas. Da economia à política, da vida cultural à cotidianidade, os apelos à "ética" crescem na medida em que se aprofundam a miséria e a corrupção na sociedade brasileira. A utilização ideológica do discurso ético não conduz apenas à desvalorização social da ética; possibilita também a reiteração de certa forma típica de pensar da ideologia dominante que alimenta o senso comum: a noção de que os valores são abstratos, constituídos por ideais irrealizáveis historicamente. Apreendida desse modo, a ética se reproduz como um "conceito" abstraído da história, que atribui valor a diferentes discursos e sujeitos políticos, contribuindo para o ocultamento do significado histórico dos valores e para a desvalorização do potencial emancipatório da práxis ético-política (BARROCO; TERRA, 2012, p. 31).

Na direção contrária aos apelos idealistas, *"a categoria profissional ancorou sua concepção de ética e a defesa de valores humano-genéricos nas potencialidades emancipadoras da práxis, realizou uma escolha inédita e ousada, avessa ao formalismo, legalismo e corporativismo, articulando as escolhas valorativas da profissão ao horizonte da emancipação humana"* (BRITES, 2018). Desse modo, a atual ética profissional da(o) assistente social deita raízes no solo histórico da luta de classes, fundamenta-se numa abordagem ontológica sobre a realidade social e posiciona-se contrariamente a todas as formas de dominação e opressão.

Expressa a superação das concepções metafísicas do humanismo cristão (neotomismo) e da perspectiva teórica do positivismo que ofereciam as bases da ética tradicional e conservadora; o amadurecimento intelectual e ético--político da categoria profissional; uma base de fundamentação que supõe reflexão ética sistemática sobre os valores legitimados pelo trabalho profissional, e uma competência profissional que assegure a unidade de suas dimensões teórica, técnico-operativa e ético-política.

> Traduzindo seus valores e princípios para a particularidade do compromisso profissional, o Código aponta para as determinações da competência ético--política profissional; ela não depende somente de uma vontade política e da

adesão a valores, mas da capacidade de torná-los concretos, donde sua identificação como unidade entre as dimensões ética, política, intelectual e prática, na direção da prestação de serviços sociais (BARROCO, 2001, p. 205).

A partir da perspectiva da ontologia do ser social, a ética profissional é tratada em seus fundamentos como uma forma particular de realização da vida ética, o que supõe considerá-la em face da totalidade social e das demandas apresentadas ao trabalho profissional.

> A ética profissional é um modo particular de objetivação da vida ética. Suas particularidades se inscrevem na relação entre o conjunto completo de necessidades que legitimam a profissão na divisão sociotécnica do trabalho, conferindo-lhe determinadas demandas, e suas respostas específicas, entendidas em sua dimensão teleológica e em face das implicações ético-políticas do produto concreto de sua ação (BARROCO, 2001, p. 67).

Considerada em seus fundamentos, a partir do caráter ontológico do trabalho, das capacidades humanas e dos valores, sua realização supõe o trabalho profissional que se efetiva em condições objetivas determinadas pela totalidade social da ordem do capital. Por isso, a realização objetiva da ética profissional supõe o enfrentamento teórico-prático das situações concretas que requisitam o trabalho profissional para a formulação de respostas às expressões da questão social. Nesse sentido, supõe que os produtos do trabalho profissional sejam analisados em face das consequências éticas e políticas que produzem sobre a vida das(os) usuárias(os) atendidas(os) pela(o) assistente social.

2. Ética profissional e a barbárie contemporânea

A ancoragem ontológica da ética profissional requer, portanto, a apreensão crítica das tendências objetivas da totalidade social que incidem de modo particular sobre as requisições institucionais apresentadas ao trabalho profissional.

A barbárie contemporânea, tratada em suas várias determinações e expressões ao longo deste livro, tem produzido uma realidade social que favorece a emergência e a reprodução de desvalores — "tudo o que direta ou indiretamente rebaixe ou inverta o nível alcançado no desenvolvimento de uma determinada componente essencial" (HELLER, 1992, p. 4-5) —, contribuindo para a negação de princípios e valores éticos defendidos pelo Serviço Social, por exemplo, a liberdade, a democracia, os direitos humanos, a justiça social e a equidade.

A brutalidade da vida em sociedade no atual estágio do capitalismo mundial, ao aprofundar de modo inédito a desigualdade e a violência social, tem ampliado os processos de alienação típicos das relações mercantis e contribuído para legitimar formas de consciência negadoras da alteridade, da diversidade humana, da política como maneira legítima de disputa entre projetos coletivos, do pensamento crítico, da própria razão, da universalidade dos valores éticos e da democracia.

Tal realidade cria obstáculos concretos à afirmação de princípios e valores da ética profissional, tanto pelas tendências regressivas no campo dos direitos e pela drástica redução de investimentos públicos nas políticas sociais, quanto pela tendência hegemônica de saídas irracionais e transcendentais para a barbárie socialmente vivenciada. Lukács, ao analisar a natureza da crise capitalista que contribuiu para a emergência do nazifascismo na Europa das primeiras décadas do século XX, é categórico ao afirmar que as raízes espirituais e morais da ideologia fascista só poderiam ser aniquiladas se as condições materiais que legitimavam tal ideologia fossem superadas.

> Todos os argumentos empregados contra a democracia, o progresso, a razão e o humanismo não são meramente especulativos; têm origem no ser social da nossa época. Como diria Marx, não saltam dos livros para a vida, antes vão desta para aqueles; e isso porque tais argumentos refletem intelectualmente (se bem que de modo distorcido) problemas, sofrimentos e necessidades reais. Dada esta ancoragem no ser social, dispõem de uma certa legitimidade e não são refutáveis com a simples demonstração da sua contraditoriedade ou insensatez. É necessário, antes de mais nada, mostrar que essas contraditoriedade ou insensatez provêm de necessidades reais, que contêm elementos de uma problemática justificada, porém posta de maneira equivocada e deformada; enfim, esta problemática, subjetivamente legítima, mas objetivamente falsa, só pode ser refutada mediante a elaboração de respostas justas e corretas (LUKÁCS, 2009, p. 26-27).

Não por acaso, é no contexto da barbárie contemporânea do capitalismo mundial que assistimos à revitalização de movimentos de extrema-direita, de grupos neofascistas e do fundamentalismo religioso. A vida em sociedade tornou-se tão violenta, desigual e efêmera que a *decadente ideologia burguesa* de igualdade, ordem e prosperidade cede, cada vez mais, espaço aos discursos de ódio, à busca por culpados e inimigos e a saídas transcendentais. O medo, a insegurança, a experiência da contingência encontram sua base material na atual fase de acumulação por espoliação e financeirização do capitalismo mundial, por isso expressam necessidades sociais legítimas. No entanto, a tendência hegemônica para o enfrentamento dessas necessidades tem sido conduzida na direção oposta das conquistas civilizatórias forjadas pela luta de classes; questionam-se a razão, a ciência, a política, a ética e as saídas democráticas. A razão neoliberal e o cinismo do mercado, cuja lógica é ideologicamente apresentada como se fosse destituída de sujeitos e interesses de classe concretos, para impedir que a crítica se volte sobre os fundamentos da desigualdade e da violência inerentes à ordem do capital, alimentam percepções cotidianas que passam a identificar direitos como privilégios; mercado como sinônimo de competência; crise como oportunidade; risco e insegurança como condições naturais da vida em sociedade; e políticas sociais públicas como despesas que não podem ser suportadas e servem apenas à acomodação e ao desestímulo à qualificação individual e ao trabalho.

Na barbárie contemporânea, o mercado tem sido o lugar privilegiado para efetuar a *racionalidade do mundo*, e segundo Chaui (2004, p. 154), essa racionalidade:

> 1. opera provocando e satisfazendo preferências individuais induzidas pelo próprio mercado, as quais seguem a matriz da moda, portanto, do efêmero e do descartável; 2. reduz o indivíduo e o cidadão à figura do consumidor; 3. opera por exclusão, no mercado tanto da força de trabalho, no qual o trabalho é tão descartável quanto o produto, como no de consumo propriamente dito, ao qual é vedado o acesso à maior das populações do planeta, isto é, ele opera por exclusão econômica e social, formando, em toda parte, centros de riqueza jamais vista ao lado de bolsões de miséria jamais vista; 4. opera por lutas e guerras, com as quais efetiva a maximização dos lucros, isto é, opera por dominação e extermínios; 5. estendo esse procedimento ao interior de cada sociedade, sob a forma da competição desvairada entre seus membros, com a vã promessa de sucesso e poder; 6. tem suas decisões tomadas em organismos supranacionais, que operam com base no segredo e interferem nas decisões de governos eleitos, os quais deixam de representar seus eleitores e passam a gerir a vontade secre-

SERVIÇO SOCIAL E ÉTICA PROFISSIONAL: FUNDAMENTOS E INTERVENÇÕES CRÍTICAS

ta desses organismos (a maioria deles privados), restaurando o princípio da "razão de Estado", e bloqueando tanto a república como a democracia, pois alarga o espaço privado e encolhe o espaço público.

A crise econômica atual é também uma crise da democracia burguesa e uma crise humanitária sem precedentes na história do capitalismo mundial. Em 2020, o mundo conheceu uma nova expressão dessa crise: a crise sanitária escancarada pela pandemia da covid-19.

As medidas sanitárias recomendadas pela Organização Mundial da Saúde e por pesquisadores renomados, o número alarmante de vítimas fatais da doença, a corrida para a produção de vacinas e a mobilização da opinião pública não foram suficientes para abalar as mistificações que sustentam as bases de legitimidade social do capitalismo. Ao contrário, a crise sanitária parece ter encontrado um ambiente favorável para acentuar os traços destrutivos e a miséria da razão instrumental da sociabilidade burguesa. No mundo todo, há segmentos expressivos que, contrariando todas as evidências, negam a eficácia das vacinas; consideram que o vírus é uma estratégia da guerrilha comunista; ignoram a orgânica relação entre destruição socioambiental, novas pandemias e o retorno de doenças até então erradicadas; e aplaudem o darwinismo social, já que a vida (leia-se o mercado) não pode parar e as vítimas da covid-19 são um preço a se pagar pela inevitabilidade da lei que rege o mundo: a lei do mais forte.

Os aplausos, os agradecimentos e as manifestações públicas de reconhecimento ao trabalho das(os) profissionais da saúde, na linha de frente do atendimento às pessoas acometidas pela covid-19, serviram para acentuar uma visão do senso comum sobre o caráter missionário e a vocação quase sagrada atribuída a esses profissionais. No Brasil, a mesma mídia patronal que abre espaço em sua pauta diária para homenagear esses profissionais, oculta sua luta histórica pela melhoria das condições de trabalho e de salário e em defesa do Sistema Único de Saúde. Condições precárias de trabalho e de salário que, há anos, só integram as pautas jornalísticas da grande mídia para "atestar a incompetência do Estado" na gestão de recursos públicos e para propagandear as vantagens do mercado e a necessidade de privatização dos serviços públicos.

A mídia patronal aborda a pandemia da covid-19 de modo seletivo e fragmentado, avesso, portanto, à perspectiva da saúde coletiva, que considera a saúde como um processo resultante de determinantes sociais de caráter econômico, político e cultural. Assim, a mídia patronal apresenta à grande massa da população os resultados de sua análise filtrada pelas lentes do microscópio positivista, deixando de fora todas as determinações objetivas produzidas pelo capitalismo, as quais têm relação direta com os processos que levam ao surgimento de pandemias; com os interesses mercantis que definem o acesso aos equipamentos de proteção individual, aos cuidados de saúde e à cobertura vacinal; e com os recortes de classe e étnico-raciais da maioria das vítimas fatais da doença.

Omitem-se do debate público capitaneado pela grande mídia os interesses econômicos e políticos das corporações capitalistas que têm provocado destruição socioambiental, expulsado populações originárias e quilombolas de territórios protegidos, empurrado a massa de trabalhadoras(es) empobrecidas(os) para viver em situação de rua ou em moradias precárias em áreas de risco e desprovidas de saneamento básico, explorado à exaustão bens essenciais não renováveis e envenenado os alimentos, a atmosfera e a água. Omite-se que a acumulação por espoliação destrói as fronteiras naturais e os biomas e, portanto, cria as condições para as pandemias virais.

> [...] apesar do aparente antagonismo, os vírus influenza atuais se alimentam cada vez mais do agronegócio de forma impune. O agronegócio chegou ao ponto de usar as novas doenças a seu favor, eliminando concorrentes menores que não podem pagar por novas medidas de biossegurança [...] para controlar o alienígena, deve-se matar o predador (WALLACE, 2015, p. 170-171).

No livro *Pandemia e agronegócio: doenças infecciosas, capitalismo e ciência*, o biólogo evolucionista e filogeógrafo, Rob Wallace, analisa como a produção industrial de alimentos, mais precisamente a pecuária intensiva, contribui para disseminar e tornar cada vez mais letais os patógenos que produzem as pandemias virais.

A citação se refere à sua pesquisa sobre o vírus *influenza*, mas ele estudou o HIV, o Ebola, o próprio *influenza* e Sars-CoV-2 (covid).

> O crescimento de monoculturas genéticas de animais domésticos pode remover qualquer barreira de imunidade capaz de desacelerar a transmissão (Garrett & Cox, 2008). Tamanho e densidade populacional maiores facilitam maiores taxas de transmissão. As condições de confinamento deprimem a resposta imune. A

SERVIÇO SOCIAL E ÉTICA PROFISSIONAL: FUNDAMENTOS E INTERVENÇÕES CRÍTICAS

alta produtividade, parte de qualquer produção industrial, fornece uma oferta continuamente renovada de hospedeiros suscetíveis: o combustível para a evolução da virulência. [pressões adicionais] Assim que os animais da indústria atingem o peso adequado, são abatidos. As infecções residentes de influenza devem atingir seu limiar de transmissão rapidamente em qualquer animal, antes que o frango, o pato ou o porco seja abatido. Quanto mais rápida é a produção de vírus, maior o dano ao animal (WALLACE, 2015, p. 80-81).

Os argumentos que pretendem dar legitimidade à barbárie produzida pela acumulação por espoliação encontram paralelo nas justificativas das mortes provocadas pela pandemia da covid-19 e na falta de proteção social aos milhões de trabalhadoras(es) precarizadas(os). Como parte da totalidade capitalista, a lógica para responder às mazelas sociais acentuadas pela pandemia da covid-19 é a mesma da acumulação por espoliação, cria falsas premissas e aprofunda as desigualdades produzidas pela estrutura sistêmica do capitalismo, do patriarcado e do racismo. À classe trabalhadora empobrecida resta escolher entre o emprego/renda e a vida e, usando uma imagem de Wallace (2015), o clima é de guerra, só que de uma guerra contra um suposto Alien (vírus) e não contra o predador (capitalismo).

A pandemia, inquestionavelmente, revelou ao país e ao mundo o que o país insistia em ocultar: o desmonte da seguridade social e dos direitos trabalhistas pelos sucessivos ajustes fiscais deixaram o Brasil imensamente vulnerável diante da devastação do acelerado processo de contágio. Por um lado, o Sistema Único de Saúde (SUS), legalmente universal e descentralizado, mas que já agonizava com falta de recursos — o orçamento federal para a saúde já vinha desde 2015 congelado no patamar de 1,7% do PIB, o que não foi revertido com a leve recomposição feita pelo "orçamento de guerra" na saúde —, entrou em colapso diante das novas, desconhecidas e imensuráveis demandas da covid-19. De outro lado, a intensa precarização das relações e condições de trabalho faz emergir um universo de trabalhadores e trabalhadoras (mais de 100 milhões de pessoas ou quase 50% da população) que se viram, da noite para o dia, sem trabalho, sem nenhum tipo de remuneração, sem benefícios assistenciais e sem condições de seguir buscando nas ruas algum tipo de atividade precarizada (as atividades informais) que lhes assegurasse uma forma de rendimento e de sobrevivência. Ao retardar e resistir a exercer sua responsabilidade pública e assegurar os recursos públicos e as medidas econômicas, sociais e sanitárias necessárias ao enfrentamento da pandemia e dos casos que se multiplicaram violentamente, o governo federal negacionista, ultraneoliberal e neofascista favoreceu também a multiplicação e a agudização das desigualdades estruturais (BOSCHETTI; BEHRING, 2021, p. 76).

É nesse contexto de barbárie, ou seja, de concentração da riqueza e aprofundamento da miséria, de hegemonia da racionalidade do mercado, de medo e desesperança, de crise humanitária, sanitária e ambiental, de precarização das condições de trabalho, de desmanche do Estado Social e de acentuada regressão no campo dos direitos, que os desvalores avançam sobre as conquistas democráticas e amplificam os desafios éticos para o trabalho profissional cotidiano de assistentes sociais.

3. Ética profissional e demandas institucionais

O Serviço Social, como especialização do trabalho coletivo, integra a divisão social e técnica do trabalho, e sua legitimidade social é dada pela dinâmica complexa e contraditória das formas históricas pelas quais os setores dominantes e o Estado burguês respondem às expressões da questão social, a partir dos tensionamentos da luta de classes. Regulamentada como profissão liberal, seu processo de institucionalização e a configuração de um mercado de trabalho profissional ocorrem pela mediação do assalariamento. O significado social da profissão é dado por sua participação na prestação de serviços e na viabilização do acesso aos direitos em resposta às necessidades de reprodução social, destacadamente da classe trabalhadora, e pela mediação das políticas sociais públicas.

> Como profissionais assalariadas/os, em grande parte pelas instituições do aparelho de Estado nas três esferas de poder, notadamente em âmbito municipal, mas também por organizações não governamentais e empresariais, a força de trabalho de assistentes sociais transformada em mercadoria só pode entrar em ação através dos meios e instrumentos de trabalho que, não sendo propriedade desses/as trabalhadores/as, devem ser colocados à disposição pelos empregadores institucionais públicos ou privados: infraestrutura humana, material e financeira para o desenvolvimento de programas, projetos, serviços, benefícios e um conjunto de outros requisitos necessários à execução direta de serviços sociais para amplos segmentos da classe trabalhadora ou para o desenvolvimento de funções em nível de gestão e gerenciamento institucional (RAICHELIS, 2017, posição 468-473).

No Brasil, a contrarreforma neoliberal do Estado, iniciada na década de 1990 e aprofundada após o golpe parlamentar e midiático de 2016, atinge de modo visceral as condições de trabalho das(os) assistentes sociais, tanto pelo sucateamento, pela privatização, focalização e fragmentação das políticas sociais — mediações privilegiadas de realização do trabalho profissional —, quanto pela precarização e desregulamentação das relações de trabalho. Privatizações, desvinculações orçamentárias, *superávit* primário e pagamento de juros da dívida pública contribuíram para a corrosão:

> [dos] meios de financiamento do Estado brasileiro por meio de uma inserção na ordem internacional que deixou o país à mercê dos especuladores do mercado financeiro. Assim, todo o esforço de redução de custos preconizado escoou pelo ralo do crescimento galopante das dívidas interna e externa, com toda uma montagem macroeconômica coordenada pela dívida, engessando o Estado para investimentos e políticas sociais estruturantes (BEHRING, 2019, p. 48).

Após o golpe de 2016 e as eleições presidenciais de 2018, o neoliberalismo à brasileira assume características ainda mais deletérias, intensificando a subsunção do trabalho ao capital e a regressão no campo dos direitos, e estimulando práticas reacionárias e abertamente contrárias a princípios e valores da ética profissional da(o) assistente social.

> No âmbito da economia, o presidente [Bolsonaro] se cercou do que há de mais liberal, com Paulo Guedes à frente, dando sequência à programática ultraneoliberal do golpe de 2016 e sendo ovacionado pela maioria do empresariado, que aplaude e estimula as privatizações, a destruição da natureza com queimadas criminosas, a destruição dos direitos sociais, uma "reforma" fiscal que pretende desvincular todos os gastos sociais do orçamento e intensificar a contrarreforma trabalhista, para tornar o trabalho ainda mais subsumido ao capital. A Lei da Liberdade Econômica (Lei n. 13.874/2019) e a Contrarreforma da Previdência (EC n. 103/2019) se somam aos instrumentos já em vigor do ajuste fiscal permanente (Behring, 2019) — Lei da Terceirização (Lei n. 13429/2017), Contrarreforma Trabalhista (Lei n. 13467/2017), o teto de gastos (Emenda Constitucional n. 95) — para estabelecer as garantias necessárias ao livre-mercado e à redução dos direitos, como requisitos da acumulação. Na contundente análise de Fiúza (2020), vivemos sob o "ultraneoliberalismo fascista", que aprofunda o neoliberalismo, sem romper com seus preceitos (BOSCHETTI; BEHRING, 2021, p. 72).

O desemprego estrutural, a precarização do trabalho e o subemprego, o crescimento da miséria, a insegurança alimentar, o sucateamento e o desinvestimento nas políticas sociais, bem como a escalada regressiva no campo dos direitos, integram a barbárie contemporânea produzida pelo capitalismo mundial no contexto de hegemonia neoliberal e incidem, de modo particular, sobre as condições de trabalho da(o) assistente social.

O cenário é desolador, inclusive para as(os) trabalhadoras(es) concursadas(os) que integram o funcionalismo público, marcado pela falta de investimentos públicos nas políticas sociais; pela tendência progressiva de redução de trabalho vivo que afeta a composição das equipes; pela extinção de programas e serviços; pelo crescimento das parcerias público-privadas na direção da privatização; pela terceirização e flexibilização dos contratos de trabalho por projetos e nas modalidades de consultoria ou assessoria; e pela perspectiva gerencialista que impõe rotinas de controle e de produtividade com base na racionalidade instrumental e empresarial.

> No âmbito do mercado de trabalho do Serviço Social ampliam-se os processos de subcontratação de serviços individuais de assistentes sociais (*pejotização* e *uberização*), por parte de empresas de serviços ou de assessoria, de organizações não governamentais, de (falsas) cooperativas de trabalhadores na prestação de serviços a governos, especialmente em âmbito local, configurando-se o exercício profissional privado autônomo, temporário, por projeto, por tarefa, decorrentes das novas formas de organização e operação das políticas sociais. Nas instituições do aparelho de Estado ampliam-se as parcerias público-privadas em diferentes modalidades e áreas das políticas sociais. Ao mesmo tempo assiste-se a importantes deslocamentos nos modos de gestão e contratação de trabalhadores/as através da terceirização de serviços públicos por meio da subcontratação de empresas ou instituições intermediadoras, que após a aprovação da Lei que regulamenta a terceirização das atividades meio e das atividades fim no Brasil (Lei n. 13.429/2017) tende a se ampliar e se diversificar enormemente para todas as atividades laborais (RAICHELIS, 2017, posição 713).

Essas tendências, que integram as estratégias de valorização do valor no capitalismo contemporâneo, incidem de modo particular sobre o planejamento e a gestão dos serviços prestados à população atendida nas diferentes políticas sociais, sobre a autonomia relativa do trabalho profissional e sobre os processos de intensificação da reificação das relações sociais.

No contexto pandêmico da covid-19, a ampliação e, em alguns casos, a generalização do uso de Tecnologias de Informação e Comunicação (TIC), do teletrabalho e do *home office*, em decorrência da necessidade de distanciamento social, têm contribuído para acentuar as tendências de subsunção do trabalho ao capital e transferir os custos de sua realização para as(os) trabalhadoras(es), que transformam suas casas em espaços de trabalho em tempo integral. A generalização no uso das TIC tem sido comemorada pelas corporações capitalistas, na medida em que, mesmo antes da pandemia da covid-19, já se insinuavam como estratégia de economia de trabalho vivo, de superexploração, de controle, de isolamento e competição intraclasse, e de reconfiguração da esfera pública como espaço privilegiado para explicitação de conflitos e interesses de classe.

Esses elementos, no seu conjunto e por diversas mediações, têm alterado de modo acelerado e significativo as condições de trabalho das(os) assistentes sociais nas diferentes políticas sociais, e aprofundado os tensionamentos entre o estatuto do assalariamento e a autonomia profissional (relativa), e entre as exigências éticas do trabalho profissional e as demandas institucionais conservadoras.

> Tensionando a relativa autonomia do trabalho profissional na implementação de políticas sociais, observa-se a imposição de estratégias racionalizadoras do aparato técnico-burocrático do Estado a partir do ideário neoliberal, com as tendências crescentes à rotinização de atividades que combinam o fortalecimento de mecanismos de controle do trabalho com a adoção de uma base técnica e conceitual voltada para a padronização dos processos interventivos, apoiada na informatização cada vez mais presente nos processos de trabalho institucional (RAICHELIS, 2017, posição 820).

A burocracia, como forma particular da administração capitalista, e a perspectiva de controle e dominação do capital sobre o trabalho sempre se manifestaram nas demandas institucionais dirigidas ao trabalho da(o) assistente social. A novidade é que as demandas institucionais conservadoras se colocam num contexto de regressão da base de legitimidade social do projeto ético-político profissional, dificultando estratégias coletivas para seu enfrentamento, uma vez que a barbárie social, a precarização das condições de trabalho, a privatização e o sucateamento das políticas sociais obstaculizam as formas coletivas de resistência e de enfrentamento do avanço do conservadorismo. Ou seja, a base de legitimidade social de princípios e valores inscritos na ética profissional da(o) assistente social tem sido duramente afetada pela barbárie capitalista, que viola e retira direitos, criminaliza os movimentos sociais críticos, investe na despolitização da esfera pública e das lutas coletivas, promove a desregulamentação e a precarização do trabalho, condições que incidem diretamente sobre a consciência e as formas de organização da classe trabalhadora.

No âmbito do exercício profissional, o avanço de demandas institucionais conservadoras dirigidas ao trabalho da(o) assistente social ocorre num contexto de precarização das condições de trabalho, de enxugamento das equipes, de ataques ao funcionalismo público, de desregulamentação e inseguranças nas relações contratuais, de superexploração, de fragmentação, de desigualdades salariais e de vínculos empregatícios e de gerencialismo.

> O gerencialismo enquanto ideologia de gestão capitalista em tempos de crise do capital ganha espaço como estruturador das relações de trabalho entre empregadores e trabalhadores. Reproduzem-se no campo da ação estatal as tendências de empresariamento do trabalho, que visam à substituição do trabalho vivo pelo trabalho morto, fazendo prevalecer a razão instrumental em detrimento da razão crítica. Nesse contexto, a ideologia o gerencialismo é a contraface da modernização conservadora no campo das políticas sociais, impulsionada pelo incremento de modelos específicos de gestão do trabalho e da informação, em que a reificação tecnicista passa a ser o critério de qualidade, situação propícia para a emergência da alienação dos sujeitos que não conseguem discernir e reconhecer nas formas sociais em que se inserem os conteúdos e os efeitos do seu próprio trabalho (RAICHELIS, 2017, posição 792).

A retirada de direitos historicamente conquistados, os ataques à democracia, o aprofundamento da miséria e o agravamento da questão social, em suas múltiplas expressões, contribuem para o aumento de demandas para o trabalho profissional. No entanto, tais demandas se amplificam num contexto de profunda precarização das condições de trabalho.

> Ao mesmo tempo, é nessa ambiência societária de degradação do trabalho assalariado, que cresce e se diversifica o mercado de trabalho profissional para assistentes sociais no âmbito estatal, especialmente nas políticas de seguridade social, tendência que expõe um paradoxo: o alargamento de demandas profissionais no campo das políticas sociais de proteção social frente ao agravamento

SERVIÇO SOCIAL E ÉTICA PROFISSIONAL: FUNDAMENTOS E INTERVENÇÕES CRÍTICAS

da "questão social", e ao mesmo tempo e no mesmo processo, a expansão e o aprofundamento das diferentes formas de precarização aberta ou velada, das condições em que este trabalho se realiza, afetando, mesmo que com intensidades variadas, o conjunto dos trabalhadores (RAICHELIS, 2017, posição 836).

Nesse contexto, observa-se o crescimento de demandas institucionais conservadoras dirigidas ao trabalho profissional de assistentes sociais. Demandas conservadoras que podem ser identificadas naquelas requisições institucionais que: (1) pretendem conferir ao exercício profissional a perspectiva de controle sobre os comportamentos e modos de vida das(os) usuárias(os) dos serviços; (2) pretendem subalternizar o trabalho da(o) assistente social a procedimentos e avaliações de outras profissões mais valorizadas socialmente, como no caso do saber médico na área da saúde, ou mesmo a decisões de gestores que contrariam garantias constitucionais e legislações sociais; (3) não reconhecem e desrespeitam as competências e as atribuições privativas da profissão; (4) visam reduzir a competência teórico--metodológica e ético-política da profissão a procedimentos técnico-operativos; (5) interditam ou reduzem as possibilidades de construção de respostas profissionais teoricamente fundamentadas, eticamente comprometidas e planejadas a partir das necessidades da população atendida; (6) burocratizam e engessam as potencialidades críticas e educativas do trabalho profissional no atendimento direto à população atendida; (7) visam controlar e submeter o tempo de trabalho necessário à formulação de respostas competentes e comprometidas, que supõe estudos, análises e planejamento coletivo, ao tempo gasto no atendimento direto às(aos) usuárias, submetido a metas de produtividade; (8) ignoram as exigências éticas do trabalho profissional e visam submetê-las a normas e procedimentos institucionais que geram discriminação e violam direitos.

Esses traços, genericamente apresentados pela impossibilidade de uma análise mais detida sobre suas expressões particulares em cada espaço de trabalho profissional, podem ser confirmados quando se observam com atenção os esforços investidos pelas entidades profissionais na elaboração de pareceres, notas e manifestações técnicas, cujos conteúdos revelam diversas mediações com essa caracterização genérica sobre as demandas institucionais conservadoras.

Temos, assim, uma conjuntura histórica extremamente desafiadora do ponto de vista das exigências éticas do trabalho profissional. Embora submetido a condições precárias, constrangido em suas potencialidades críticas, controlado e fragmentado pela burocracia e pela racionalidade instrumental, o trabalho profissional se realiza como atividade teleológica e envolve escolhas de valor. Por isso, a realização objetiva da ética profissional, especialmente nessa conjuntura, demanda dos agentes profissionais reflexão ética sistemática sobre os conteúdos valorativos das respostas profissionais, investimento em estratégias profissionais capazes de romper com a fragmentação e o isolamento do trabalho cotidiano, articulações profissionais coletivas capazes de resistir e reverter as tendências conservadoras presentes nos espaços sócio-ocupacionais.

Nesse sentido, o desafio ético cotidiano é apreender o significado e a direção social de cada demanda institucional apresentada ao trabalho profissional, e, diante daquelas que se revelarem conservadoras, articular as forças coletivas (profissionais, institucionais e sociais) potencialmente capazes de enfrentá-las e revertê-las. Trata-se de um desafio de reconhecimento e de viabilização da ética profissional como:

> [...] um componente central e valoroso do projeto hegemônico do Serviço Social brasileiro. Seus valores, princípios, deveres e direitos revelam o amadurecimento intelectual e a autoconsciência da categoria profissional sobre o significado de seu trabalho e sobre a direção ética e política que almeja imprimir nas respostas cotidianas que elabora às expressões da questão social. Uma autoconsciência crítica, capaz de compreender os desafios e os limites que a sociabilidade burguesa coloca para a vida ética, mas sobretudo capaz de tecer nas teias da desumanização cotidiana os laços, os elos e as bandeiras que resistem e fortalecem nossas barricadas em defesa da ética, da liberdade e da vida plena de sentido autenticamente humano. Como a poesia, e as artes em geral, a ética, e na sua particularidade a ética profissional, é realização criativa, requer conhecimento, planejamento e domínio dos meios necessários à sua efetivação objetiva. Requer também uma boa dose diária de inquietação, de inconformismo diante de qualquer injustiça, violência, discriminação, autoritarismo, moralismo e intolerância. Supõe uma disposição reflexiva, atenta e solidária que não se omite, não silencia, se indigna e se move na direção das forças políticas que visam à superação de toda e qualquer forma de desumanização, especialmente daquelas que parecem inevitáveis e imutáveis (BRITES, 2018 In CFESS, n. p.).

SERVIÇO SOCIAL E ÉTICA PROFISSIONAL: FUNDAMENTOS E INTERVENÇÕES CRÍTICAS

Atividades complementares

PARA REFLETIR

Exercício 1

Elabore uma lista com todas as requisições institucionais cotidianas dirigidas ao trabalho da(o) assistente social. Reflita sobre a natureza de cada requisição, problematizando-as em face das atribuições privativas e competências profissionais previstas na Lei de Regulação da Profissão e das exigências éticas previstas no Código de Ética da(o) Assistente Social.

TEXTOS DE APOIO

Texto 1

"Para além dos acordos previstos no contrato de trabalho — e considerada a bagagem acadêmico-profissional do assistente social —, o que determina o cotidiano das ações profissionais são as condições e relações sociais que circunscrevem esse trabalho. Elas interferem no seu direcionamento, nas atribuições, cuja força decorre das relações de poder econômico e político que repercutem no próprio conteúdo e na qualidade do trabalho realizado. Soma-se a isso a interferência dos requisitos de produtividade, eficiência, as pressões dos prazos e das rotinas a serem observadas, embora os agentes profissionais possam nelas interferir em razão de sua competência e da força política de que disponham. Refratam ainda, de maneira ponderável, na possibilidade de ampliação da relativa autonomia do assistente social as pressões de parte dos cidadãos por direitos e serviços correspondentes e as lutas coletivas empreendidas pelo controle democrático das ações do Estado e, em particular, das políticas sociais públicas" (IAMAMOTO, 2007, p. 424).

Texto 2

"Como afirma Soares (2018, p. 27-8), ao fazer com que a gestão seja aprisionada pelos interesses privados, na saúde, o governo Temer apresenta-se distante e antagônico ao projeto de Reforma Sanitária, derruindo, fundamentalmente, três dos seus princípios basilares. São eles: a universalidade do acesso à saúde, quando institui o novo regime fiscal, sobretudo, quando se considera a restrição orçamentária por 20 anos. Essa configuração da atual política de saúde reforça o pressuposto da focalização e da seletividade, deixando questões como a universalização das ações, o financiamento efetivo, a política de gestão da força de trabalho e a política nacional de medicamentos sem respostas e esquecidas; a *publicidade do direito à saúde,* quando o Ministério da Saúde difunde o pensamento de que o problema da crise de financiamento do sistema precisa ser enfrentado por todos, ou seja, a solução para a crise de financiamento da saúde está na aquisição de um plano de saúde acessível; a *participação social,* quando o controle social é alijado dos processos decisórios, transferindo para outros mecanismos de gestão as grandes decisões da política de saúde. Essa realidade demonstra o tensionamento da disputa pela direção política de saúde, que vem sendo assumida pelo modelo do projeto voltado para o mercado" (BRAVO *et al.* 2019, p. 15, grifos nossos).

Dicas culturais

FILMES

O valor de um homem (França, 2015). Direção: Stéphane Brizé.

Parasita (Coreia do Sul, 2019). Direção: Bong Joon-ho.

Democracia em vertigem (Brasil, 2019). Direção: Petra Costa.

O poço (Espanha, 2019). Direção: Galder Gaztelu-Urrutia.

Dedo na ferida (Brasil, 2017). Direção: Silvio Tendler.

LITERATURA

MACHADO, Dyonélio. *Os ratos*. São Paulo: Ática, 1992.

EVARISTO, Conceição. *Becos da memória*. Rio de Janeiro: Pallas, 2017.

Referências

ABBAGNANO, Nicola. *História da filosofia*. 2. ed. Lisboa: Editorial Presença, 1976. v. 1.

ABBAGNANO, Nicola. *História da filosofia*. 3. ed. Lisboa: Editorial Presença, 1985. v. 4.

ABBAGNANO, Nicola. *História da filosofia*. 5. ed. Lisboa: Editorial Presença, 2000. v. 4.

ABRAMIDES, Maria Beatriz Costa. *O projeto ético-político do Serviço Social brasileiro*: ruptura com o conservadorismo. São Paulo: Cortez, 2019.

ABRAMIDES, Maria Beatriz Costa (org.). *Marxismo e questão étnico-racial*: desafios contemporâneos. São Paulo: Educ, 2021.

ABREU, Haroldo. *Para além dos direitos*: cidadania e hegemonia no mundo moderno. Rio de Janeiro: Editora UFRJ, 2008. (Pensamento Crítico, v. 10).

AGUIAR, Antonio Geraldo. *Serviço Social e filosofia*: das origens a Araxá. São Paulo: Cortez, 1995.

ALMEIDA, Ronaldo; TONIOL, Rodrigo (org.). *Conservadorismos, fascismos, fundamentalismos*: análises conjunturais. Campinas: Editora da Unicamp, 2018.

ANIS — INSTITUTO DE BIOÉTICA. *Aborto*: por que precisamos descriminalizar? Argumentos apresentados ao Supremo Tribunal Federal na Audiência Pública da ADPF 442/Anis — Instituto de Bioética. Brasília: Letras Livres, 2019.

AQUINO, São Tomas. *Seleção de textos*. São Paulo: Abril Cultural, 1973. (Coleção Os pensadores, v. VIII).

AQUINO, São Tomás. *Suma teológica*. Tradução: Alexandre Correia. Organização: Rovílio Costa e Luis Alberto de Boni. Introdução: Martin Grabmann. 2. ed. Porto Alegre: Escola Superior de Teologia São Lourenço de Brindes; Livraria Sulina Editora; Caxias do Sul: Universidade de Caxias do Sul, 1980.

ASSIS, Machado de. *Esaú e Jacó*. São Paulo: Abril Cultural, 1984.

BARROCO, Maria Lucia S. *Ética e Serviço Social*: fundamentos ontológicos. São Paulo: Cortez, 2001.

BARROCO, Maria Lucia S. *Ética*: fundamentos sócio-históricos. 3. ed. São Paulo: Cortez, 2010. (Coleção Biblioteca Básica de Serviço Social, v. 4).

BARROCO, Maria Lucia S. Lukács e a crítica do irracionalismo: elementos para uma reflexão sobre a barbárie contemporânea. *In*: DEL ROIO, Marcos (org.) *György Lukács e a emancipação humana*. São Paulo: Boitempo; Fapesp, 2013.

BARROCO, Maria Lucia S. *O que é o preconceito?* Brasília: CFESS, 2016a. (Série Assistente social no combate ao preconceito).

BARROCO, Maria Lucia S. *Ética*: fundamentos sócio-históricos. 3. ed. 5. reed. São Paulo: Cortez, 2016b. (Coleção Biblioteca Básica de Serviço Social, v. 4).

BARROCO, Maria Lucia S. *Ética e Serviço Social*: fundamentos ontológicos. 8. ed. 6. reed. São Paulo: Cortez, 2018.

BARROCO, Maria Lucia S. (org.). *Ética, direitos humanos e neoconservadorismo*. São Paulo: Educ/Capes, 2021. Livro eletrônico.

BARROCO, Maria Lucia S.; TERRA, S. H.; CFESS (org.). *Código de ética da(o) assistente social comentado*. São Paulo: Cortez, 2012.

BEAUVOIR, Simone. *O segundo sexo*: a experiência vivida. Rio de Janeiro: Nova Fronteira, 1980.

BEHRING, Elaine Rossetti. *Brasil em contra-reforma*: desestruturação do Estado e perda de direitos. São Paulo: Cortez, 2008.

BEHRING, Elaine Rossetti. Ajuste fiscal permanente e contrarreformas no Brasil da redemocratização. *In*: SALVADOR, Evilasio *et al.* (org.). *Crise do capital e fundo público*: implicações para o trabalho, os direitos e a política social. São Paulo: Cortez, 2019.

BEHRING, Elaine Rossetti. *Fundo público, valor e política social*. São Paulo: Cortez, 2021.

BEHRING, Elaine Rossetti; BOSCHETTI, Ivanete. *Política social*: fundamentos e história. São Paulo: Cortez, 2007. (Biblioteca Básica de Serviço Social, v. 2).

BEHRING, Elaine Rossetti; SANTOS, Silvana Mara Morais dos. Questão social e direitos. *In*: CFESS. *Serviço Social*: direitos e competências profissionais. Brasília:CFESS/ABEPSS, 2009.

BONETTI, Dilséa Adeodata *et al.* (org.). *Serviço Social e ética*: convite a uma nova práxis. São Paulo: Cortez; Brasília: CFESS, 2008.

BONFIM, Paula. *Conservadorismo moral e Serviço Social*: a particularidade da formação moral brasileira e a sua influência no cotidiano de trabalho dos assistentes sociais. Rio de Janeiro: Lumen Juris, 2015.

BOSCHETTI, Ivanete. Crítica marxista do Estado social e dos direitos no capitalismo contemporâneo. *In*: BOSCHETTI, I. *et al.* (org.). *Marxismo, política social e direitos*. São Paulo: Cortez, 2018.

BOSCHETTI, Ivanete; BEHRING, Elaine Rossetti. Assistência social na pandemia da covid-19: proteção para quem? *Serviço Social & Sociedade*, São Paulo: Cortez, n. 40, jan./abr. 2021.

BRAGA, Rui. A era da pilhagem. *In*: DEMIER, F.; HOEVELER, R. (org.). *A onda conservadora*: ensaios sobre os atuais tempos sombrios no Brasil. Rio de Janeiro: Mauad, 2016.

BRASIL. Ministério da Saúde. Secretaria de Atenção à Saúde. Departamento de Ações Programáticas Estratégicas. Área Técnica de Saúde da Mulher. *Atenção humanizada ao abortamento*: norma técnica. Brasília: Ministério da Saúde, 2005.

BRASIL. Ministério da Saúde. Secretaria de Atenção à Saúde. Departamento de Ações Programáticas Estratégicas. *Atenção humanizada ao abortamento*: norma técnica. 2. ed. 2. reimp. Brasília: Ministério da Saúde, 2014. (Série Direitos Sexuais e Direitos Reprodutivos; Caderno n. 4).

BRAVO, Maria Inês Souza *et al.* Avanço das contrarreformas na saúde na atualidade: o SUS totalmente submetido ao mercado. *In*; SALVADOR, Evilasio *et al.* (org.). *Crise do capital e fundo público*: implicações para o trabalho, os direitos e a política social. São Paulo: Cortez, 2019.

BRITES, Cristina Maria. *CFESS Manifesta*: Em defesa do Estado laico, 2016.

BRITES, Cristina Maria. Ética e trabalho profissional. *In*: CFESS. *Curso de capacitação para agentes multiplicadores*. 5. ed. Brasília: CFESS, 2017.

BRITES, Cristina Maria. Vários textos. *In*: CFESS. *Agenda da(o) assistente social*. Brasília: CFESS, 2018.

BURKE, Edmund. *Reflexões sobre a revolução em França*. Brasília: Editora UnB, 1997.

CARLI, Ranieri. *A política em György Lukács*. São Paulo: Cortez, 2013. (Questões da nossa época; v. 49).

CARNEIRO, Sueli. Mulheres em movimento. *Estudos Avançados*, São Paulo, v. 49, n. 17, 2003.

CARNEIRO, Sueli. *Racismo, sexismo e desigualdade no Brasil*. São Paulo: Selo Negro Edições, 2011.

CFESS. *Código de ética da(o) assistente social. Lei 8.662/93 de regulamentação da profissão*. Brasília: Conselho Federal de Serviço Social, 2012.

CHAUI, Marilena. *Introdução à história da filosofia*: dos pré-socráticos a Aristóteles. São Paulo: Companhia das Letras, 2002.

CHAUI, Marilena. Fundamentalismo religioso: a questão do poder teológico-político. *In*: NOVAES, A. (org.). *Civilização e barbárie*. São Paulo: Companhia das Letras, 2004.

CHAUI, Marilena. *O que é ideologia*. São Paulo: Brasiliense, 2008. (Coleção Primeiros passos; 13).

CHAUI, Marilena. Crítica e ideologia. *In*: CHAUI, Marilena. *Manifestações ideológicas do autoritarismo brasileiro*. Belo Horizonte: Autêntica; São Paulo: Editora Fundação Perseu Abramo, 2013. (Escritos de Marilena Chaui, 2).

CISNE, Mirla. *Feminismo e consciência de classe*. São Paulo: Cortez, 2014.

CISNE, Mirla. *Gênero, divisão sexual do trabalho e Serviço Social*. São Paulo: Outras Expressões, 2015a.

CISNE, Mirla. Direitos humanos e violência contras as mulheres: uma luta contra a sociedade patriarcal. *Serviço Social em Revista*, Londrina: Universidade Estadual de Londrina, Programa de Pós-graduação em Serviço Social e Política Social, v. 18, n. 1, jul./dez. 2015b.

CISNE, Mirla; SANTOS, Silvana Mara Morais dos. *Feminismo, diversidade sexual e Serviço Social*. São Paulo: Cortez, 2018. (Biblioteca Básica de Serviço Social; v. 8).

COSTA, Gilmaísa Macedo da. *Indivíduo e sociedade*: sobre a teoria da personalidade em Georg Lukács. Maceió: Edufal, 2007.

COUTINHO, Carlos Nelson. *Marxismo e política*: a dualidade de poderes e outros ensaios. São Paulo: Cortez, 1996.

COUTINHO, Carlos Nelson. *Intervenções*: marxismo na batalha das ideias. São Paulo: Cortez, 2006.

COUTINHO, Carlos Nelson. *O estruturalismo e a miséria da razão*. São Paulo: Expressão Popular, 2010.

DALRYMPLE, Theodore. *Em defesa do preconceito*: a necessidade de ter ideias preconcebidas. São Paulo: É Realizações, 2015.

DARDOT, Pierre; LAVAL, Christian. *A nova razão do mundo*: ensaio sobre a sociedade neoliberal (recurso eletrônico). São Paulo: Boitempo, 2016.

DAVIS, Angela. *Mulher, raça e classe (recurso eletrônico)*. São Paulo: Boitempo, 2016.

DELPHY, Christine. Patriarcado. *In*: HIRATA, Helena *et al.* (org.). *Dicionário crítico do feminismo*. São Paulo: Fundação Editora Unesp, 2009.

DINIZ, Debora. Objeção de consciência e aborto: direitos e deveres dos médicos na saúde pública. *Revista de Saúde Pública*, São Paulo: Faculdade de Saúde Pública da USP, v. 45, n. 5, 2011.

DINIZ, Debora; MADEIRO, Alberto Pereira; MEDEIROS, Marcelo. Pesquisa Nacional de Aborto 2016. *Ciência & Saúde Coletiva*, Rio de Janeiro: Associação Brasileira de Saúde Coletiva, v. 22, n. 2, 2017.

DIP, Andrea. *Em nome de quem? A bancada evangélica e seu projeto de poder*. Rio de Janeiro: Civilização Brasileira, 2018. Livro digital.

DUARTE, Newton. *A individualidade para si*: contribuição a uma teoria histórico-social da formação do indivíduo. Campinas: Autores Associados, 1993.

ECO, Humberto. *Contra el fascismo*. Barcelona: Pinguin Randon House Editorial, 2018. Livro eletrônico.

ESCORSIM NETTO, Leila. *O conservadorismo clássico*: elementos de caracterização e crítica. São Paulo: Cortez, 2011.

FANON, Frantz. *Os condenados da terra*. Rio de Janeiro: Civilização Brasileira, 1968.

FANON, Frantz. *Peles negras, máscaras brancas*. Salvador: EDUFBA, 2008.

FEDERICI, Silvia. *Calibã e a bruxa*: mulheres, corpo e acumulação primitiva. São Paulo: Elefante, 2017.

FERNANDES, Neide A. *Sigilo e ética do/a assistente social*. São Paulo: Cortez, 2018.

FÓRUM BRASILEIRO DE SEGURANÇA PÚBLICA. *Violência contra mulheres em 2021*. 2021. Disponível em: https://forumseguranca.org.br/wp-content/uploads/2022/03/violencia-contra-mulher-2021-v5.pdf. Acesso em: 1º jul. 2022.

FREDERICO, Celso. *O jovem Marx*: as origens da ontologia do ser social. São Paulo: Cortez, 1995.

FREDERICO, Celso. *Marx, Lukács*: a arte numa perspectiva ontológica. Natal: EDUFRN, 2005.

FREYRE, Gilberto. *Casa-grande & senzala*: formação da família brasileira sob o regime da economia patriarcal. Apresentação: Fernando Henrique Cardoso. 48 ed. rev. São Paulo: Global, 2003. (Introdução à história da sociedade patriarcal no Brasil; 1).

GALEANO, Eduardo. Os ninguéns. *In*: GALEANO, Eduardo. *O livro dos abraços*. Porto Alegre: L&PM, 2005. Livro eletrônico, posição 612.

GALEANO, Eduardo. *O teatro do bem e do mal*. Porto Alegre: L&PM, 2013. Livro eletrônico, posição 1079.

GALEANO, Eduardo. *Os filhos dos dias*. Porto Alegre: L&PM, 2017.

GRUPO GAY DA BAHIA; ALIANÇA LGBTI+. *Mortes violentas LGBT+ no Brasil. Relatório*. 2021. Disponível em: https://grupogaydabahia.files.wordpress.com/2022/02/mortes-violentas-de-lgbt-2021-versao-final.pdf. Acesso em: 1º jul. 2022.

HARVEY, David. *O novo imperialismo*. São Paulo: Edições Loyola, 2005.

HELLER, Agnes. *O homem do Renascimento*. Lisboa: Editorial Presença, 1982.

HELLER, Agnes. *O cotidiano e a história*. 4. ed. São Paulo: Paz e Terra, 1992.

HELLER, Agnes. *Sociología de la vida cotidiana*. 5. ed. Barcelona: Ediciones Península, 1998. (Coleção Historia, ciencia y sociedad, n. 144).

HELLER, Agnes. *O cotidiano e a história*. 6. ed. São Paulo: Paz e Terra, 2000.

HURST, Jane. *Uma história não contada*: a história das ideias sobre o aborto na Igreja Católica. São Paulo: Católicas pelo Direito de Decidir, 2006. (Cadernos, I).

IANNI, Octavio. *Escravidão e racismo*. São Paulo: Hucitec, 1978.

IAMAMOTO, Marilda Villela. *Trabalho e indivíduo social*. São Paulo: Cortez, 2001.

IAMAMOTO, Marilda Villela. *Serviço Social em tempo de capital fetiche*: capital financeiro, trabalho e questão social. São Paulo: Cortez, 2007.

IAMAMOTO, Marilda Villela. O Brasil das desigualdades: "questão social", trabalho e relações sociais. *Ser Social*, Brasília: UnB, v. 15, n. 33, p. 261-384, jul./dez. 2013.

IAMAMOTO, Marilda Villela; CARVALHO, Raul. *Relações sociais e Serviço Social no Brasil*: esboço de uma interpretação histórico-metodológica. São Paulo: Cortez; Lima: Celats, 1995.

IBGE. Estudos e pesquisas. Desigualdades sociais por cor ou raça no Brasil. *Informação Demográfica e Socioeconômica*, n. 41, 2019. Disponível em: https://biblioteca.ibge.gov.br/visualizacao/livros/liv101681_informativo.pdf. Acesso em: 1º jul. 2022.

JESUS, Maria Carolina de. *Quarto de despejo*. São Paulo: Ática, 2021.

KEHL, Maria Rita. Civilização partida. *In*: NOVAES, A. (org.). *Civilização e barbárie*. São Paulo: Companhia das Letras, 2004.

KEHL, Maria Rita. Delicadeza. *In*: NOVAES, A. (org.). *A condição humana*: as aventuras do homem em tempo de mutações. São Paulo: Sesc/Senac, 2009a.

KEHL, Maria Rita. Passividade. *In*: NOVAES, A. (org.). *Vida, vício, virtude*: filosofia e política. São Paulo: Sesc/Senac, 2009b.

KIRK, Russell. *The conservative mind*: from Burke to Eliot. Washington, D.C.: Regenery Publishing, 2001.

KIRK, Russell. *A política da prudência*. Tradução: Gustavo Santos e Márcia Xavier de Brito. São Paulo: É Realizações, 2014.

KONDER, Leandro. *Os sofrimentos do homem burguês*. São Paulo: Editora Senac, 2000.

KONDER, Leandro. *A questão da ideologia*. São Paulo: Companhia das letras, 2002.

LESSA, Sergio. *Sociabilidade e individuação*. Maceió: Edufal, 1995.

LESSA, Sergio. *Mundo dos homens*: trabalho e ser social. São Paulo: Boitempo, 2002.

LUKÁCS, György. *Estética*. Barcelona; México: Grijalbo, 1966. v. I, II, III e IV.

LUKÁCS, György. *El asalto a la razón*. Barcelona: Grijalbo, 1972.

LUKÁCS, György. *Ontologia do ser social*: os princípios ontológicos fundamentais de Marx. São Paulo: Livraria Editora Ciências Humanas, 1979.

LUKÁCS, György. Marx e o problema da decadência ideológica. *In*: NETTO, J. P. (org.). *George Lukács*: sociologia. São Paulo: Ática, 1981. (Coleção Grandes Cientistas Sociais).

LUKÁCS, György. A responsabilidade social do filósofo. *In*: COUTINHO, C. N.; NETTO, J. P. (org.). *O jovem Marx e outros escritos de filosofia*. Rio de Janeiro: Editora UFRJ, 2007.

LUKÁCS, György. A responsabilidade social do filósofo. *In*: COUTINHO, C. N.; NETTO, J. P. (org.). *O jovem Marx e outros escritos de filosofia*. 2. ed. Rio de Janeiro: Editora UFRJ, 2009.

LUKÁCS, György. *Prolegômenos para uma ontologia do ser social*: questões de princípio para uma ontologia tornada possível. São Paulo: Boitempo, 2010.

LUKÁCS, György. *Para uma ontologia do ser social II*. São Paulo: Boitempo, 2013.

LUKÁCS, György. *Notas para uma ética*. Apresentação: Sergio Lessa. São Paulo: Instituto Lukács, 2014. (Coleção Fundamentos).

MADEIRO, Alberto Pereira; DINIZ, Debora. Serviços de aborto legal no Brasil, um estudo nacional. *Ciência & Saúde Coletiva*, Rio de Janeiro: Associação Brasileira de Saúde Coletiva, v. 21, n. 2, 2016.

MADEIRO, Alberto Pereira; RUFINO, Andréa Cronemberger. Maus-tratos e discriminação na assistência ao aborto provocado: a percepção das mulheres em Teresina, Piauí, Brasil. *Ciência & Saúde Coletiva*, Rio de Janeiro: Associação Brasileira de Saúde Coletiva, v. 22, n. 8, 2017.

MANDEL, Ernest. *O capitalismo tardio*. São Paulo: Nova Cultural, 1982.

MARCUSE, Herbert. *Razão e revolução*: Hegel e o advento da teoria social. Rio de Janeiro: Paz e Terra, 1978.

MARX, Karl. *Manuscritos econômico-filosóficos (1844)*. Lisboa: Edições 70, 1993.

MARX, Karl. *Manuscritos econômico-filosóficos (1844)*. Lisboa: Editorial Avante, 1994.

MARX, Karl. *O capital*: crítica da economia política. Livro primeiro: o processo de produção do capital. V). São Paulo: Nova Cultural, 1996. t. 2, cap. XIII a XXV. (Coleção Os economistas).

MARX, Karl. *Sobre a questão judaica*. São Paulo: Boitempo, 2010.

MARX, Karl. *Grundrisse*: manuscritos econômicos de 1857-1858. Esboços da crítica da economia política. São Paulo: Boitempo, 2011.

MARX, Karl. *O capital*: crítica da economia política. Livro I: o processo de produção do capital. São Paulo: Boitempo, 2013a.

MARX, Karl. *O capital*: crítica da economia política. Livro I: o processo de produção do capital. São Paulo, Boitempo, 2013b. Recurso eletrônico.

MARX, Karl; ENGELS, Friedrich. *A ideologia alemã*. São Paulo: Ciências Humanas, 1982. *I. In*: NETTO, José Paulo (org.). *O leitor de Marx*. Rio de Janeiro: Civilização Brasileira, 2012.

MASCARO, Alysson Leandro. *Estado e forma política*. São Paulo: Boitempo, 2013. Recurso eletrônico.

MATOS, Maurílio Castro de. Legalização do aborto: um assunto para marxistas. *In*: BOSCHETTI, Ivanete *et al.* (org.). *Marxismo, política social e direitos*. São Paulo: Cortez, 2018.

MELLO, Thiago de. *Os estatutos do homem*. São Paulo: Vergara & Riba, 2001.

MÉSZÁROS, István. *Marx*: a teoria da alienação. Rio de Janeiro: Zahar, 1981.

MÉSZÁROS, István. *Filosofia, ideologia e ciência social*: ensaios de negação e afirmação. São Paulo: Ensaio, 1993a.

MÉSZÁROS, István. Marxismo e direitos humanos. *In*: MÉSZÁROS, István. *Filosofia, ideologia e ciência social*: ensaios de negação e afirmação. São Paulo: Ensaio, 1993b.

MORA, José Ferrater. *Diccionario de filosofia*. Madri: Alianza Editorial, 1989. t. 1 a 5.

MOURA, Clóvis. *Rebeliões da senzala*. São Paulo: Livraria Editora Ciências Humanas, 1981.

MOURA, Clóvis. *Sociologia do negro brasileiro*. São Paulo: Ática, 1988.

MOURA, Clóvis. *Dialética radical do Brasil negro*. São Paulo: Anita Garibaldi, 1994.

MUNANGA, Kabengele Uma abordagem conceitual das noções de raça, racismo, identidade e etnia. [201-]. Disponível em: https://www.ufmg.br/inclusaosocial/?p=59. Acesso em: 1º jul. 2022.

NETTO, José Paulo. *Capitalismo e reificação*. São Paulo: Livraria Editora Ciências Humanas, 1981.

NETTO, José Paulo. *Ditadura e Serviço Social*: uma análise do Serviço Social no Brasil pós-64. São Paulo: Cortez, 1991.

NETTO, José Paulo. Para a crítica da vida cotidiana. *In*: NETTO, J. P.; FALCÃO, M. do C. *Cotidiano, conhecimento e crítica*. São Paulo: Cortez, 1994.

NETTO, José Paulo. *Capitalismo monopolista e Serviço Social*. 2. ed. São Paulo: Cortez Editora, 1996.

NETTO, José Paulo. *O que é marxismo*. São Paulo: Brasiliense, 2006. (Coleção Primeiros Passos).

NETTO, José Paulo. As perspectivas teórico-metodológicas contemporâneas no Serviço Social. *In*: SERVIÇO SOCIAL DO COMÉRCIO; CENTRO BRASILEIRO DE COOPERAÇÃO E INTERCÂMBIO DE SERVIÇO SOCIAL. *O trabalho social França/Brasil*. São Paulo: Sesc/ SP, 2011.

NETTO, José Paulo. Crise do capital e consequências societárias. São Paulo: Cortez, Serv. Soc. Soc., São Paulo, n. 111, p. 413-429, jul./set. 2012

NETTO, José Paulo. *Capitalismo e reificação*. São Paulo: Instituto Caio Prado Jr., 2015.

NETTO, José Paulo; BRAZ, Marcelo. *Economia política*: uma introdução crítica. São Paulo: Cortez, 2006. (Coleção Biblioteca Básica de Serviço Social; v. 1).

NISBET, Robert. *O conservadorismo*. Lisboa: Editorial Estampa, 1987.

OLIVEIRA, Caroline de. Mortes, ameaças e invasões: como vive a indígena que discursou na COP26. *Brasil de Fato*, 2 nov. 2021. Disponível em: https://www.brasildefato.com. br/2021/11/02/mortes-ameacas-e-invasoes-como-vive-a-indigena-que-discursou-na-cop26. Acesso em: 15 ago. 2022.

PAIVA, Beatriz Augusto; SALES, Mione Apolinário. A nova ética profissional: práxis e princípios. *In*: BONETTI, Dilséa Adeodata *et al.* (org.). *Serviço Social e ética*: convite a uma nova práxis. São Paulo: Cortez; Brasília: CFESS, 2008.

PENA, Sérgio D. J.; BORTOLINI, Maria Cátira. Pode a genética definir quem deve se beneficiar das cotas universitárias e demais ações afirmativas? *Estudos Avançados*, São Paulo: USP, v. 18, n. 50, p. 31-50, 2004.

PERICÁS, Luiz Bernardo. O governo Bolsonaro e a questão do fascismo. *Margem Esquerda*, São Paulo: Boitempo, n. 37, 2º sem. 2021.

PESSANHA, José Américo Mota. Humanismo e pintura. *In*: NOVAES, Adauto (org.). *Artepensamento*. São Paulo: Companhia das Letras, 1994.

RAICHELIS, Raquel. Serviço Social: trabalho e profissão na trama do capitalismo contemporâneo. *In*: RAICHELIS, Raquel *et al.* (org.). *A nova morfologia do trabalho no Serviço Social*. São Paulo: Cortez, 2017. Livro eletrônico.

RERUM NOVARUM. Disponível em: https://www.vatican.va/content/leo-xiii/pt/ encyclicals/documents/hf_l-xiii_enc_15051891_rerum-novarum.html. Acesso em: 1º jul. /2022.

ROCHA, Sueli. Racismo. *Série Assistente Social no Combate ao Preconceito*, Brasília: CFESS, caderno 3, 2016.

SAFFIOTI, Heleieth. *O poder do macho*. São Paulo: Moderna, 1987.

SAFFIOTI, Heleieth. *Gênero, patriarcado, violência*. São Paulo: Fundação Perseu Abramo, 2004.

SAFFIOTI, Heleieth. *A mulher na sociedade de classes*. São Paulo: Boitempo, 2013.

SANTOS, Diogo Joaquim dos. O gatilho conservador: ataques "pós-modernos" a negras e negros da classe trabalhadora. *In*: ABRAMIDES, Maria Beatriz Costa (org.). *Marxismo e questão étnico-racial*: desafios contemporâneos. São Paulo: Educ, 2021. p. 59-69.

SANTOS, Luciene Maria Silva dos. Os desafios na garantia da atenção integral em saúde para meninas e mulheres em situação de violência sexual em tempos de pandemia da covid-19. *In*: BARWINSKI, Sandra L. L. B *et al.* (coord.). *Experiências, dificuldades e desafios*: retratos dos serviços de abortamento legal no Brasil em tempos da covid. Curitiba: Livros Legais, 2021. p. 35-36. Edição digital. Disponível em: https://cladem.org/wp-content/uploads/2021/11/E-book-Cladem.pdf. Acesso em: 15 ago. 2022.

SCRUTON, Roger. *Uma filosofia política*: argumentos para o conservadorismo. São Paulo: É Realizações, 2017.

SÊNECA. *Sobre os enganos do mundo*. São Paulo: Martins Fontes, 2011. (Coleção Ideias vivas).

SÈVE, Lucien. *Marxismo e teoria da personalidade*. Lisboa; Livros Horizonte, 1979.

SILVA, Uelber B. *Racismo e alienação*: uma aproximação à base ontológica da temática racial. São Paulo: Instituto Lukács, 2012.

SILVA, Lidia M. Sistematização das críticas ao pensamento de Althusser. *Serviço Social & Sociedade*, São Paulo: Cortez, n. 21, 1986.

SILVEIRA, Paulo; DORAY, Bernard (org.). *Elementos para uma teoria da subjetividade*. São Paulo: Edições Vértice, 1989.

SOUZA, Adrianyce A. Silva. *Lukács e o Serviço Social brasileiro*. Curitiba: Prismas, 2016.

STANLEY, Jason. *Como funciona o fascismo*: a política do "nós" e do "eles". São Paulo: L&PM, 2019.

TERTULIAN, Nicolas. O grande projeto da ética. *In*: CHASIN, J. *Ensaios ad hominen*. São Paulo: Editora Ad Hominen, 1999. t. I, n. 1.

TERTULIAN, Nicolas. Marx: uma filosofia da subjetividade. *Revista Outubro*, São Paulo: Instituto de Estudos Socialistas, n. 10, 2004.

TONET, Ivo. Fundamentos filosóficos para a nova proposta curricular em Serviço Social. *Serviço Social & Sociedade*, São Paulo: Cortez, n. 15, 1984.

TONIOLO, Charles. *Profissões e Serviço Social*: surgimento e regulamentação ética no Brasil. Curitiba: CRV, 2022.

VAISMAN, Ester. A ideologia e sua determinação ontológica. *Revista Ensaio*, São Paulo: Editora Ensaio, n. 17/18, 1989.

VÁZQUEZ. Adolfo Sánchez. *Ética*. Rio de Janeiro: Civilização Brasileira, 1984.

VITAL DA CUNHA, Christina. *Oração de traficante*: uma etnografia. Rio de Janeiro: Garamond, 2015.

YAZBEK, Maria Carmelita. *Estudo da evolução histórica da Escola de Serviço Social de São Paulo no período de 1936 a 1945*. 1977. Dissertação (Mestrado) — Pontifícia Universidade Católica, São Paulo, 1977.

WALLACE, Rob. *Pandemia e agronegócio*: doenças infecciosas, capitalismo e ciência. São Paulo: Elefante, 2015.

LEIA TAMBÉM

ÉTICA:
Fundamentos sócio-históricos

Maria Lucia Silva Barroco

3ª edição - 6ª reimpressão (2018)
248 páginas
ISBN 978-85-249-1426-3
Coleção Biblioteca Básica | Serviço Social - vol. 4

A reflexão sobre a ética foi orientada durante muito tempo por concepções neotomistas, que enfrentavam a questão social sob a perspectiva da moral. Nas últimas décadas, os trabalhadores do Serviço Social inverteram os termos, passando a entender a ética profissional como parte integrante da questão social. Ética! Insistir, persistir, resistir, não deixar de dar tratamento agudo e fundo a esse tema crucial para existirmos juntos e na melhor partilha.

LEIA TAMBÉM

CÓDIGO DE ÉTICA DO/A ASSISTENTE SOCIAL COMENTADO

Maria Lucia Silva Barroco e Sylvia Helena Terra
Conselho Federal de Serviço Social - CFESS (Org.)

1ª edição - 20ª reimpressão (2022)
264 páginas
ISBN 978-85-249-1920-6

As autoras comentam o Código em seus fundamentos sócio-históricos e ontológicos, bem como em suas reais possibilidades de materialização, no contexto de uma sociabilidade fundada na acumulação e na propriedade privada. Reafirmam, ainda no interior desta mesma ordem, pressupostos, valores e princípios ancorados em uma ética libertária, anticonservadora e anticapitalista, que aponta para o horizonte teleológico da emancipação humana.

GRÁFICA PAYM
Tel. [11] 4392-3344
paym@graficapaym.com.br